최상의 설교

최상의 설교

하나님의 영광을 위해, 성도의 영혼을 위해

권호 · 임도균 지음

아가페

추 천 의 글

최고의 강해설교자요 설교학 교수님들이 저술한 『최상의 설교』를 추천하게 되어 매우 기쁩니다. 권호, 임도균 박사님은 본문이 이끄는 설교가 최상의 설교가 되는 실제적인 지침을 제공합니다. 이 책을 읽고 설교의 성장을 경험하시길 기대합니다.

_ 데이비드 알렌(David L. Allen)
미드아메리카신학대학원 설교학 석좌교수

저는 권호, 임도균 박사님과 함께 신학생과 설교자들을 세우는 교수로 10여 년 넘게 교제해 왔습니다. 두 분에게는 하나님나라를 향한 열정과 도전하는 모습이 있습니다. 또 국제적인 감각과 지역교회를 품는 멋지고 아름다운 마음도 있습니다. 이번에 출간된 『최상의 설교』가 하나님께 기쁨이 되고 성도들에게 행복을 주는 열매가 있기를 기대합니다. 이 책을 기쁜 마음으로 강력히 추천합니다.

_ 마이클 두두잇(Michael Duduit)
앤더슨대학 기독교학과 학장, 프리칭매거진 편집장

오랜 시간 권호, 임도균 박사님을 알아온 것은 제게 큰 즐거움입니다. 두 분은 유능한 학자이며 탁월한 설교자입니다. 이 책 『최상의 설교』를 통해 학자의 정신과 설교자의 마음이 융합되는 것을 알게 될 것입니다. 이 탁월한 책이 하나님의 말씀을 충실하게 강해하고 설교하도록 도울 것입니다. 이 책을 읽고 당신의 설교가 크게 성장하기를 기대합니다.

_ 스티븐 스미스(Steven W. Smith)
임마누엘침례교회 담임목사, 전 사우스웨스턴신학교 부총장 및 설교학 교수

저는 사우스웨스턴신학교 설교학 교수로 권호, 임도균 박사와 삶의 한 부분을 함께한 것에 대해 주님께 깊이 감사드립니다. 이 책은 어떻게 설교를 향상시킬 수 있는지에 대한 위대한 조언으로 가득 차 있습니다. 만약 당신도 제가 가르쳤던 자랑스러운 이 두 제자들이 보여준 배우려는 자세와 뜨거운 열정을 지닌 분이라면, 분명 이 책을 통해 설교가 새롭게 태어나는 것을 경험할 것입니다.

_ 캘빈 피어슨(Calvin F. Pearson) | 전 사우스웨스턴신학교 설교학 교수

우리는 늘 음식을 먹습니다. 그런데 그것을 어떻게 만드는지에 대한 생각은 별로 없습니다. 그냥 즐길 뿐입니다. 설교를 음식에 비유한다면, 설교자는 그래서는 안 됩니다. 이 책은 훌륭한 요리 같은 설교의 레시피를 보여줍니다. 군더더기 없는 깔끔하고 통찰력 있는 설교에 대한 제시는 독자에게 설교 준비의 방향과 방법에 대한 탁월한

지혜를 줄 것입니다. 이 책의 충고만 따라도 당신의 설교는 크게 변할 것입니다.

_ 김남준 | 열린교회 담임목사

현재 주목받는 두 설교학자의 최상의 조합으로 『최상의 설교』가 나왔습니다. 과거와 현재의 다리를 잇는 설교자의 최고 과제인 본문 이해와 청중 이해는 물론이거니와, 실제 설교 구성의 핵심 요소인 설명, 예화, 적용을 효과적으로 하는 방법, 그리고 언제나 설교자의 가슴 한가운데 중심을 잡고 있어야 하는 하나님 중심의 설교 신학에 이르기까지 말 그대로 최상의 내용과 배열입니다. 설교자에게 꼭 일독을 권합니다.

_ 김대혁 | 총신대신학대학원 설교학 교수

설교자라면 누구나 최상의 설교를 꿈꿉니다. 설교의 목적을 '성도의 변화'를 넘어 '하나님의 영광'에 둘 때 최상의 설교에 다가갈 수 있습니다. 본문을 깊이 있게 연구하고 오늘날의 상황에 연관 지어 바르게 적용할 때, 존 스토트의 조언처럼 두 세계를 다리로 연결하는 작업을 훌륭하게 수행할 수 있습니다. 이 책의 도움을 통해 동시대 목회자들이 오직 삼위일체 하나님만 오롯이 드러내며, 그분께 영광 돌리는 최상의 설교자로 거듭나길 소망합니다.

_ 김병삼 | 만나교회 담임목사

한국 교회 강단에서 '본문이 이끄는 설교'가 선포되기를 간절히 바라며, 이를 위해 애써주신 두 분을 그동안 지켜볼 수 있었습니다. 꼭 필요한 사역을 하고 계셔서 감사한 마음이 컸습니다. 무엇보다도 실제적인 교육과정을 통해 설교자에게 강한 임팩트를 주시어 감격스러웠습니다. 이제 이 책 『최상의 설교』가 더 많은 신학생과 목회자에게 좋은 영향력을 미칠 것을 기대해 봅니다.

_ 김승욱 | 할렐루야교회 담임목사

한국 교회를 대표할 만한 두 분 교수님께서 설교자를 위해 귀한 책을 저술해 주셨습니다. 모든 설교자가 더 효과적으로 설교를 준비하고 구상할 수 있도록 설교와 연관된 필수적이면서도 다양한 지식을 담았습니다. 현대를 살아가는 청중에게 과거의 말씀을 어떻게 전달할지에 대한 다양한 지혜와 통찰이 매우 돋보이는 책입니다. 설교자라면 반드시 일독해야 합니다.

_ 김학유 | 합동신학대학원대학교 총장

이 땅의 모든 신학생과 목회자가 이 책을 꼭 읽었으면 합니다. 두 저자는 설교학의 학문적 바탕 위에 실제적인 경험과 실천적인 제안을 풀어헤쳐, 누구라도 쉽게 이해하고 적용할 수 있도록 친절하게 안내하고 있습니다. 최상의 설교가 무엇인지, 그것이 탄생하는 과정과 뛰어난 전달법까지 선명하게 제시해 놓았습니다. 한 권의 책을 만나는 것은 한 세계를 들여다보는 거울을 갖는 것입니다. 두 분이 제안하는 설교의 세계를 여행하다 보면 어느 순간 설교를 준비하는 시간이 즐거워질 것이며, 우리 삶에 최상의 설교의 날이 시작될 것입니다.

_ 류응렬 | 와싱톤중앙장로교회 담임목사, 고든콘웰신학대학원 객원교수

길고도 깊은 코로나의 강을 지나면서 영적 패배주의가 교회 안에 침투한 지금, 그 어느 때보다도 생명력 있는 순전한 복음 선포가 절실합니다. 『최상의 설교』는 하나님의 영광만을 드러내려는 이 시대의 말씀 파수꾼들에게 귀한 안내서가 될 것입니다. 하나님의 역사를 성도의 눈높이로 풀어내 생명을 살리고 다시 세우는 사역에 가슴 뛰는 모든 이에게 일독을 권합니다.

_ 오정현 | 사랑의교회 담임목사, 사랑글로벌아카데미 총장

저자들의 소원은 소박합니다. 최상의 설교를 말하면서 당장 눈에 보이는 변화가 없어도 좋다고 합니다. 저자들의 주장은 이미 성경에 있는 요소입니다. 그런데 묘하게 저자들이 강조하는 마음에 박히는 예화는 십자가에 박히신 예수와 연관될 때 살아있는 메시지로 변환됩니다. 내가 24년 전 처음 들었던 전도사 권호의 설교도 좋았지만, 지금 그의 설교는 더 좋습니다. 오늘도 최선의 설교자에서 최상의 설교자로 성장한 저자들과 동행하신 하나님이 우리와 함께하십니다.

_ 오현철 | 성결대 설교학 교수, 전 한국복음주의실천신학회 회장

책은 우리에게 뭔가를 가르쳐주지만, 진짜 좋은 책은 도전하게 만듭니다. 우리를 부끄럽게 하면서 거룩한 결단을 하게 만드는 것이 진짜 책이라고 생각합니다. 『최상의 설교』는 제목부터 모든 내용 하나하나가 설교자로서 우리를 부끄럽게 하고 가슴을 다시 뜨겁게 합니다. 그래서 무척이나 귀합니다.

_ 유진소 | 호산나교회 담임목사

모든 설교자의 열망은 최상의 설교로 하나님께 영광 돌리는 것이어야 합니다. 그런데 이런 설교에는 두 가지 전제가 필요하다고 생각합니다. 본문이 살아있어야 하고, 청중과의 공감이 있어야 한다는 것입니다. 이 책이 바로 이런 두 가지 전제에 대한 해답을 제공하고 있습니다. 최근의 복음주의 마당에서 설교학을 전공하고 시대의 필요를 이해하는 두 설교학자의 도움으로, 한국 교회 강단에 최상의 설교가 바쳐지는 모습을 보고 싶습니다. 그렇다면 먼저 이 책을 읽으라고 강력하게 추천하고 싶습니다.

_ 이동원 | 지구촌목회리더십센터 대표

이 시대 최고의 설교학자 권호 교수님과 임도균 교수님 두 분이 '최상의 설교'에 관한 핵심 노하우를 일선 목회자와 신학생들에게 공개했습니다. 저자는 설교의 목적이 성도의 변화 이전에 하나님의 영광임을 힘주어 강조합니다. 본서를 통해 거룩하시고 사랑이 충만하신 하나님의 영광에 자신의 설교 사역을 기쁨으로 헌신하는 수많은 설교자가 일어나기를 기대합니다.

_ 이승진
합동신학대학원대학교 설교학 교수, 전 한국복음주의실천신학회 회장

최상의 설교는 하나님의 영광을 위해, 성도의 영혼을 위해 땀과 눈물을 흘리는 설교자를 통해 만들어집니다. 그렇습니다. 우리가 최선을 다할 때 하나님이 도와주십니다. 오늘도 말씀을 펴고 간절한 마음으로 최상의 설교를 준비하는 모든 분께 이 책이 친절한 안내자요, 따뜻한 격려자로 다가올 것입니다.

_ 이찬수 | 분당우리교회 담임목사

최상의 설교는 내용이 철저하게 본문에 근거하며, 동시에 철저하게 청중의 이야기로 전달되어야 합니다. 설교는 그때 그곳의 그 사람들에게 주신 말씀을 지금 이곳 이 사람들의 이야기로 잇대어 이 사람들을 변화시키는 것이기 때문입니다. 설교자에게 그것은 치열한 싸움이며 잠 못 이루는 깊은 고뇌입니다. 이 책은 본문과 청중 사이에 끼어, 본문에 발을 딛고 청중을 향해 나아가야 하는 설교자가 최상의 설교를 하도록 이끌어주는 탁월한 길잡이가 될 것입니다.

_ 정창균 | 설교자하우스 대표, 전 합동신학대학원대학교 총장

두 분 모두 미국 사우스웨스턴침례신학교에서 설교학으로 Ph.D 학위를 받으시고, 설교학 분야에서 강의와 저술, 방송 등에 큰 두각을 나타내는 인기 교수님이십니다. 청중과 무관한 설교는 뜬구름 잡는 설교가 될 것이고, 본문과 무관한 설교는 설교자의 개인 생각에 불과할 것이며, 적용이 없는 설교는 목적 없는 설교가 될 것이고, 제대로 전달되지 않는 설교는 열매 없는 설교가 될 것입니다. '본·연·적·딜'로 외우기 쉽게 요약된 네 가지 원리를 이 책을 통해 심령 깊은 곳에 새겨 설교 사역에 큰 도움이 되시기를 축원합니다.

_ 피영민 | 한국침례신학대학교 총장

프롤로그 Prologue

변화에서 영광으로

　설교의 목적이 무엇인지 진지하게 물었던 순간이 있다. 당신은 설교의 목적이 무엇이라고 생각하는가? 대부분의 설교자가 아마 '성도의 변화'라고 답할 것이다. 이 답은 목회현장의 실제적인 필요에서 나온 것이다. 나는 이런 답이 틀렸다고 말하고 싶지 않다. 실제로 설교의 목적을 변화라고 가르치는 설교학 교과서도 많다. 나도 한때 그렇게 생각했다. 그러나 시간이 흘러 설교에 대해 진지하게 생각하면서 내 생각은 바뀌었다. 설교의 목적은 변화 이전에 하나님의 영광이다. 그렇다. 우리는 하나님의 영광을 위해 설교한다.

　설교학 공부를 마치고 교수로 신학생과 목회자들을 가르치면서, 틈날 때마다 한국의 여러 교회 현장에서 쉬지 않고 말씀을 전했다. 좋은 말씀 사역의 열매를 거둘 때도 있었다. 그러나 최선을 다해 설교해도 영혼이 변하지 않는 것같이 느껴지는 순간도 있었다. 나는 생각해 보았다. '변화를 일으키면 내 설교가 성공한 것이고, 그렇지 못하면 쓸모없는 것인가?' 변화를 기준으로 생각한다면, 아무리 외쳐도 변하지 않던 패역한 이스라엘 가운데 있던 선지자, 복음을 미련한 것으로 생각해 귀를 닫는 사람들 앞에서 끊임없이 말씀을 전한 사도들은 실패자다. 그러나 우리 하나님은 결코 그렇게 생각하지 않으신다. 그들을 여전히 당신의 귀한 사람으로 보신다. 당장 눈에 보이는 변화가 없어도 좋다. 전심을 다해 하나님의 영광을 위해 설교하면 된다. 나머지는 하나님이 책임져주신다.

설교학의 거장들이 나처럼 설교의 목적을 하나님의 영광이라고 말할 때 나는 기쁘다. 나와 우리가 옳은 방향으로 가고 있음을 서로 확인해 주기 때문이다. 좋은 목회자요 설교의 대가인 존 파이퍼(John Piper)는 설교에 대해 가르칠 때, 가장 먼저 그 목적이 무엇인지 알아야 한다고 강조한다. 그는 단언한다. 설교의 목적은 the glory of God, 하나님의 영광이다.[01] 최근 부상하고 있는 설교학자 토니 메리다(Tony Merida)는 설교자가 평생 열정적으로 추구해야 할 것이 바로 하나님의 영광이라고 말한다.[02] 지극히 옳은 말이다. 나는 이들과 함께 하나님의 영광을 추구하는 설교자로 살고 싶다.

그렇다면 하나님의 영광을 위해 설교한다는 것은 무엇을 의미하는가? 지금도 하나님이 살아계시고, 구속사의 거대한 역사를 이끌어 가신다는 것을 분명하게 선포하는 것이다. 동시에 그 하나님이 갈대처럼 연약하고 깨어진 영혼들을 일으켜 당신의 나라를 확장해 나가시는 것을 생생하게 보여주는 것이다. 한편 우리가 물어야 할 또 하나의 중요한 질문이 있다. 우리가 하나님의 영광을 위해 설교할 수 있는 이유는 무엇인가? 유일한 이유는 하나님이 한낱 먼지 같은 우리를 당신의 영광을 선포하는 자로 불러주셨기 때문이다. 생각할수록 감당할 수 없는 은혜다.

하나님의 영광을 위한 몸부림

우리에게 하나님의 영광을 위해 설교해야 할 중대한 책임이 있다면, 당연히 최선을 다해 메시지를 전해야 한다. 설교자가 이런 책임을 인식하고 최선을 다할 때 태어나는 것이 바로 최상의 설교다. 최상의 설교를 위해 반드시 타고난 재능, 탁월한 지식, 풍부한 경험이 있어야 하는 것은 아니다. 좀 부족해도 설교자로 부르신 하나님 앞에 열정을 가지고 꾸준히 훈련할 때 최상의 설교를 할 수 있다. 최고의 지식인이었던 바울뿐 아니라 평범한 어부였던 베드로도 하나님의 손에서 최상의 설교자로 쓰임받았다. 분명하다. 우리가 최상의 설교로 하나님께 영광을 돌리려 할 때 그분은 우리를 도우신다.

이 책은 하나님의 영광을 위해 최상의 설교를 하기 원하는 사람에게 좋은 친구가 될 것이다. 이미 검증된 탁월한 설교학적 이론과 그것을 실현할 수 있는 기법을 명쾌하고 친절하게 가르쳐주기 때문이다. 설교자들은 이 책이 제시하는 이론과 기법을 먼저 분명하게 이해한 후, 그것을 지속적으로 연습해야 한다. 이해는 반복적 연습을 통해 눈앞에 실제로 나타나기 때문이다. 내가 설교학을 배우는 신학생과 목회자들에게 반복적으로 외치게 하는 구호가 있다. "5, 100, 결"이다. 선명한 이해를 위해 '5번' 강의를 듣거나 책을 읽고, 이해한 것을 내 것으로 만들기 위해 '100번' 연습하겠다는 '결심'을 하고 꾸준히 노력하자는 구호다.

분명 정확한 이해와 지속적인 연습이 최상의 설교를 만든다. 프롤로그를 마치며, 이 책을 통해 최상의 설교자가 태어날 것을 생각하며 나는 흥분한다. 그리고 성실히 훈련된 최상의 설교자들이 하나님의 영광을 이 땅에 나타낼 것을 알기에 한없이 기쁘다. 준비되었는가? 자, 이제 기대를 품고 함께 최상의 설교로 들어가 보자.

_ 권호

CONTENTS

추천의 글   004

프롤로그 _ 권호   012

Part 1
최상의 텍스트 연구
"하나님의 뜻, 본문 의미 발견의 길"

CHAPTER 1
최상의 설교를 만드는 필수 요소
    본·연·적·딜을 이해하고 비율을 맞추라 _ 권호   023

CHAPTER 2
최상의 본문 설명법
    본문 설명을 위해 10가지 방법을 사용하라 _ 임도균   035

CHAPTER 3
CMT 발견과 심화
    메시지의 핵심을 잡고 심화시키라 _ 권호   058

최상의 청중 분석과 연관성
"청중을 이해하고 본문과 연결하는 길"

CHAPTER 4
청중 분석
　　청중의 마음을 알고 공감의 메시지를 전하라 _ 임도균　　073

CHAPTER 5
연관 작업의 비밀
　　과거의 사건이 오늘의 이야기가 되게 하라 _ 권호　　096

최상의 예화와 메시지 표현
"메시지가 열리고 마음에 박히는 길"

CHAPTER 6
메시지가 열리는 예화 사용법
　　메시지가 공감되고 보이게 하라 _ 임도균　　119

CHAPTER 7
선명한 메시지 표현법
　　설교자의 꿈틀거리는 표현과 박히는 말 _ 권호　　139

Part 4
최상의 상상력과 적용력
"상상의 힘에 놀라고 구체적 적용을 따르는 길"

CHAPTER 8
상상력이 있는 설교
　　신학적 상상력이 메시지의 풍성함이 되게 하라 _ 권호　　163

CHAPTER 9
삶을 변화시키는 적용법
　　말씀을 살아내고 끝없이 성장하게 하라 _ 임도균　　177

Part 5
최상의 장르설교
"시로 하나님을 노래하며 설교하라"

CHAPTER 10
SEIRA 시편 설교법
　　시인의 하나님을 만나 찬양하게 하라 _ 권호　　205

CHAPTER 11
시편 설교 형태와 전달
　　감성이 살아있는 구조와 전달로 시편을 설교하라 _ 임도균　　239

Part 6
최상의 전달과 하나님 중심적 설교
"최고의 전달과 최종의 목표에 이르는 길"

CHAPTER 12
최상의 설교 전달
　　설교가 말과 몸으로 전달되게 하라 _ 임도균　　263

CHAPTER 13
하나님 중심적 설교
　　본문에 나타난 삼위 하나님을 설교하라 _ 권호　　287

에필로그 _ 임도균　　317

미주　　320

Part 1

최 상 의　텍 스 트　연 구

"하나님의 뜻, 본문 의미 발견의 길"

Chapter 1
최상의 설교를 만드는 필수 요소

본·연·적·딜을 이해하고 비율을 맞추라

권호

설교, 영적 음식 만들기

최고의 음식은 최상의 비율에서 나온다. 재료의 최상 비율에 요리사의 감각이 더해질 때 감탄을 자아내는 음식이 된다. 설교를 종종 영적인 음식에 비유한다. 목자가 양에게 꼴을 먹이듯 목회자가 성도에게 말씀을 먹인다. 좋은 말씀은 성도의 영혼을 건강하게 만든다. 이런 설교는 본문의 뜻을 선명하게 드러내면서, 청중에게 분명하게 들리는 메시지로 다가간다. 이때 본문이 살아나면서 청중의 영혼도 살아난다. 이런 설교가 우리가 추구해야 할 최상의 설교다.

본문이 살아있는 최상의 설교를 어떻게 만들 수 있을까? 먼저 그것을 가능하게 하는 핵심 요소가 무엇인지 알아야 한다. 빠른 이해를 위해 비유를 사용해 보자. 건강에 좋고 맛도 있는 해물스파게티를 만들어 사랑하는 사람에게 준다고 생각해 보자. 먼저 스파게티를 만들어야 한다. 맛있는 해물스파게티는 크게 세 가지 재료, 면과 소스와 해물로 만든다. 최상의 설교를 만들 때도 세 가지가 반드시 들어가야 한다. 바로 본문, 연관성, 적용이다.[03] 곧 살펴보겠지만 설교자는 이 세 요소를 명확히 이해하고, 각 요소의 비율을 잘 맞추어야 한다. 해물스파게티를 만들었다면 이제 사랑하는 사람에게 음식을 제공해야 한다. 음식을 아무렇게 담거나 던지듯 식탁에 내놓아서는 안 된다. 멋진 플레이팅 기술이 필요하다. 그리고 조심스럽고 정성스럽게 음식을 내려놓아야 한다. 바로 이 과정이 설교에서는 전달에 해당한다. 최상의 설교는 잘 준비된 설교를 효과적인 방식으로 청중에게 전한다. 비유를 통해 살펴본 것처럼 최상의 설교를 하기 원한다면 본문, 연관성, 적용, 효과적 전달이라는 네 요소를 반드시 갖추어야 한다.

최상의 설교를 위한 네 요소

본문이 살아있는 최상의 설교를 만드는 첫 요소는 성경 본문(text)이다. 좀 더 구체적으로 말하면 '본문의 의미'다. 성경 본문은 최상의 설교를 위한 출발점이자 씨앗이다. 최상의 설교는 무엇보다 성경 본문의 의미를 분명히 드러내고 전달하는 데 최우선을 둔다. 설교에서 영원한 첫 요소이자 불변의 토대는 바로 본문이다.

최상의 설교를 만드는 두 번째 요소는 연관성(relevance)이다. 이 연관성은 최근 현대 설교학에서 가장 중요한 주제 중 하나로 집중적으로 토의되고 있다. 연관성은 성경이라는 오랜 시간을 거쳐 온 텍스트를 오늘날의 상황과 연결하는 단계(relating step)를 말한다. 좋은 설교는 현대를 사는 우리가 왜 몇 천 년 전에 쓰인 본문을 들어야 하고, 그것이 우리의 삶과 어떻게 연관되는지를 보여준다. 존 스토트(John Stott)는 이 연관 작업을 성경 시대와 현대 시대라는 두 세계를 다리로 연결하는 작업(bridge-building of between two worlds)이라고 비유로 설명했다.[04] 설교자는 성경의 세계와 오늘날의 세계 중간에서 연관성이라는 다리를 놓음으로써 의미와 진리가 소통되도록 해야 한다.

최상의 설교를 만드는 세 번째 요소는 적용(application)이다. 설교자는 본문의 의미가 어떻게 현 시대와 연결되는지 보여줄 뿐 아니라, 본문에 나타난 진리를 어떻게 구체적으로 실천할 수 있는지를 청중에게 분명하게 제시해야 한다. 적용이라는 관문을 통과하지 않으면 변화라는 땅에 이를 수 없다. 그러므로 설교자는 어떻게 해야 메시지가 청중의 삶에서 실현될 수 있는지 적절한 적용을 반드시 제시해야 한다.

최상의 설교를 만드는 마지막 네 번째 요소는 전달(delivery)이다. 아무리 설교의 내용이 좋아도 효과적으로 전달하지 않으면, 청중은 메시지에 집중하지 못하거나 그것을 거부하기까지 한다. 본문과 관계없는 지나친 전달은 거부감을, 맥없는 전달은 지루함을 준다. 최상의 설교를 하기 위해서는 지나치지 않으면서도 다양하고 자연스러운 전달법을 반드시 습득해야 한다. 평소 대화에서 적절한 목소리, 얼굴 표정, 손과 몸을 사용하듯 설교할 때도 자연스럽게 전달할 수 있을 때까지 계속 연습해야 한다.[05]

최상의 설교 네 요소(TRAD)

본문·연관·적용의 비율

최상의 설교를 위한 메시지를 만들기 위해서는 본문, 연관성, 적용의 비율을 맞추는 것이 중요하다. 그렇다면 최고의 메시지를 만들기 위해 각 요소를 어떤 비율로 섞어야 할까. 정해진 답은 없다. 그러나 기본적으로 추천하고 싶은 비율은 본문 50, 연관성 30, 적용 20퍼센트다. 본문이 60퍼센트 이상이면 본문이 강한 설교가 될 수 있으나, 연관성과 적용의 비율이 감소하면서 메시지의 집중력이 떨어질 수 있다. 반대로 본문이 50퍼센트 이하로 떨어지면 본문이 약한 설교가 될 위험성이 있다. 기본적으로 본문을 50퍼센트로 잡고 연관과 적용의 비율을 조절하면 다양하고 효과적인 메시지를 만들 수 있다. 잠시 간단한 요약을 통해 본문, 연관성, 적용의 세 비율에 대해 정리해보자.

세 요소의 비율 원칙

정해진 기준은 없으나 아래 비율의 특성을 참고해 작성한다.

비율의 특성

본문 60퍼센트 이상: 본문이 강하나 청중의 집중과 적용이 약한 설교일 가능성

본문(60), 연관성(25), 적용(15): 본문이 강한 설교

본문(50), 연관성(30), 적용(20): 균형 있는 설교

본문(40), 연관성(35), 적용(15): 청중의 집중과 적용이 강한 설교

본문 40퍼센트 이하: 본문이 빈약한 설교일 가능성

앞에서 언급한 것처럼 각 요소의 비율에 절대적 원칙은 없다. 본문의 특징에 따라 설교자가 적절히 조절하면 된다. 중요한 것은 각 요소가 빠짐없이 들어가야 하며, 어떤 비율로 메시지를 작성했는지 확인하는 것이다. 참고로 자신의 설교에서 세 요소가 어떤 비율로 구성되었는지를 파악하기 위해서는, 각 요소를 다른 색깔로 표시하면 된다. 예를 들면, 본문의 내용은 검정색, 연관은 파랑색, 적용은 빨강색으로 표시하면 쉽게 확인할 수 있다.

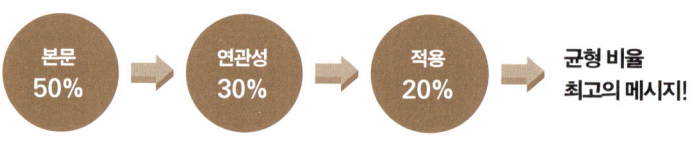

최고의 메시지를 위한 비율

영적 촉촉함이 있는 설교

지금까지 본문이 이끄는 설교의 네 요소와 본문, 연관성, 적용의 배합 비율에 대해 알아보았다. 이미 살펴본 것처럼 최상의 설교는 본문의 의미에서 시작해 연관을 통해 의미의 소통이 이루어지게 하고, 적용을 통해 구체적으로 삶에 변화가 나타나도록 내용을 작성하며, 그것을 최선을 다해 전달하는 단계까지 나아간다. 이 네 요소를 바탕으로 최상의 설교를 다음과 같이 정의할 수 있다.

최상의 설교란 본문 말씀에 담긴 의미를 경건한 묵상과 연구를 통해 발견하고, 그것을 다양한 방법으로 오늘날과 연관시켜 청중이 삶에서 구체적으로 실천할 수 있도록 메시지를 구성한 후, 성령님을 의지하여 최선을 다해 전달하는 설교자의 영적 행동과 결과다.

이 정의를 자세히 살펴보면, 최상의 설교를 위한 네 가지 요소 외에 추가로 강조된 것이 있다. 첫째, 경건한 묵상에 대한 강조다. 설교는 단순히 머리만 사용하는 지적 행위가 아니다. 분명 지성을 사용해야 하지만, 반드시 경건한 묵상을 통해 설교를 준비해야 한다. 그렇게 할 때 영적 깊이가 더해진다. 둘째, 성령의 도우심에 대한 강조다. 설교는 설교자 혼자의 사역이 아니라 성령께서 함께하셔야 가능한 영적 협동 사역이다. 하나님의 영광이 드러나고 영혼의 변화가 일어나는 최상의 설교는, 우리의 최선에 성령의 역사가 부어질 때 가능하다.

본문·연관성·적용의 비율 실례

최상의 설교를 만드는 네 가지 요소 중 전달은 후에 자세히 다룰 것이다. 먼저 본문, 연관성, 적용의 요소를 사용해 어떻게 메시지를 작성할 수 있는지 실례를 통해 구체적으로 살펴보자.[06] 명확한 이해를 위해 설교문에서 각 요소가 시작되기 전에 먼저 표제를 달아두었다.

본문: 사사기 14장 1-9절

[1]삼손이 딤나에 내려가서 거기서 블레셋 사람의 딸들 중에서 한 여자를 보고 [2]올라와서 자기 부모에게 말하여 이르되 내가 딤나에서 블레셋 사람의 딸들 중에서 한 여자를 보았사오니 이제 그를 맞이하여 내 아내로 삼게 하소서 하매 [3]그의 부모가 그에게 이르되 네 형제들의 딸들 중에나 내 백성 중에 어찌 여자가 없어서 네가 할례 받지 아니한 블레셋 사람에게 가서 아내를 맞으려 하느냐 하니 삼손이 그의 아버지에게 이르되 내가 그 여자를 좋아하오니 나를 위하여 그

여자를 데려오소서 하니라 ⁴그 때에 블레셋 사람이 이스라엘을 다스린 까닭에 삼손이 틈을 타서 블레셋 사람을 치려 함이었으나 그의 부모는 이 일이 여호와께로부터 나온 것인 줄은 알지 못하였더라 ⁵삼손이 그의 부모와 함께 딤나에 내려가 딤나의 포도원에 이른즉 젊은 사자가 그를 보고 소리 지르는지라 ⁶여호와의 영이 삼손에게 강하게 임하니 그가 손에 아무것도 없이 그 사자를 염소 새끼를 찢는 것 같이 찢었으나 그는 자기가 행한 일을 부모에게 알리지 아니하였더라 ⁷그가 내려가서 그 여자와 말하니 그 여자가 삼손의 눈에 들었더라 ⁸얼마 후에 삼손이 그 여자를 맞이하려고 다시 가다가 돌이켜 그 사자의 주검을 본즉 사자의 몸에 벌 떼와 꿀이 있는지라 ⁹손으로 그 꿀을 떠서 걸어가며 먹고 그의 부모에게 이르러 그들에게 그것을 드려서 먹게 하였으나 그 꿀을 사자의 몸에서 떠왔다고는 알리지 아니하였더라

설교문

내 눈에 좋을 때 벌어지는 일

[본문] 블레셋이 압제하는 어두운 시대에 '작은 태양'이라는 의미의 이름을 가진 삼손이 출생합니다. 삼손의 출생은 여러 면에서 기대감을 갖게 합니다. 그러나 성인이 된 삼손의 첫 등장에서부터 우리는 충격을 받습니다. "삼손이 딤나에 내려가서 거기서 블레셋 사람의 딸들 중에서 한 여자를 보고 올라와서 자기 부모에게 말하여 이르되 내가 딤나에서 블레셋 사람의 딸들 중에서 한 여자를 보았사오니 이제 그를 맞이하여 내 아내로 삼게 하소서 하매"(1-2절). 모세의 율법은 이스라엘 사람이 가나안 사람과 결혼하는 것을 금합니다

(신 7:3). 그런데 평민도 아닌 나실인으로 하나님께 바쳐진 이스라엘의 사사가 이방 여인과 사랑에 빠지다니 말도 안 되는 소리입니다. '내 눈에 보기 좋으므로…' 어디서 많이 들어본 것 같습니다. 사사기 17장 6절, 21장 25절에 나오는 '각각 자기의 소견대로 행하였더라'와 같은 의미입니다. 결국 삼손은 자기 눈에 좋은 것을 택함으로써 하나님이 주신 나실인의 소명을 깨뜨리는 악을 행합니다.

삼손은 부모의 반대에도 물러서지 않았습니다. 자식 이기는 부모가 어디 있겠습니까? 결국 삼손의 부모는 그 여자의 부모를 만나러 딤나로 내려갑니다(5절). 한편 삼손이 딤나의 포도원에 이르렀을 때 이상한 사건이 벌어집니다. 젊은 사자가 나타나 으르렁거리며 위협합니다. 이때 여호와의 영이 삼손에게 임해 맨 손으로 사자를 찢어 죽입니다. "삼손이 그의 부모와 함께 딤나에 내려가 딤나의 포도원에 이른즉 젊은 사자가 그를 보고 소리 지르는지라 여호와의 영이 삼손에게 강하게 임하니 그가 손에 아무것도 없이 그 사자를 염소 새끼를 찢는 것 같이 찢었으나 그는 자기가 행한 일을 부모에게 알리지 아니하였더라"(5-6절).

성령이 임하자 삼손에게 엄청난 힘이 나타났습니다. 그러나 삼손은 성령을 보내주신 하나님께 감사하지 않습니다. 이 중요한 사건을 부모에게 이야기하지도 않습니다. 그저 자기 눈에 좋은 여인에게 빨리 가서 희희낙락하며 이야기를 나누고 싶은 마음에, 급히 그녀의 집으로 발걸음을 옮깁니다. "그가 내려가서 그 여자와 말하니 그 여자가 삼손의 눈에 들었더라"(7절). 어느 날 삼손이 자신이 좋아한 블레셋 여인을 맞이하려고 다시 딤나로 가다가 사자의 시체에 꿀이 있는 것을 봅니다. 삼손은 꿀을 맛보고 그것을 부모에게도 줍니다. 물론 부모에게는 사자 시체에서 가져온 것이라고 말하지 않습니다(8, 9절). 율법은 동물의 시체 만지는 것을 금합니다(레 11:24-25, 39). 그런데 일반인도 아닌 나실인이 동물의 시체를 만지고, 거기서 나온 음식을 먹습니다. 더 나아가 부모에게도 주어 그들까지 부정하게 만듭니다. 안타깝습니다. 이런 모습은 우리가 기대한 삼손의 모습과 전혀 다릅니다.

오늘 본문은 성장한 삼손의 첫 모습에 대해 이야기합니다. 그의 모습을 보며 우리는 불안함을 느낍니다. 삼손의 이 불안한 모습을 통해 하나님은 다음과 같은 중요한 세 가지 영적 진리를 우리에게 가르치십니다.

첫째, 내 눈에 좋은 것이 악일 때가 많습니다.

[연관성] 생각해 보면 우리 눈에 좋은 것이 하나님 눈에는 악한 것일 때가 많습니다. 그래서 내 눈에 좋은 것만을 따라 살아가면 대부분의 경우 우리 삶에 악한 것들이 쌓입니다. 오늘 본문은 분명히 말합니다. 내 눈에 좋은 것이 전부가 아닙니다. 사실 내 눈에 좋게 보이지만 결국 그것이 내 영혼과 삶을 파괴할 때가 얼마나 많습니까. 내가 어떻게 보는지보다 하나님이 그것을 어떻게 보시는지가 더 중요합니다.

[적용] 지금 이 시간 말씀으로 나 자신을 살펴보십시오. 내가 간절히 갖고 싶어 눈을 떼지 못하는 것은 무엇입니까? 혹시 하나님의 말씀을 무시한 채 내 눈에 좋을 대로 세상의 것을 추구하고 있지 않습니까? 내가 지금 바라보는 것이 삼손이 바라봤던 '딤나의 여인'일 수 있습니다. 정의롭지 못한 재물, 힘을 과시하기 위한 권력, 삶을 망칠

수 있는 쾌락 등 내 눈을 사로잡을 현대판 '딤나의 여인'이 우리 주변에 널려 있습니다. 기억해야 합니다. 기준은 내 눈이 아니라 하나님의 눈입니다. 하나님의 눈으로 보고 판단하십시오.

둘째, 내 눈에 좋은 것이 성령의 역사를 깨닫지 못하게 합니다.

[연관성] 내 눈에 좋은 것에 빠지면 내 삶에 임한 성령의 역사를 놓치고 맙니다. 얼마나 안타까운 일입니까. 삼손은 자라면서 여호와의 영, 즉 성령을 경험합니다(삿 13:25). 사자를 만나 위험에 빠졌을 때도 성령이 그에게 임합니다. 그러나 정작 삼손은 자신에게 임한 성령의 역사에 놀라지 않습니다. 왜일까요? 성령의 역사보다 자신의 눈에 좋은 여자에게 온통 관심이 쏠려 있기 때문입니다. 우리는 성장하면서 성령을 경험한 삼손, 삶의 위기에서 놀라운 힘을 주시는 성령을 경험한 삼손을 부러워할 필요가 없습니다. 우리 안에 이미 성령님이 계십니다. "우리 구주 예수 그리스도로 말미암아 우리에게 그 성령을 풍성히 부어 주사"(딛 3:6). 이 성령께서 우리 안에 충만히 역사하길 원하십니다(고전 3:16; 엡 5:18).

[적용] 그렇다면 우리는 무엇을 해야 합니까? 지금 내 눈에 좋은 것을 내려놓아야 합니다. 하나님이 원하시는 것을 따라 살며 부르짖어야 합니다. 그때 우리 안에 계신 성령께서 역사하시고, 으르렁거리는 사자처럼 우리 삶을 위협하는 어떤 문제도 능히 이길 수 있습니다.

셋째, 내 눈에 좋은 것이 성질의 역사를 일으킵니다.

[연관성] 좀 웃기고 이상하게 들립니다. 그러나 사실입니다. 내 눈

에 좋은 것을 따라 살면 성령의 역사와 멀어지면서 성질의 역사를 경험합니다. 내 안에 성질이 발동하면서 분을 내며 삽니다. 앞으로 살펴보겠지만, 위기 때마다 하나님은 삼손에게 성령을 보내주십니다. 그러나 삼손은 하나님께 감사하거나 그분께 영광을 돌리지 않습니다. 계속 성질을 부리며 살아갑니다. 본문에서도 삼손은 부모가 자기 눈에 좋은 여자를 반대하자 성질을 부리며 명령하듯 말합니다. "그 여자를 데려오소서!" 나는 왜 분노하는 삼손처럼 성질을 내며 사는 것일까요? 우리는 종종 가정이나 교회에서 뭔가를 바로잡겠다는 명분하에 거친 말과 감정을 쏟아냅니다. 그러나 대부분의 경우 아무리 포장한다 해도 이는 내 안에 계신 성령의 역사가 아닙니다. 내 안에 있는 성질이 역사하는 것입니다. 왜 이런 현상이 일어날까요? 내 눈에 좋은 것을 추구하기 때문입니다. 그러다 그것을 갖지 못하면 화르르 분노가 일어나는 것입니다. 그렇게 또 성질이 역사하게 됩니다.

[적용] 성질이 아니라 성령으로 살아야 합니다. 방법은 무엇입니까? 내 눈에 좋은 것이 아니라 하나님의 눈에 좋을 것을 추구하며 살아야 합니다. 이제 육신의 눈은 감고 영적인 눈을 떠야 합니다. 내 눈에 좋은 것이 아니라 하나님 눈에 좋은 것을 따라 살며, 성령의 역사를 경험해야 합니다.

Chapter 2
최상의 본문 설명법

본문 설명을 위해
10가지 방법을 사용하라

임도균

어떻게 교회를 생명력 있게 할 것인가? 어떤 교회가 건강하게 자랄 수 있을까? 탈봇신학교에서 교회성장학을 가르치는 게리 매킨토시(Gary L. McIntosh) 박사는 건전하고 생명력 있는 교회성장을 위해 다음과 같이 주장한다. "하나님의 말씀에 최대한 헌신하고 믿음 밖에 있는 사람들에게도 성경이 증언하는 예수 그리스도의 복음을 열정적으로 소통하는 교회는 성경적으로 성장할 수 있는 큰 가능성을 가지고 있다."[07] 영원한 생명의 길을 여신 예수 그리스도의 인도하심에 따라 움직이는 교회는, 건강한 생명력을 지속적으로 소유하고 풍성한 영적 열매를 맺을 것이다.

주님의 인도하심을 분명하게 따르려면 교회는 어떻게 해야 하는가? 교회는 하나님의 말씀인 성경의 가르침을 존중하고 따라야 한다. 성경은 성령님의 감동하심으로 기록된 말씀이다. 따라서 주의 몸 된 교회가 하나님의 말씀으로 영적 공급을 받고 가르침을 따를 때 영적 생명력이 나타난다(시 1:1-3; 사 55:11; 요 5:39; 행 20:32; 살전 2:13; 딤후 3:16-17; 벧전 1:23; 벧후 1:2-4; 히 4:12). 또 영적으로 건실한 교회가 되기 위해서는 생명력 있는 설교가 영적 공동체 가운데 선포되어야 한다.

그렇다면 건강하고 바람직한 설교는 어떤 것일까? 짐 섀딕스(Jim Shaddix) 박사는 현대의 설교자들이 좋은 것(good stuff)과 하나님의 것(God's stuff)을 분별해야 함을 강조한다.[08] 설교자는 자신이 전하는 메시지를 분별해야 한다. 설교는 청중이 듣기 좋고 삶에 유용한 가르침만 전달하는 것이 아니라, 하나님의 뜻을 선포해야 한다. 알버트 몰러(R. Albert Mohler, Jr.) 총장은 "유일하게 진실된 기독교 설교의 유형은 강해설교"라고 강력히 주장한다.[09] 설교는 성경 본문을 충실히 강해하는 것이 본연의 임무임을 잊지 말아야 한다.

그렇다면 왜 성경 본문을 강해하는 설교를 해야 하는가? 강해설교는 하나님의 뜻을 진지하게 고민하고, 성경이 알려주는 깊이 있는 메시지를 현대 청중에게 전달하는 설교이기 때문이다. 마스터신학교의 존 맥아더(John MacArthur) 총장은 "전파하는 자가 없이 어찌 들으리오"(롬 10:14)라는 성경의 가르침에 따라 다음과 같이 주장한다. "성경은 정확 무오하며 살아계신 하나님의 말씀이다. 하나님의 말씀은 좌우에 날 선 어떤 검보다도 예리하다. 또 말씀은 순전하고 진리다. 우리는 하나님의 말씀을 온전하게 전해야 하며, 그 모든 진리를 밝혀야 한다. 이것이 우리가 받은 명령이다."[10] 강해설교는 하나님의 말씀을 섬기는 설교다. 이러한 설교는 성경 말씀의 권위를 인정하고, 성경이 하나님의 말씀이라는 확신으로 설교한다.[11] 강해설교는 하나님의 뜻이 담겨 있는 성경을 풀이하고 청중에게 적용하는 설교다.

그러면 한국 교회 강단에서 성경 본문의 메시지가 충실히 선포되고 있는가? 성경 본문에 관한 내용보다는 시사적인 정보와 감동적인 이야기로 설교를 더 많이 채우고 있지는 않은가? 만약 그렇다면 그 원인이 무엇일까? 두 가지 주요한 원인이 있다. 첫째는 하나님 말씀의 충분성에 대한 회의다. 설령 성경이 하나님의 말씀이라는 신학적 전제에 동의하는 설교자라 할지라도, 과연 성경 66권이 생명력 있는 신앙생활을 하기에 충분한지 의문을 가질 수 있다. 이러한 확신의 부재는 성경 본문보다 다른 자료를 더욱 의지하고 가르치게 한다. 결과적으로 설교 전체에서 본문 설명이 차지하는 비율이 감소하게 된다.

둘째는 설교자들이 성경 본문을 효율적으로 설명하는 본문 설명 방법에 익숙하지 않기 때문이다. 성경을 중요하게 여기는 전통적인 강해설교에서 본문 설명의 필요성이 강조되어 왔고, 본문 주해와 묵상 방법에 대한 연구도 비교적 발전해 왔다. 그러나 설교를 듣는 청중의 상태나 본문을 설명하는 체계적인 방법에 대한 연구는 충분하지 않다. 이러한 이유로 성경적 설교를 지향하는 강해설교에서도 본문 설명이 체계적으로 진행되지 못하는 경우를 보게 된다. 탁월한 가르침의 은사가 있는 설교자는 본문을 능숙하게 설명할 수 있다. 그러나 대부분의 설교자가 청중의 상태를 잘 이해하지 못하고, 설교 중 본문을 효과적으로 설명하지 못한다.

한국 교회의 설교는 어떠한가? 예배 중 강대상에서 봉독한 성경 본문을 얼마나 진지하고 효과적으로 설명하는지 돌아볼 필요가 있다. 성경에 충실한 설교를 위해 본문 설명은 더욱 강조되어야 한다.

일반적으로 강해설교에 관한 책에서도 본문 설명의 중요성을 강조하고 본문을 주해하는 방법은 소개하지만, 본문 설명 시 필요한 내용과 본문 설명의 방법에 대해서는 체계적으로 안내하는 데 여전히 미흡하다.

 이번 장에서는 최상의 설교를 위한 본문 설명의 방법을 체계적으로 제시하여, 설교 현장에 실제적으로 적용할 수 있도록 돕고자 한다. 먼저 설교의 기능적 요소를 설명하고, 본문 설명을 위한 자료와 효과적인 본문 설명을 위한 점검사항 및 본문 설명을 위한 기술을 제안할 것이다. 한국 교회 현장에서 하나님나라 확장을 위해 수고하는 설교자들에게 본문 설명에 대한 체계적인 이해를 돕고, 다양한 본문 설명방법의 기술을 소개하려 한다.

설교의 기능적 요소

 설교는 성경이 증거하는 예수 그리스도에 대한 복음과 하나님의 계시된 메시지를 성령의 능력으로 잃어버린 영혼에게 전하여 중생을 경험하게 하고, 그리스도를 닮아 풍성한 삶을 누림으로 하나님께 영광을 올려드리도록 안내하는 신성한 소통 행위다. 이처럼 전인격적인 변화를 일으키기 위해, 설교는 청중의 다양한 영역까지 영향을 미쳐야 한다. 이러한 설교를 만드는 것은 조립식 집을 짓는 것에 비유할 수 있다. 좋은 설교라는 집을 짓기 위해서는, 먼저 다양한 기능을 지닌 건축재료(설교의 기능적 요소)를 준비해야 한다. 또 각각의 기능적 요소가 견고히 연결되고 조화를 이루어야 한다. 그렇다면 설교를 구성하는 기능적 요소는 무엇인가? 또 기능적 요소의 한 부분으로서 본문 설명은 어떤 효과와 기능이 있는가?

설교의 기능적 요소

근대 설교학의 아버지라 불리며 서든침례신학교에서 설교학을 가르친 존 브로더스(John A. Broadus) 박사는 설교의 기능적 요소로 네 가지를 소개한다. 설명, 논쟁, 예화, 적용이다.[12] 이러한 기능적 요소는 설교의 아웃라인(설교의 뼈대)을 채워 설교를 풍성하게 하고, 다양한 효과를 창출한다. 이러한 설교의 기능적 요소는 이후 현대 설교학에서 설교를 구성하는 요소로 받아들여졌다.[13] 최상의 설교도 기본적으로 이러한 기능적 요소의 필요성에 공감한다. 그러나 더욱 간략하게 설명, 예화, 적용을 강조하는 경향이 있다. 설교가 매끄럽게 연결되기 위해서는 전환문장의 역할 또한 중요하다. 자연스럽게 연결해 주는 전환문장이 있어야 설교의 기능적 요소가 시너지 효과를 발휘하여 전인격적 변화를 일으키는 균형 있는 설교가 될 수 있다. 따라서 전환문장을 본문이 이끄는 설교의 기능적 요소에 추가하겠다.

최상의 설교를 위한 기능적 요소

위에서 설명한 대로 최상의 설교가 되려면 네 가지 기능적 설교요소(설명, 예화, 적용, 전환문장)가 잘 연합해야 한다. 설교자의 개인적 특성과 교회의 설교 전통에 따라 기능적 요소의 비율에는 차이가 있을 수 있다. 그러나 청중이 다양하게 성경의 진리를 경험하는 설교가 되려면, 이 네 가지 설교의 핵심 구성요소가 균형 있게 구성되어야 한다. 그렇다면 설교의 각 기능적 요소의 특징은 무엇인가?

첫째는 설명이다. 브로더스는 설교에서 본문 설명은 매우 긴급하고 필수적임을 강조한다.[14] 본문 설명은 본문의 내용을 청중에게 이해시키는 과정이다. 이성적인 영역에서 청중이 이해할 수 있는 언어와 표현으로 성경의 진리를 묘사해 소통하는 것이다. 크게 본다면 논증은 본문 설명의 범주 안에 포함된다.

둘째는 예화다. 예화는 본문 내용이 청중의 삶에 와 닿을 수 있도록 연결하는 것이다. 설교자는 본문에서 발견한 교훈을 삶의 예를 통해 보여줄 수 있다. 언어 또는 시청각 도구나 자료를 사용해 성경이 말하는 진리를 청중이 감성적으로 느낄 수 있게 한다. 특히 예화는 건전한 상상력과 생동감 있는 이미지를 통해 청중의 내면에 그림을 그리고 느끼게 할 때 효과적이다.

셋째는 적용이다. 해롤드 브리슨(Harold T. Bryson)은 성경적이고 강해적인 설교가 되기 위해서는 '그때'(과거 성경 시대) 본문의 의미가 현대의 청중에게 연결되어야 한다고 강조한다.[15] 적용은 성경 본문이 증거한 명제적 진리를 현대의 청중이 삶에서 실천하도록 안내하는 것이다. 최상의 적용은 본문 안에서 발견된 성경 저자의 의도를 청중이 현대 상황에서 실천하고 결단하도록 안내하는 것이다.

넷째는 전환문장이다. 전환문장은 설교의 서론 본론 결론과 각각의 설교 구성요소(설명, 예화, 적용)를 논리적으로 자연스럽게 연결하는 역할을 한다. 매끄러운 연결문장을 통해 청중이 설교를 따라오는데 어려움이 없게 한다. 이 네 가지 구성요소를 표로 정리하면 다음과 같다.

구분	주요 영역	주요 특징	주요 목표
설명(explanation)	이성	묘사/설득	쉽게 이해
예화(illustration)	감성	이미지/상상력	보고 느낌
적용(application)	의지	결단/실천	삶에 실천
전환문장(transition sentence)	논리	자연/연결	전체 연결

최상의 설교 구성요소[16]

이러한 설교의 기능적 요소 중 이번 장에서 주로 논의할 본문 설명의 유익과 특징은 무엇인가?

본문 설명의 유익

본문 설명은 청중과 설교자에게 두루 유익하다. 먼저 본문 설명은 청중에게 유익하다. 섀딕스 박사는 "성경 본문의 설명은 매우 중요하다. 왜냐하면 성경은 하나님의 진리의 지식을 아는 통로이기 때문"이라고(딤후 3:14-17; 벧전 2:2 참조) 말한다.[17] 설명은 하나님의 말씀을 청중이 쉽고 정확하게 이해할 수 있도록 돕는 과정이다. 따라서 설교자는 본문 설명 시 자신의 지식을 드러내는 데 집중할 것이 아니라, 청중이 성경 말씀을 이성적으로 이해할 수 있도록 도와야 한다. 본문 설명으로 청중은 하나님의 말씀을 명확하고 쉽게 이해할 수 있다. 또 본문 설명은 설교자에게도 유익하다. 알렌 박사는 다음과 같이 피력한다. "성경이 말하는 것은 하나님의 말씀이다. 성경의 말씀이 설교에 권위를 부여할 수 있다. 성경의 권위와 강해설교는 서로 연관이 있다."[18] 강단에서 설교자가 하나님의 말씀을 설명할 때 설교자는 하나님의 말씀에서 오는 권위를 경험한다. 본문을 바르고 적절하게 설명할 때, 설교자는 권위 있게 말씀을 선포하는 유익을 얻게 된다.

최상의 설교를 위한 본문 설명의 특징

최상의 설교는 좀 더 성경적인 설교를 추구한다. 따라서 최상의 설교에서 본문 설명은 두 가지 면을 다룬다. 첫째, 본문 설명은 본문의 메시지를 설명한다. 본문 내용은 성경 본문이 전하고자 하는 주된 생각이다. 이러한 본문의 주된 생각은 본문 설명에서 다루어야 한다.

둘째, 본문 설명은 본문의 의사전달 방법에 대한 설명이다. 본문이 전하고자 하는 메시지를 전달하기 위해 본문은 고유한 구조로 되어 있고, 이러한 구조는 차후 설교의 구조에 반영된다. 본문 설명에서 본문의 구조가 왜, 어떻게 설교에 반영되었는지에 대한 설명이 적절하게 있어야 한다. 성경 저자는 장르를 통해 풍성하게 메시지를 전달한다. 따라서 본문 설명 시 이러한 장르적 요소를 고려해 본문이 지닌 고유한 의사소통 효과를 설명하고 드러낼 수 있어야 한다. 이러한 장르적 요소를 사용하면 성경 저자가 전달하고자 한 감성적 무드가 전달된다. 본문을 중요시 하는 본문이 이끄는 설교는 본문의 메시지와 본문의 의사전달 효과에 대한 설명도 본문 설명 중에 종합적으로 다룬다.

본문 설명을 위한 자료

본문에 충실한 설교자는 설교문을 작성할 때 많이 고민한다. 본문 연구에 충실하기 위해 모은 주해자료 중 어떤 부분을 본문 설명에 사용해야 하는지 고민하는 것이다. 충실히 본문을 연구함과 동시에 연구로 얻은 자료를 지혜롭게 사용하는 것이 필요하다. 바람직한 본문 설명을 위해 사용할 수 있는 네 가지 자료(본문의 배경 설명, 주해적 요소 설명, 장르적 특징 설명, 본문의 신학 메시지 설명)를 간략하게 제안한다.

본문의 배경 설명

본문 배경을 알기 위해 본문 앞뒤 문맥, 역사적 배경, 사회문화적 배경을 연구할 필요가 있다. 본문을 설명할 때 이러한 주변 환경을 이해하면 본문을 이해하는 데 도움이 된다. 여기서는 본문의 배경으로 문학적 배경, 역사적 배경 그리고 지리적 배경을 간략하게 소개하겠다.

문학적 배경 설교할 성경 본문은 독립적으로 떨어져 있는 것이 아니라 성경의 문학적 문맥 안에 있다. 본문을 안전하게 해석하고 설득력 있게 설명할 수 있는 부분이 바로 본문의 문학적 배경이다. 지엽적 문맥으로는 선택된 본문의 앞뒤로 문단을 확인할 수 있다. 또 넓은 문맥으로는 각 장이 어떠한 관계로 나뉘고 연결되는지를 파악할 수 있다. 이러한 문학적 배경은 본문 설명에 유용한 자료다.

역사적 배경 역사적 배경 설명은 본문이 쓰일 당시 역사적 배경과 정황을 설명하는 것이다. 역사적 배경 설명에서는 성경 저자와 수신자, 저작 연대 등을 설명한다. 특히 원저자의 목적과 의미를 잘 설명하기 위해서는 본문의 배경이 되는 역사적 사건과 문화적 사회적 배경을 이해할 필요가 있다. 이러한 자료는 성경 저자와 수신자의 역사적 정황을 설명하는 데 도움이 된다.

지리적 배경 지리적 배경을 설명하면 현대의 청중에게 많은 도움이 된다. 일반적으로 한국에 거주하는 청중은 성경의 사건이 주로 펼쳐지는 중동과 유럽의 지명에 익숙하지 않다. 이러한 지리적 배경 설명은 현대 청중이 성경을 이해하는 데 큰 도움을 준다.

주해적 요소 설명

성경 저자는 본문의 의미를 언어로 전달한다. 즉, 언어의 조합과 규칙을 이용해 의미를 전달한다. 또 본문 연구는 이러한 본문의 언어적 요소를 고려해 본문의 의미를 파악하고 설명할 수 있다. 강해적 설명에는 본문의 문법적 특징과 구문적 특징 그리고 단어 의미 설명이 포함된다.

문법적 특징 각 단어의 문법적 분석은 본문을 세밀하게 이해하는 방법이다. 가령, 동사의 태(능동, 수동, 중간)나 시제(과거, 현재, 미래)나 어법(직설법, 가정법, 명령법)에 대한 문법적 분석으로 얻은 주해적 자료를 본문 설명 시 사용할 수 있다.

구문적 특징 구문적 특징이라고 하면 용어가 조금은 어렵게 느껴질 수 있는데, 구문은 본문에서 단어와 단어, 문장과 문장 간의 관계를 연구하는 것이다. 이러한 설명은 본문의 움직임이나 논리적 흐름을 설명하는 데 도움을 준다. 특히 구문적 설명은 본문의 아웃라인이 어떻게 구성이 되는지를 납득시키는 데 유용한 자료다.

단어 의미 단어 연구는 본문의 의미를 설명하는 데 필수적인 도구다. 설교자는 단어 의미 풀이로 본문의 메시지를 명확하게 설명할 수 있다. 본문의 모든 단어를 주의 깊게 연구하는 것이 본문의 의미를 파악하는 데 도움이 될 것이다. 그러나 본문을 연구할 시간이 제한적인 목회 현장에서는 핵심단어를 선정하여 좀 더 집중적으로 연구하는 것이 더 현실적이고 효율적이다. 핵심단어 설명은 설교를 풍성하게 하는 값진 자료다.

장르적 특징 설명

본문이 이끄는 설교는 본문의 메시지를 쉽고 바르게 전달한다. 또 본문의 의사소통 방법인 장르적 요소까지 본문 설명에 연결시킨다. 사우스웨스턴침례신학교에서 설교학을 가르쳤던 스티븐 스미스(Steven Smith) 박사는 성경 본문을 세 개의 큰 장르와 아홉 개의 세부 장르로 구분한다.[19] 장르적 설명을 위해 대표적인 세 개의 큰 장르(서신, 이야기, 시)로 구분하여 다음과 같이 설명할 수 있다.

큰 장르 구분	세부 장르 구분
서신	서신서, 요한계시록
이야기	구약 내러티브, 율법, 복음서와 사도행전 내러티브, 비유
시	시편, 선지서, 지혜서

최상의 설교 장르 구분 [20]

서신 서신서는 저자와 수신자, 그리고 서신을 받게 되는 정황이 있다는 것이 특징이다.²¹ 이러한 특성을 파악해 설명하면 본문을 이해하는 데 도움이 된다. 서신서는 보통 문단으로 나눌 수 있고, 본문에 논리적 움직임이 있다. 이러한 논리적 움직임은 설교의 아웃라인으로 정리가 된다. 서신서를 잘 이해하기 위해서는 본문의 논리적 움직임을 파악하고 설명하는 것이 필요하다.

이야기 본문 설명이라 하면 보통 서신서 강해를 떠올리게 된다. 그러나 성경의 많은 부분은 내러티브, 즉 이야기 장르의 본문이다. 본문의 장르가 내러티브일 때는 본문의 이야기를 재현하는 것 자체가 본문 설명이다. 따라서 스토리텔링(story-telling)으로 본문의 이야기 구조를 반영하고 상황을 자세히 묘사해 재현하는 것 자체가 가장 좋은 본문 설명이다.

시 시는 말의 운율과 풍부한 이미지를 사용하는 것이 특징이다. 예를 들면, 시편은 시적 문학양식으로 기록되었고 감성적인 어조를 담고 있다. 따라서 시편 본문을 설명할 때는 본문의 감성적인 변화(emotional movement)를 파악하고 설명할 필요가 있다.²² 성경 저자가 본문 안에 담으려는 메시지와 함께 '본문의 무드'(textual mood)를 파악해 설명하고, 이러한 감성적인 어조를 강조해 설교에 반영할 수 있다.²³

본문의 신학 메시지 설명

신학적 고찰로 얻은 메시지는 풍성하고 깊이 있는 설명을 가능하게 한다. 성경 저자는 본문에 신학적 메시지를 담는다. 설교자는 본문에 등장하는 신학적 주제를 다양한 관점으로 연구해 청중에게 깊이 있게 설명할 수 있다. 특히 깊이 있는 신학적 메시지를 위해서는 세 가지 영역(성경신학, 역사신학, 조직신학)에서 연구하고 설명할 수 있다.

성경신학 성경신학은 성경자료를 중심으로 본문 안에 있는 신학적 이슈를 연구하는 신학 방법이다. 먼저 주해자는 본문 연구 중 발견한 신학적 이슈를 그 본문이 속한 책의 신학적 입장에서 살펴본다. 가령, 빌립보서 본문을 연구한다면 빌립보서 전체의 신학적 입장과 선택한 본문에 등장하는 신학적 이슈의 연관성을 살펴본다. 성경신학은 신약신학과 구약신학으로 구분할 수 있다. 먼저 신약신학은 신약 27권 중 강해자가 선택한 신약 본문에서 발견한 신학적 이슈에 대해 비교 및 대조하여 메시지를 연구함으로써, 일치성과 다른 점을 연구하는 신학 방법이다. 또 구약신학은 구약성경 39권 중 강해자가 구약성경에서 발견한 신학적 이슈를 다른 본문과 비교 및 대조하여 연관성과 차이점을 연구하는 것이다. 이러한 성경신학은 본문을 풍성하면서도 깊이 있게 설명하는 통찰력을 제공한다.

역사신학 역사신학적 방법은 교회역사에서 본문을 해석한 자료를 이용해 본문을 설명하는 방법이다. 과거 설교자들의 본문 해석과 현장 적용의 사례를 살펴보는 것이다. 과거 본문을 바람직하게 해석한 예도 좋은 연구 대상이다. 그러나 극단적으로 치우친 본문 해석으로 개인의 신앙생활과 믿음의 공동체에 문제가 생겼던 사례도 연구한다. 이처럼 교회역사에서 본문 해석이 가져온 결과에 대한 사례 연구는 본문을 이해하고 설명하는 값진 자료다.

조직신학 조직신학은 신학적 이슈를 주제별로 정리하고 통합적으로 연구하는 신학 방법이다. 본문에서 발견된 신학적 이슈를 성경신학과 역사신학의 관점에서 조망하고 합리적인 일치를 위해 연구한다. 특히 성경 전체를 창조, 타락, 구속, 회복의 역사로 보여주는 '메타-내러티브'(meta-narrative)의 관점은 바람직한 접근 방법이다.[24] 이러한 신학적 연구는 체계적으로 본문을 연구하는 데 도움을 준다. 조직신학적 방법으로 본문을 설명할 때 여러 자료를 참조할 수 있다. 그러나 성경의 전체적인 가르침과 배치되는 조직신학은 본문 설명 시 지양해야 한다.

본문 설명을 위한 점검사항

본문 설명은 설명을 위한 설명이 되면 안 된다. 일방적으로 진행해도 안 되고 청중과 소통해야 한다. 따라서 말씀을 받아들이는 설교자와 청중의 상태를 고려해 본문을 설명해야 한다. 본문 설명을 효율적으로 진행하기 위해서는 네 가지 항목(설교자의 본문 이해 정도, 청중의 영적 성숙도, 청중의 주제에 대한 흥미도, 청중의 성경지식 정도)에 대한 점검이 필요하다. 설교자가 청중의 상황을 스스로 점검할 수 있도록 도표로 정리했다.

설교자의 본문 이해 정도

이상하게 들릴 수 있지만, 설교자는 자신에게 다음과 같이 질문할 필요가 있다. '나는 설교자로서 설교할 본문을 분명히 이해하고 있는가?' 설교자 자신이 본문을 분명히 이해하고 있지 않으면 본문 설명이 명확하지 않고 설명이 불필요하게 길어지는 경향이 있다.

구분	매우 높음 very high	높음 high	보통 normal	낮음 low	매우 낮음 very low
이해도(자가 점검)					

설교자의 본문 이해 정도 점검표

청중의 영적 성숙도

본문 설명 시 청중의 영적 성숙도에 따라 설명의 난이도와 설명 방법을 조절할 수 있다. 설교를 들을 청중 가운데 불신자가 많은지 성숙한 청중이 많은지를 파악해 청중의 영적 성숙도에 따라 본문을 설명한다. 특히 설교 본문을 선정할 때 청중의 영적 성숙도를 파악할 수 있도록 기도한다. 또 연간 설교계획을 세울 때 청중의 영적 상태를 반영해 본문 설명 계획을 세울 수 있다.

구분	초신자 exploring Christianity	영적으로 자라감 growing in Christ	그리스도께 가까워짐 close to Christ	그리스도 중심의 삶 Christ-centered
이해도(자가 점검)				
퍼센트(%)				

청중의 영적 성숙도 점검표

청중의 주제에 대한 흥미도

본문에서 발견되는 주제에 대한 청중의 흥미도를 파악한다. 설명하는 본문에 대한 청중의 흥미도가 높으면, 짧은 서론과 함께 본문 설명을 바로 시작해도 집중력 있게 설교를 듣고 따라올 수 있다. 그러나 설교 주제에 대한 청중의 흥미도가 낮으면, 설교자는 본문 설명 시 좀 더 흥미 있는 예화와 역동적인 전달법으로 설명할 필요가 있다.

구분	매우 높음 very high	높음 high	보통 normal	낮음 low	매우 낮음 very low
청중(인원)					
퍼센트(%)					

청중의 주제에 대한 흥미도 점검표

청중의 성경지식 정도

효율적인 본문 설명을 위해 설교자는 청중의 성경지식 정도를 파악할 필요가 있다. 설명하는 주제에 대한 청중의 지식이 메시지를 받아들이는 데 영향을 미치기 때문이다. 따라서 설교자는 본문 설명 시 자신의 '청중이 이미 이해하고 있는 것은 무엇인가?'[25]와 '청중이 이해하지 못한 부분은 무엇인가?'를 파악할 필요가 있다.[26] 설교 시간은 제한적이다. 시간을 효율적으로 사용하기 위해 청중의 성경지식 정도에 따라 본문 설명의 난이도를 조정해야 한다. 설교자는 청중이 이해하지 못한 부분을 파악해 이해할 수 있는 용어로 전달해야 한다.

구분	매우 높음 very high	높음 high	보통 normal	낮음 low	매우 낮음 very low
청중(인원)					
퍼센트(%)					

청중의 성경지식 정도 점검표

본문 설명을 위한 기술

알렌 박사는 본문 설명 방법의 중요성을 이렇게 설명한다. "어떤 설교자는 본문 주해만으로는 청중의 관심을 끌 수 없다며 자신들의 본문 설명이 약한 이유를 말한다. 그러나 본문 주해에 문제가 있는 것이 아니라 지루한 주해(본문 설명)가 문제다."[27] 본문 연구 후에 습득한 연구자료를 설득력 있고 효율적으로 전달하는 방법을 강구할 필요가 있다. 그러면 본문을 효과적으로 설명할 수 있는 방법은 무엇인가? 효과적인 본문 설명을 위해 열 가지 기술(수사적 질문, 정의, 비교/대조, 분석, 시청각 설명, 논증, 재진술, 인용, 스토리텔링, 실물 설명)을 제안한다. 본문의 내용과 청중의 상황 등을 고려해 아래의 기술을 선택해 사용할 수 있다.

1. 수사적 질문

수사적 질문은 청중의 관심을 끌고 설득하는 기술이다. 수사적 질문은 청중에게 질문해 설교자가 말하려는 부분을 청중이 생각하게 함으로써 담화에 초대한다. 설교자는 수사적 질문으로 본문에서 설명하는 주제에 청중이 능동적으로 참여하도록 이끈다.

2. 정의

정의는 단어 의미의 '한계'를 정해 의미가 확대되지 않고 명료하게 의미를 전달하는 수사적 기술이다. 본문 연구 시 단어의 뜻과 신학적 개념을 명확하게 설명해 현대 청중이 본문을 자의적으로 해석하지 않고 바르게 이해하도록 도움을 준다. 신학적 개념을 현대인들이 이해할 수 있는 현대적인 개념으로 재번역하는 것이 바람직하다.

3. 비교/대조

본문에 나오는 신학적인 개념을 설명할 때 비교와 대조는 매우 효과적인 설명 기술이다. 비교는 두 개념의 비슷한 점을 설명해 전달 내용을 명료하게 설명하는 기술이다. 브로더스가 "설명에 여러 유용한 방법이 있지만 비교가 가장 유용하다"고 말할 정도로 설교자에게 꼭 필요한 기술이다.[28] 대조는 두 개념의 차이점을 드러냄으로써 명료하게 설명하는 방법이다. 본문의 개념을 명확하게 설명하는 데 비교와 대조의 방법은 유익하다.

4. 분석

본문 설명에서 분석은 본문 안의 복잡한 내용을 세부적으로 분류해 설명하는 기술이다. 특히 문법적으로 각 단어의 인칭, 수, 격, 시제, 태, 어법을 분석할 수 있다. 또 구문 연구를 통한 단어와 문장의 관계를 파악하는 질문(누가, 언제, 어디서, 무엇을, 왜, 어떻게)은 문장 간의 관계를 분석하고 설명한다. 본문이 이끄는 설교에서는 본문의 감정적인 영역을 존중한다. 따라서 본문의 어조를 분석하고 설명할 필요가 있다. 본문의 대표적인 어조는 '비평적, 슬픔, 분노, 공포, 중립적, 따스함, 열정, 기쁨, 감사, 경외' 같은 것이다. 또 시편 같은 시 장르에서는 감정변화를 본문의 감정흐름도(text's emotional flow)로 그려 본문의 감정변화를 분석해 설명할 수 있다.

5. 시청각 설명

현대 그리스도인은 시청각 자료를 통해 사물을 이해하고 학습하는 데 익숙하다. 따라서 본문을 설명할 때 정리된 도표나 지도, 그림을 사용하면 청중이 더 쉽게 본문의 내용을 이해할 수 있다. 특히 음악자료를 사용할 경우 감성적인 접근도 가능하다. 본문의 내용을 가사로 만든 찬양이 있다면 찬양을 듣고 본문을 느끼며 설명하면 효과적이다. 또 현대 설교에서 동영상은 매우 강력한 소통의 도구다. 특히 예화에서 동영상 자료가 종종 사용된다. 본문 설명에서도 적절한 동영상 자료를 사용하는 것은 본문을 이해하는 데 큰 도움이 된다. 가령, 본문의 배경이 되는 성지의 영상을 간략하게 보여준다면 청중은 본문 말씀을 더욱 현장감 있게 이해할 수 있다. 이때 동영상은 너무 길지 않으면서 설교와 자연스럽게 연결되어야 한다.

6. 논증

논증은 성경의 진리에 청중이 동의하지 않는 부분을 이성적으로 설득하는 것이다. 청중은 살아가면서 세상에서 통용되는 가치와 하나님나라의 가치 사이에서 혼동을 경험한다. 설교 중 설교자는 청중이 경험하는 이러한 세계관의 혼동을 해결하기 위해 힘써야 한다.

논증은 합당한 이유를 제시해 성경적 주장을 청중이 받아들이게 하는 기술이다.

7. 재진술

재진술은 동일한 개념과 문장을 다른 표현으로 반복해 말하는 기술이다. 글쓰기에서 특별한 의도 없이 똑같은 내용을 반복해 쓰는 것은 바람직하지 않다. 그러나 구두전달에서는 청중이 화자가 말하고 지나간 부분을 다시 돌아갈 수 없으므로, 화자는 중요한 부분을 반복해 강조하며 설명해야 한다.[29] 적절하고 반복적인 설명은 청중이 분문의 내용을 이해하고 기억하는 데 도움이 된다.

8. 인용

인용은 다른 사람의 권위 있는 자료나 잘 알려진 공감되는 표현을 사용하는 기술이다. 좀 더 강력한 인상을 주고, 설교자의 주장을 더 권위 있게 전달하기 위해 사용한다. 이러한 인용 기술을 사용할 때는 출처를 분명하게 제시하는 것이 좋다. 청중이 공감하는 표현이나 권위 있는 자료를 사용하는 것은 본문 설명에 유익하다.

9. 스토리텔링

스토리텔링은 이야기를 재현하는 기술이다. 내러티브 장르의 특징을 살려 본문을 설명하려면 분석적인 내용 설명만으로는 충분하지 않다. 스토리는 스토리로 설명하는 것이 가장 좋다. 내러티브 장르의 본문에서 이야기의 배경과 등장인물 묘사 등을 통해 다시 살아 움직이는 성경 스토리로 변환한다. 성경 스토리를 다시 현대 말로 재현하는 것 자체가 가장 좋은 본문 설명이다.

10. 실물 설명

본문 설명에 필요한 실물과 도구를 가지고 실제로 보여주며 설명하는 기술이다. 성경에 나오는 복장이나 물건 등을 실제 강대상에서 보여줌으로써 더 입체적으로 설명하는 방법이다.

최상의 설교는 본문에 충실하고 청중과의 효과적인 소통에 중요한 가치를 둔다. 현대의 청중이 성경 본문의 생명력을 경험하기 위해서는 효율적인 본문 설명이 있어야 한다. 한국 교회는 그리스도의 복음에 대해 세상과 타협하지 않는 순전한 믿음의 공동체를 꿈꾼다. 예수 그리스도의 가르침과 인도하심을 순전히 받기 위해서는 성경 본문에 충실한 설교가 한국 교회 강대상에서 지속적으로 선포되어야 한다. 한국 교회 설교가 성경 본문에 좀 더 충실하고 청중과 역동적으로 소통하여 더욱 건강하게 성장하기를 소망한다. 또 충성스러운 말씀의 종들이 체계적으로 본문 설명의 특성과 기술을 이해하여, 말씀에 목말라 있는 영혼에게 말씀의 생명수를 생명력 있게 공급하기를 기대하며 기도한다.

• 최상의 본문 설명을 위한 발걸음 •

나의 본문 설명에 필요한 자료

구분	구체적인 항목	내 본문 설명 자료는?
본문의 배경 설명	1. 문학적 배경 2. 역사적 배경 3. 지리적 배경	
주해적 요소 설명	4. 문법적 특징 5. 구문적 특징 6. 단어 의미	
장르적 특징 설명	7. 서신 8. 이야기 9. 시	
신학적 메시지 설명	10. 성경신학 11. 역사신학 12. 조직신학	

나의 본문 설명을 위한 열 가지 기술

구분	설명	내 본문 설명 방법은?
① 수사적 질문	질문을 통해 청중이 본문 설명에 집중하게 하는 기술	
② 정의	의미의 한계를 정해 정확하게 설명하는 기술	
③ 비교/대조	비교는 비슷한 개념을 설명하는 기술, 대조는 차이점을 설명하는 기술	
④ 분석	복잡한 내용을 세부적으로 나누어 설명하는 기술	
⑤ 시청각 설명	정리된 도표나 지도, 그림, 음악, 동영상을 이용해 설명하는 기술	
⑥ 논증	청중이 동의하지 않는 부분을 이성적으로 설득하는 기술	
⑦ 재진술	동일한 개념과 문장을 다른 표현으로 반복해 말하는 기술	
⑧ 인용	권위 있는 자료나 공감되는 표현을 사용해 설명하는 기술	
⑨ 스토리텔링	성경이야기를 다시 재현함으로 내 러티브 본문을 설명하는 기술	
⑩ 실물 설명	본문 설명에 필요한 실물을 가지고 입체적으로 설명하는 기술	

Chapter 3
CMT 발견과 심화

메시지의 핵심을 잡고 심화시키라

권호

핵심 없이 흩어지는 설교

아무리 열심히 들어도 들리지 않는 설교가 있다. 이런 설교를 들을 때 성도들은 종종 이렇게 말한다. "우리 목사님은 설교할 때 보면 아시는 것은 많은 것 같고 또 뭔가 열심히 전달하시는데, 도대체 무슨 말인지 모르겠어." 간단히 말하면, 설교의 핵심이 뭔지 모르겠다는 이야기다. 이런 설교의 공통점은 설교의 핵심인 '중심메시지'가 없다는 것이다. 중심메시지가 없는 설교는 과녁을 빗나간 화살과 같다. 설교자가 아무리 기를 쓰고 설교해도 메시지의 과녁이라 할 수 있는 사람들의 마음에 어떤 흔적도 남기지 못한다. 오히려 의미 없는 소리가 되어 공중으로 흩어진다. 얼마나 허무한 일인가? 이런 일을 막기 위해 모든 설교에 핵심이 되는 중심메시지(CMT: central message of the text)가 있어야 한다. 그렇다면 어떻게 CMT를 발견할 수 있을까?

쉽고 효과적인 CMT 발견법

본문의 모든 부분을 연결하고 통일해 설교의 핵심을 잡아주는 중심메시지 CMT는 다음과 같은 네 과정을 통해 쉽고 효과적으로 발견할 수 있다.[30] 먼저 본문이 무엇을 말하고 있는지 한 문장으로 주제문을 쓰라. 완전한 문장으로 쓰면 좋다. 그러나 몇 가지 단어를 사용한 구(phrase)로 작성해도 된다. 그다음 그것을 질문으로 만들라. 이때 '예-아니오 질문'(yes or no question)이 아닌 주로 '왜, 무엇을, 어떻게의 질문'(why, what, how question)으로 만들라. 그다음 질문에 대한 답을 찾으라. 마지막으로 그것을 합쳐서 한 문장으로 만들면 중심메시지가 된다. 정리해 보면 다음과 같다.

> ① 본문의 주제문 작성하기: 본문이 무엇을 말하고 있는지 주제문 (문장 혹은 구)을 쓰라.
> ② 주제질문 만들기: 그 주제문을 질문으로 만들라(why, what, how 질문).
> ③ 주제질문에 답하기: 위의 주제질문에 대한 답을 쓰라.
> ④ 중심메시지 문장 만들기: 주제질문과 그에 대한 답을 합해 한 문장으로 만들라.

이제 에베소서 1장 17-19절을 본문으로, 앞에서 살펴본 네 과정을 통해 어떻게 CMT를 찾을 수 있는지 실례를 살펴보자.[31]

[17]우리 주 예수 그리스도의 하나님, 영광의 아버지께서 지혜와 계

시의 영을 너희에게 주사 하나님을 알게 하시고 [18]너희 마음의 눈을 밝히사 그의 부르심의 소망이 무엇이며 성도 안에서 그 기업의 영광의 풍성함이 무엇이며 [19]그의 힘의 위력으로 역사하심을 따라 믿는 우리에게 베푸신 능력의 지극히 크심이 어떠한 것을 너희로 알게 하시기를 구하노라

① 본문의 주제문 작성하기: 바울은 에베소 교인들을 위해 하나님께 기도하고 있다.
② 주제질문 만들기: 바울은 에베소 교인들을 위해 하나님께 무엇을 기도하고 있는가?
③ 주제질문에 답하기: (1) 지혜와 계시의 영을 주시길, (2) 마음의 눈을 밝혀주시길
④ 중심메시지 문장 만들기: 바울은 하나님께서 에베소 교인들에게 지혜와 계시의 영을 주시고, 마음의 눈을 밝혀주시기를 기도한다.

CMT의 활용과 결과: 명쾌함과 흥미유발

설교자가 위의 네 과정을 통해 CMT를 발견했다면, 그것을 설교 작성과 전달에서 두 가지로 활용할 수 있다. 첫째, 본문의 분명한 내용 파악을 위해 CMT를 기초로 '주해개요'(exegetical outline)를 작성할 수 있다. 이렇게 작성된 주해개요는 본문의 전체 내용을 CMT를 중심으로 한눈에 파악할 수 있게 하므로, 설교자가 명쾌한 메시지를

만들 수 있다. 참고로 주해개요를 작성하기 위해서는 CMT를 뼈대로 본문의 내용이 어떻게 흘러가는지 간단하게 적으면 된다. 아래는 CMT를 중심으로(밑줄로 표시) 본문의 내용을 정리한 주해개요의 한 예다.

    A. <u>하나님께서 지혜와 계시의 영을 주시기를 기도함</u>(17절)
       1. 바울이 예수님과 하나님께 기도함(17a)
       2. 지혜와 계시의 영을 구함(17b)
       3. 결과: 하나님을 알게 됨(17c)

    B. <u>하나님께서 마음의 눈을 밝혀주시기를 기도함</u>(18, 19절)
       1. 마음의 눈을 밝혀주시기를 구함(18a)
       2. 결과(1): 부르심의 소망을 앎(18b)
       3. 결과(2): 기업의 영광의 풍성함을 앎(18c)
       4. 결과(3): 베푸신 능력을 앎(19절)

둘째, 설교자는 CMT 발견을 위한 두 번째 단계에서 사용한 '주제질문'을 '설교질문'으로 활용할 수 있다. 즉, 본문의 해석에 주의를 기울이게 하는 '해석질문'이나 연관을 위한 '연관질문'으로 사용할 수 있다. 이렇게 할 때 청중이 흥미를 느끼면서 메시지에 집중하게 된다. 아래의 실례를 살펴보자.

● CMT 발견을 위한 주제질문
  바울은 에베소 교인들을 위해 무엇을 기도하고 있는가?

↓
● 설교질문으로 전환
바울은 지금 무엇을 위해 기도하고 있습니까?(해석질문)
그 기도는 우리의 기도와 어떻게 다릅니까?(연관질문)

● 설교문
성도 여러분, 오늘 본문을 보니 바울이 기도하고 있습니다. 우리 교회도 지금 특별새벽기도회를 통해 많은 분이 열심히 기도하고 계십니다. 어떤 분은 자녀의 입시 혹은 취업과 결혼을 위해, 어떤 분은 사업의 안정과 번창을 위해, 어떤 분은 건강을 위해 기도하실 겁니다. 모두 꼭 필요한 기도제목입니다. 그런데 본문을 자세히 보면 사도 바울의 기도제목이 좀 독특해 보입니다. 지금 사도 바울은 무엇을 기도하고 있습니까? 그리고 그 기도는 우리의 기도와 어떻게 다를까요? 이제 본문을 통해 살펴보겠습니다. … 〈중략〉

위에서 살펴본 것처럼 설교 전반부에서 CMT의 주제질문을 활용해 해석 혹은 연관질문을 던지면 청중의 흥미와 집중도가 높아진다. 또 앞에서 언급한 것처럼 설교질문을 던지고 그에 대해 주해개요를 바탕으로 답을 제시하면, 균형 있고 체계적인 메시지를 전할 수 있다. 아래의 실례를 살펴보자. 명확한 이해를 위해 주해개요가 바탕이 된 질문에 대한 답을 밑줄로 표시했다.

● 설교문
본문을 자세히 보십시오. 바울이 무엇을 기도하고 있습니까? 첫째, 바울은 하나님께서 에베소 성도들에게 지혜와 계시의 영을 주시기를 기도하고 있습니다. 그는 우리가 종종 기도하는 입시, 취업, 결혼, 사업, 건강과는 다른 내용을 기도하고 있습니다. 바울은 성도들에게 지혜와 계시의 영을 주시기를 기도하고 있습니다. 그 이유가 뒤에 나오는데, 지혜와 계시의 영이 있어야만 하나님을 알 수 있기 때문입니다. 세상의 지식과 능력으로는 절대 하나님을 알 수 없습니다.

우리가 열심히 기도해서 응답받기 원하는 기도제목은 분명 삶에서 중요한 것들입니다. 그러나 가장 중요한 것은 나 자신과 우리 가족이 하나님을 아는 것입니다. 그렇지 않습니까? 그런데 이것은 바울이 말한 것처럼 우리의 힘으로 할 수 있는 것이 아닙니다. 지혜와 계시의 영으로만 가능합니다. 다메섹 도상에서 예수님을 만난 바울은 이것을 매우 잘 압니다. 그래서 절실하게 가슴을 치며 기도하는 것입니다. "하나님, 에베소 성도들에게 지혜와 계시의 영을 주소서!" 바울의 기도는 우리 기도의 우선순위를 바꿀 것을 요청합니다. 우리가 지금 기도하는 모든 것이 필요하고 중요하지만, 무엇보다 중요한 것은 하나님을 알게 하는 지혜와 계시의 영을 받는 것입니다. … 〈중략〉

이제 18, 19절을 봅시다. 바울은 두 번째로 무엇을 위해 기도하고 있습니까. 바울은 하나님께서 에베소 성도들의 마음의 눈을 밝혀주시기를 기도합니다. 흥미롭습니다. 본문에 따르면 눈은 얼굴에만 있는 것이 아닙니다. 우리의 마음에도 있습니다. 이 마음의 눈이 열리면 볼 수 있는 것은 … 〈후략〉

CMT 심화를 통한 메시지 심화

앞에서 살펴본 네 과정을 통해 CMT를 발견하면 메시지의 핵심을 잡은 것이다. 발견한 메시지의 핵심이 이미 성도들에게 익숙한 것이라면 설교가 뻔한 것이 될 수 있기에 주의해야 한다. 이때 필요한 것이 'CMT 심화과정'(CMT deepening down)이다. 이 심화과정은 매우 간단하면서도 효율적인데, 1차로 발견한 중심메시지 문장을 다시 주제질문으로 만들고 답을 찾으면 된다. CMT 심화과정을 아래의 그림을 통해 정리해 보자.

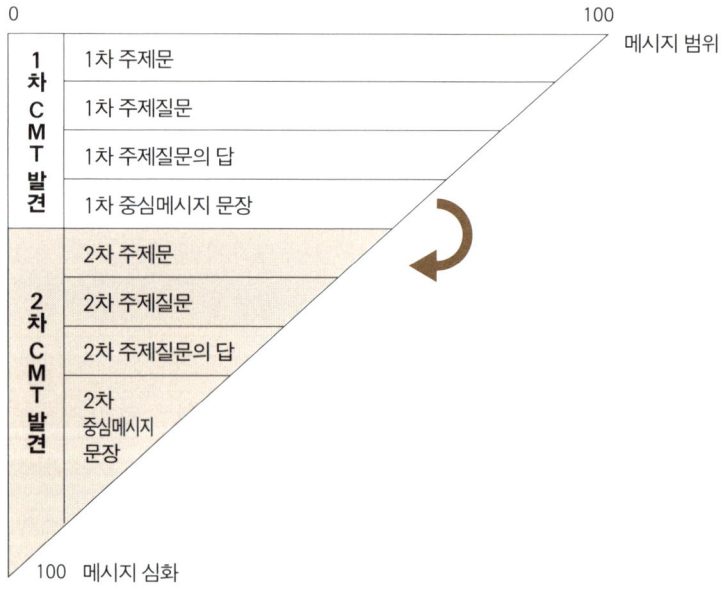

CMT 심화 과정

이제 사무엘하의 한 본문을 택해 CMT 심화과정의 실례를 살펴보자.

● **본문: 사무엘하 11장 1-5절**

¹그 해가 돌아와 왕들이 출전할 때가 되매 다윗이 요압과 그에게 있는 그의 부하들과 온 이스라엘 군대를 보내니 그들이 암몬 자손을 멸하고 랍바를 에워쌌고 다윗은 예루살렘에 그대로 있더라 ²저녁 때에 다윗이 그의 침상에서 일어나 왕궁 옥상에서 거닐다가 그 곳에서 보니 한 여인이 목욕을 하는데 심히 아름다워 보이는지라 ³다윗이 사람을 보내 그 여인을 알아보게 하였더니 그가 아뢰되 그는 엘리암의 딸이요 헷 사람 우리아의 아내 밧세바가 아니니이까 하니 ⁴다윗이 전령을 보내어 그 여자를 자기에게로 데려오게 하고 그 여자가 그 부정함을 깨끗하게 하였으므로 더불어 동침하매 그 여자가 자기 집으로 돌아가니라 ⁵그 여인이 임신하매 사람을 보내 다윗에게 말하여 이르되 내가 임신하였나이다 하니라

먼저 앞에서 살펴본 네 과정을 통해 1차로 본문의 CMT를 작성해 보면 다음과 같다.

① 본문의 주제문 작성하기: 전쟁의 때에 다윗은 예루살렘에 머문다.
② 주제질문 만들기: 전쟁의 때에 다윗이 예루살렘에 머물면서 어떤 일이 벌어지는가?
③ 주제질문에 답하기: 밧세바와 동침하는 사건이 벌어진다.

④ 중심메시지 문장 만들기: 전쟁의 때에 다윗이 예루살렘에 머물면서 밧세바와 동침하는 사건이 벌어졌다.

1차로 발견한 CMT는 본문의 핵심을 잘 담고 있다. 문제는 성도들이 이 내용을 매우 잘 알고 있다는 것이다. 그렇다면 1차로 발견한 CMT로 설교를 작성하기보다는 심도 있는 설교를 위해 아래와 같이 2차 과정을 통해 CMT를 심화하고 설교를 작성하는 것이 좋다.

2차 중심메시지 발견: CMT 심화

① 본문의 주제문 작성하기(1차 CMT 문장): 전쟁의 때에 다윗이 예루살렘에 머물면서 밧세바와 동침하는 사건이 벌어진다.
② 주제질문 만들기: 전쟁의 때에 다윗이 예루살렘에 머물면서 어떤 이유로 밧세바와 동침하는 사건이 벌어지는가?
③ 주제질문에 답하기: 다윗의 영성이 떨어지면서 감각이 살아났기 때문이다.
④ 중심메시지 문장 만들기: 전쟁의 때에 다윗이 예루살렘에 머물면서, 그의 영성이 떨어지고 감각이 살아나며 밧세바와 동침하는 사건이 벌어진다.

지금까지 배운 것을 요약하고 분명한 이해를 위해, 위에서 살펴본 CMT 심화과정을 앞에서 본 그림에 넣어보면 다음과 같다.

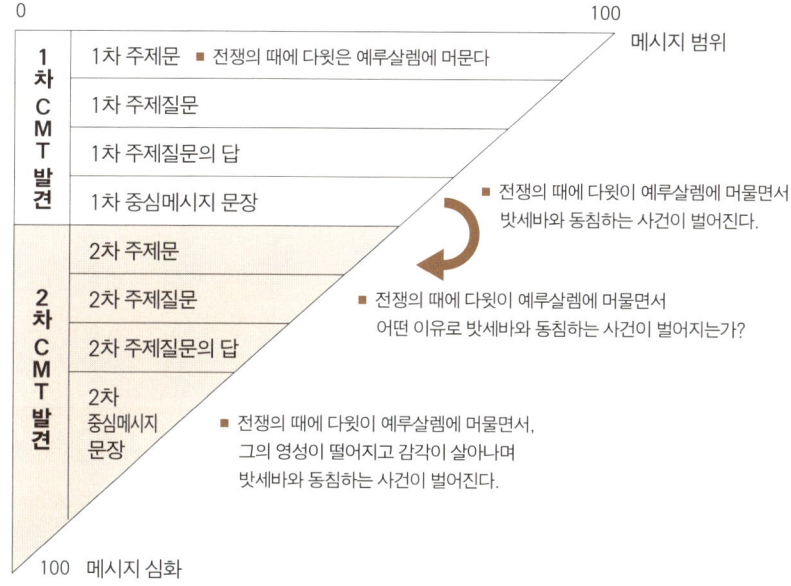

CMT 심화 과정 실례

실례를 살피며 느끼는 것처럼 2차 시도를 할 때 주제질문에 대한 답을 찾기가 쉽지 않다. 사무엘서의 전체 문맥을 알아야 답을 찾을 수 있다. 이렇게 답을 찾기 쉽지 않은 질문과 답을 통해 CMT를 발견하고 설교를 작성하면, 본문에 충실하면서도 깊은 메시지를 작성할 수 있다. 이제 CMT 심화메시지(밑줄로 표시)를 토대로 작성한 설교 실례를 살펴보자.

● 설교문

누구에게나 하나님이 맡기신 사역의 '현장'이 있습니다. 힘들어도 그 현장에 있을 때 우리의 영성이 유지되고 깊어집니다. 다윗에

Chapter 3 CMT 발견과 심화   067

게 하나님이 주신 사역의 현장은 전쟁터였습니다. 과거 다윗은 전쟁터에서 싸움에 대해 늘 하나님께 기도하며 물었습니다(삼상 23:2, 4). 그뿐 아니라 전쟁터에서 다윗은 늘 선두에 서서 싸우는 영적 모범을 보였습니다(삼상 30:8-20). 그렇게 자기에게 맡겨진 백성을 목숨처럼 지켜냈습니다. … 〈중략〉

　이제 통일왕국의 왕이 된 다윗은 더는 자신의 사역 현장인 전쟁터로 나가지 않습니다. 요압과 그의 부하들을 보냅니다. 그리고 자신은 예루살렘 궁전에 머뭅니다. 그때 어떤 일이 벌어집니까? 그의 과거 영성이 사라지고 감각이 살아납니다. 다윗의 삶에 영성이 빠져나가자 감각이 그 자리를 차지합니다. 과거 하나님께 기도하던 모습은 이제 없습니다. 혼자 조용히 궁전의 편안함을 즐깁니다. 과거 앞장서서 싸우며 부하들을 살폈던 지도자의 영적인 눈은 이제 없습니다. 여인의 육체를 보는 감각의 눈이 번쩍일 뿐입니다. 과거 자신의 백성을 목숨처럼 지켰던 보호의 영성은 없습니다. 이제 자신의 감각적 쾌락을 채우기 위해 한 여인을 겁탈할 뿐입니다. … 〈중략〉

　하나님께서 여러분에게 맡기신 사역의 현장은 어디입니까? 힘겹다고 피하고 싶다고 그 사역의 현상을 떠나는 순간 우리의 영성이 사라지고 감각이 살아납니다. 보지 말아야 할 것을 봅니다. 생각하지 말아야 할 것을 생각합니다. 다가가지 말아야 할 것에 다가갑니다. 그것이 우리의 삶을 파괴할 수 있는데도 말입니다. 왜 이런 현상이 일어납니까? 영성이 빠져나간 자리에 감각이 자리 잡았기 때문입니다. … 〈후략〉

명료함이 먼저다

좋은 설교는 '명풍'으로 요약된다. '명'은 메시지의 명료성(homiletical lucidness)을 의미하고, '풍'은 메시지의 풍요성(homiletical enrichment)을 뜻한다. 설교의 풍요성은 앞으로 살펴볼 깊은 묵상과 연관성 및 설교 구성의 창의성에서 나온다. 기억해야 할 것은 이런 메시지의 풍요성도 명료성을 갖추지 않으면 힘을 발휘할 수 없다는 사실이다. 분명 좋은 설교의 첫 출발은 명료성이다. CMT 발견을 위한 네 과정을 이해하고 심화하는 과정까지 지속해서 연습한다면, 우리의 설교는 성도의 마음에 선명한 메시지로 남을 것이다.

Part 2

최 상 의 청 중 분 석 과 연 관 성

"청중을 이해하고
본문과 연결하는 길"

Chapter 4
청중 분석

청중의 마음을 알고
공감의 메시지를 전하라

임도균

한국 사회는 급속히 변하고 있다. 요즘 한국에서 화두가 되는 주제 중 하나가 4차 산업혁명(the fourth industrial revolution)이다. 4차 산업혁명은 인공지능(AI) 로봇과 사물인터넷, 3D 프린팅 등을 융합하는 기술적 변혁의 움직임(movement)이다. 미래학자들은 지금의 초등학교 학생이 성년이 되어 사회에 진출할 때는 70퍼센트가 현재 존재하지 않는 일을 하게 될 것이고, 10년 이내에 자동차 열 대 중 한 대는 무인자동차가 될 것으로 예측한다.[32] 이러한 고도의 기술적 변혁은 이미 시작되었고, 사회 각 기관에서는 혁신의 시대를 선도하기 위해 치열하게 경쟁하고 있다.

이처럼 빠르게 변하는 시대에 교회는 과연 무엇을 해야 하는가? 설교자는 이러한 변화에 어떻게 반응해야 하는가? 현대 설교자에게는 '해야 할 일'이 많다. 또 목회환경도 사회와 더불어 변하기에 사역의 우선순위를 분명히 해야 한다. 캠벨 몰간(Campbel Morgan)은 "사역자의 최상의 임무는 설교다. 우리가 범할 수 있는 큰 위험 중 하나는 수천 가지의 작은 일에 집중하다가 한 가지 일, 곧 설교하는 일을 게을리하는 것"이라고 경고한다.[33] 사회가 급격히 변하고 해야 할 일에 변화가 생긴다 할지라도, 설교자는 하나님의 말씀을 선포하는 교회의 본질적인 사역에 초점을 잃어서는 안 된다. 교회의 본질적인 사역은 무엇일까?

예수님은 "내가 온 것은 양으로 '생명'을 얻게 하고 '더 풍성히' 얻게 하려는 것이라"(요 10:10)고 자신의 사명을 선언하셨다. 예수님은 잃어버린 영혼이 '새로운 생명'(구원, 영혼 구원)을 경험하고, 구원 이후 주 안에서 '풍성한 생명'(성숙, 제자훈련)을 누리게 하려고 이 땅에 오셨다. 교회의 머리는 그리스도시다. 교회는 예수 그리스도가 목표한 일에 집중해야 한다. 설교는 잃어버린 영혼을 주께로 인도하여 '새로운 삶'(new life, 구원/영생)을 얻게 하고, '풍성한 삶'(abundant life, 성숙/성장)을 경험케 하는 은혜의 통로다. 설교학자 시드니 그레이다누스(Sidney Greidanus)는 구원은 모든 시대의 모든 사람이 받아야 하는 연속성이 있으므로, 설교자는 모든 시대의 교회에 성경의 구원 메시지를 지속적으로 선포해야 함을 강조했다.[34] 사회가 급격히 변해도, 설교자는 그리스도 안에서 생명을 얻고 풍성한 삶을 얻을 수 있는 영적 진리를 담은 성경 말씀을 전하는 데 결코 타협할 수 없다(롬 1:16; 10:17; 딤후 3:15-17).

그러나 설교자는 급격히 변하는 시대를 사는 청중에게 '어떻게' 효과적으로 생명의 말씀을 전할지 진지하게 고민해야 한다. 기독교 설교 역사를 심도 있게 연구한 윌리엄 핀드슨(William Pindson)은 역사상 큰 영향을 끼친 설교를 분석한 후 자신의 관찰결과를 다음과 같이 나눈다.

> 위대한 설교는 연관성이 있는 설교(relevant preaching)다. 이러한 생각은 내가 단순히 가정하고 결론을 도출한 것이 아니다. 오히려 반대로 연구 후에 도출된 결과다. 설교자 수백 명의 삶을 연구하고 수많은 설교를 읽은 후 세상에 가장 큰 영향을 끼친 위대한 설교자들은 그들의 청중 시대의 이슈와 필요에 대해 설교한 사람들이다.[35]

설교는 허공에 날리는 메아리가 되어서는 안 된다. 하나님의 말씀이 청중의 삶과 연결되는 설교가 되어야 한다. 생명의 메시지도 청중에게 연관성 있게 와 닿아야 복음 사역의 열매로 나타난다. 그런데 '현대 청중과 오랜 성경 사이'에는 큰 간격이 있다.[36] 말씀과 현대 청중이라는 두 중심축에서 한쪽에 치우치면 두 세계를 바로 연결하지 못한다.

그렇다면 바람직한 설교는 무엇일까? 최상의 설교는 성경 본문과 오늘날의 청중을 견고하면서도 자연스럽게 연결하는 설교다. 성경 본문이 처음 쓰일 당시의 역사적 배경에서 말씀의 의미를 찾고, 하나님께서 성경 저자를 통해 의도하신 본래의 뜻을 오늘날의 청중에게도 들리게 전달해야 한다. 허셀 요크(Hershael W. York) 박사는 "자유주의자들은 청중과 교감을 강조하지만, 보수주의자들은 청중에게 성경적 정보를 주는 것으로 충분하다고 믿는다"고 비판한다.[37] 이와 같이 편향된 설교는 하나님의 변치 않는 진리의 말씀을 효과적으로 청중에게 전달하기 위해 지양해야 한다.

이러한 관점에서 한국 설교는 어떠한가? 일반적으로 복음적이고 보수적인 교단에서는 성경 본문의 계시를 강조하고 연구하는 것에 비해, 실제로 청중의 중요성에 대한 인식이 크지 않다. 무엇보다 청중의 마음을 알아야 한다. 청중의 삶에 파고들어야 한다. 이제 한국 설교도 본문과 청중 간에 균형을 유지하도록 노력해야 한다.

특별히 본 장에서는 최상의 설교가 되기 위해 본문과 청중의 관계성에 대해 논의하고자 한다. 본문을 주해하는 방법은 비교적 체계적으로 정립되었지만, 목회 현장의 청중을 분석할 수 있는 실제적이고 총체적인 잣대를 제시하는 설명과 제안은 충분하지 않다. 따라서 본 장에서는 6단계 청중 분석 방법(영적 성숙도 분석, 인구 통계적 분석, 심리적 분석, 문화적 분석, 설교 상황 분석, 의사소통 방법 분석)을 제시하려 한다. 그러나 본 장은 청중 분석을 설교에 적용하는 부분은 지면상의 한계로 간략하게 언급하고, 청중 분석을 위한 틀을 소개하는 데 중점을 둘 것이다.

최상의 설교를 위한 6단계 청중 분석

최상의 설교에서 청중 분석은 무엇인가? 청중 분석은 전달될 메시지를 들을 청중의 상태를 다각도로 분석하고, 그 결과를 메시지 전달에 반영하는 것이다. 설교는 의사소통이다. 의사소통의 대상인 청중을 체계적으로 분석하고 이해할수록 청중과 원활하게 소통할 수 있다. 어떤 면에서 설교자는 번역자처럼 자신의 메시지를 듣는 대상의 언어와 문화와 소통방법까지 분석하고 철저히 이해해야 한다.

미주에서 대중연설학은 학문적으로 활발히 연구되고 체제적으로 정리되어 있다. 이러한 대중연설에서 실행되는 청중 분석을 설교학에서 무비판적으로 받아들일 수는 없다. 유용한 방법론을 복음주의적 관점과 현장 목회의 특수성을 고려해 검토해야 한다. 그렇다면 본문이 담고 있는 메시지를 충실히 전달하고 의사전달 효과를 최대한 살리는 청중 분석 방법은 무엇일까?

이를 위해 6단계 청중 분석 방법을 제시하려 한다. 이론적인 설명뿐 아니라 목회 현장에 있는 설교자가 직접 자기 청중을 분석해 기재하는 점검표도 제시한다. 이 분석이 설교자가 청중의 성향을 구체적으로 파악하는 데 도움이 되었으면 한다.

1. 영적 성숙도 분석

하나님의 생명의 말씀을 청중의 삶과 연관성 있게 설교하기 위해, 설교자는 설교를 듣는 청중에게 필요한 메시지가 무엇인지 파악해야 한다. 설교자는 자기 청중이 영적으로 어떤 상태인지 알아야 한다. 자신이 설교할 청중의 영적인 상태를 파악하고 설교 준비에 반영하는 것이 필요하다. 청중의 영적 성숙도를 정확한 수치로 환산하는 것은 쉽지 않다. 그러나 설교자가 목양하면서 얻은 청중에 대한 영적인 통찰력과 체계적인 설문조사 등으로 어느 정도 파악할 수 있다. 청중의 영적 성숙도는 네 영역(구원, 영적 성숙, 성경 지식, 영적 체온)에서 분석할 수 있다.

구원(새로운 삶)의 단계 복음주의 교회에서 청중의 영적인 상황을 분석할 때 첫 번째 점검 영역은 청중의 중생(구원)이다. 복음주의적 교회는 분명한 복음 전파와 개인의 결단 그리고 영접을 강조한다. 따라서 예수 그리스도를 개인의 구주로 영접한 확신이 있는 청중과 그렇지 않은 청중 간의 비율 분석은 설교 전반에 도움을 준다. 구원받지 않은 청중의 비율이 높으면 청중의 상태를 수용하고 좀 더 세부적으로 고려해 복음을 더욱 자주 전하는 것이 바람직하다.

새로운 삶(구원)	복음에서 멀리 떨어져 있음 far from gospel	복음에 관심이 있음 interested in gospel	복음에 마음이 열림 open to gospel	복음을 받아들임 accept gospel
청중(인원)				
퍼센트(%)				

영적 성숙(풍성한 삶)의 단계 신앙생활은 구원받은 것으로 모두 이루어진 것이 아니다. 이 땅에 살면서 그리스도를 닮아가고 경험하는 삶의 과정이 필요하다. 설교자는 이러한 영적 성숙으로 안내하는 영적 인도자가 되어야 한다. 따라서 설교자는 청중의 구원 이후의 영적 성숙도를 파악하는 것이 필요하다. 윌로우크릭교회에서는 영적 성숙도를 네 단계로 진단한다. 첫 번째 단계는 '초신자'(exploring christianity)다. 초신자는 예수를 개인의 구주로 막 영접한 단계다. 두 번째 단계는 '영적으로 자라가는'(growing in Christ) 단계다. 이때 신자들은 호기심을 가지고 믿음 안에서 자라간다. 세 번째 단계는 '그리스도께 가까워지는'(close to Christ) 단계다. 이때는 규칙적인 성경 읽기와 기도생활을 하고 예배에도 정규적으로 참석한다. 네 번째 단계는 '그리스도 중심의 삶'(Christ-centered)이다. 완전히 그리스도께

순복하고 더 일관성 있게 주의 일에 헌신하는 단계다.[38] 설교자는 이처럼 청중의 영적 성숙도를 고려해 설교 본문을 정하거나 연간 설교계획을 세울 때 반영할 수 있다.

구분	초신자 far from gospel	영적으로 자라감 growing in Christ	그리스도께 가까워짐 close to Christ	그리스도 중심의 삶 Christ-centered
청중(인원)				
퍼센트(%)				

성경 지식의 정도 전달되는 주제에 대한 청중의 사전 지식이 메시지를 받아들이는 정도를 결정한다. 설교자는 일반적으로 신학과 성경에 있어 일반 청중보다 많은 지식을 가지고 있다. 그러다 보니 자기도 모르게 청중이 자신과 같은 지식을 가진 것처럼 생각하고 전달할 수 있다. 물론 영적으로 성숙한 청중은 스스로 성경을 볼 수 있다.[39] 이러한 청중은 성경 본문을 어느 정도 이해하므로 설교를 듣는 데 어려움이 없다. 그러나 성경 지식이 많지 않은 청중은 설교 본문의 내용을 이해하는 데 어려움을 느낄 수 있다. 따라서 설교자는 설교할 성경 본문에 대해 청중에게 얼마큼의 지식이 있는지 파악해 본문 설명의 난이도를 조정해야 한다.

구분	매우 강함 very strong	강함 strong	보통 normal	약함 weak	매우 약함 very weak
청중(인원)					
퍼센트(%)					

공동체의 영적 체온 청중은 살아있는 영적 유기체이므로 영적으로 뜨거움을 경험하다가 차가워지기도 한다. 영적으로 건강한 교회는 성경의 가르침에 기초하고 영적 갱신과 뜨거운 영성을 실천하려 한다. 설교자는 자신이 설교하는 공동체의 영적인 분위기를 파악해야 한다. 부흥회, 수련회, 단기선교 팀 파송할 때같이 영적으로 고조되는 때도 있지만, 교회 건축이나 리더십 간의 갈등처럼 영적으로 부담을 느끼는 상황도 있다. 따라서 이러한 영적인 상황을 고려해 본문 선택과 전달에 신중해야 한다.

구분	매우 뜨거움 very hot	뜨거움 hot	보통 normal	차가움 cold	매우 차가움 very cold
청중(인원)					
퍼센트(%)					

2. 인구 통계적 분석

미국을 중심으로 대중연설학(public speech)에서는 이러한 분석이 체계적으로 정립되어 있다. 인구 통계학적 분석은 네 영역(연령 분포,

성별 분포, 교육 수준, 결혼 형태)에서 분석할 수 있다. 평상시 교인 등록 프로그램을 잘 관리했다면 프로그램으로 수치화 한 자료를 얻을 수 있다. 이러한 수치적인 분석을 통해 설교할 청중의 주요 분포도를 파악하고 전달 방법도 선택할 수 있다.

연령 분포 청중의 연령대 분포는 전달자가 가장 먼저 고려해야 할 항목이다. 설교자는 자신이 설교할 청중의 연령 분포를 파악해 말의 속도와 예화의 종류 등을 결정하는 데 참조할 수 있다.

구분	20대	30대	40대	50대	60대	70대 이상
청중(인원)						
퍼센트(%)						

성별 분포 능숙한 강연자는 전달할 때 남성과 여성의 분포도를 파악하고 양쪽의 동일한 점과 차이점을 고려해 전달한다. 일반적으로 한국 교회에서는 여성 성도의 비율이 더 높다. 설교자는 청중의 성별 분포도를 파악해 남성과 여성의 필요 등을 고려하고, 구체적인 적용을 제시할 때 이 같은 자료를 참조할 수 있다.

구분	남성(male)	여성(female)
청중(인원)		
퍼센트(%)		

교육 수준 청중의 교육정도는 설교구성 방법에 영향을 준다. 성경의 메시지는 바꿀 수 없지만, 청중의 눈높이와 이해도에 따라 본문 설명과 예화의 난이도를 조절할 수 있다.

구분	중졸 이하 middle school	고졸 high school	대졸 college	대학원졸 graduate	박사 doctorate
청중(인원)					
퍼센트(%)					

결혼 형태 한국 사회에서 근래에 전통적인 가족의 형태에 변화가 생기고 있다. 1인 가구가 늘고, 결혼적령기가 올라가며, 이혼율과 재혼율도 상승하고 있다. 설교자는 이러한 변화를 파악하기 위해 청중의 가족 형태를 파악하고, 가족에 대한 본문을 선택할 때 참조해 설교 중 민감한 용어 사용에 세심한 주의를 기울여야 한다.

구분	미혼 single	결혼 married	이혼 divorced	재혼 remarried	기타
청중(인원)					
퍼센트(%)					

3. 심리적 분석

설교는 청중과 설교자의 인격적인 만남이다. 청중의 내적 상태를 이해하면 청중과 소통하는 데 큰 도움이 된다. 그러나 여기서는 지나치게 전문적인 심리학적 분석보다는 현장의 설교자들이 비교적 이해하기 쉽고 현장에 적용하기 쉬운 청중의 내면 영역을 선정해 분석하려 한다. 메시지를 받는 데 영향을 주는 청중의 네 가지 심리적 영역(설교주제에 대한 흥미도, 설교자에 대한 신뢰도, 청중의 자존감, 예배 참석의 자발성)에서 분석할 수 있다.

설교주제에 대한 흥미도 청중의 주제에 대한 흥미도는 듣는 태도에 많은 영향을 준다. 청중이 설교주제에 흥미를 느끼고 집중할 경우 설교자는 본론으로 신속히 들어갈 수 있다. 그러나 청중이 설교주제에 대해 흥미도가 떨어질 경우, 예화나 역동적인 전달 방법으로 설교에 대한 흥미와 집중도를 끌어올려야 한다.

구분	매우 강함 very strong	강함 strong	보통 normal	약함 weak	매우 약함 very weak
청중(인원)					
퍼센트(%)					

설교자에 대한 신뢰도 설교자는 메시지가 전달되는 통로(channel)다. 설교자에 대한 청중의 신뢰도는 청중이 메시지를 수용하는 정도에 영향을 준다. 설교자는 하나님의 사람으로 먼저 말씀에 이끌리는 삶을 성도에게 보여줌으로써 검증되어야 한다.

구분	매우 좋음 very good	좋음 good	보통 normal	나쁨 bad	매우 나쁨 very bad
청중(인원)					
퍼센트(%)					

청중의 자존감 자존감은 개인 일의 성취와 만족도에 영향을 줄 뿐 아니라, 청중이 메시지를 받아들이는 데도 영향을 준다. 자존감이 지나치게 높은 청중은 자존감이 낮은 청중보다 오히려 설교하기 어렵다. 자존감이 지나치게 높은 청중은 직설적인 표현의 메시지와 외부적인 영향을 거부하는 경향이 있다. 또 자기애가 강하기 때문에 합리적인 자료를 제공하지 않으면 설득되지 않으며 오히려 논박하기도 한다. 건강한 자존감을 가진 청중은 어떠한 메시지에도 잘 반응하고, 자신에게 오류가 발견되면 겸허히 바꿀 수 있는 자세가 되어 있다. 낮은 자존감의 청중은 타인에게 인정받기를 바란다. 그리고 부정적인 메시지에 더 크게 반응한다. 매우 낮은 자존감의 청중은 타인의 의견을 수용하기 어려워하고, 되레 불만을 표현하므로 소통하기가 쉽지 않다. 설교자는 이러한 청중의 자존감 상태를 있는 그대로 수용하고 점검하면서 목양의 마음으로 품으며 설교해야 한다.

구분	매우 높은 자존감 extremely high self-esteem	건강한 자존감 healthy self-esteem	낮은 자존감 low self-esteem	매우 낮은 자존감 extremely low self-esteem
청중(인원)				
퍼센트(%)				

예배 참석의 자발성 청중이 모임에 참여하는 자발성의 정도에 따라 듣는 태도와 반응에 차이가 있다.[40] 예배에 자발적으로 참여하는 청중은 일반적으로 설교에 집중도가 좋다. 자발성이 떨어지는 청중은 설교내용이 어렵거나 설교시간이 길어질 때 쉽게 흥미를 잃는다. 청중의 자발성이 떨어질 때 설교자는 설교 길이를 조정하고 흥미를 유발할 수 있는 내용을 넣어 청중이 계속해서 설교를 듣도록 도울 필요가 있다.

구분	매우 강함 very strong	강함 strong	보통 normal	약함 weak	매우 약함 very weak
청중(인원)					
퍼센트(%)					

4. 문화적 분석

공동체가 속한 문화에 대한 인식이 설교에 도움이 된다. 어떤 이슈에 대해 좋아하거나 싫어하는 성향을 나타내는 것을 태도(attitude)라 한다.[41] 이러한 좋고 싫어하는 태도를 결정하는 기본 바탕에는 신념(belief)이 있다. 또 옳고 그름에 대한 지속적인 기준의 잣대가 가치(value)다.[42] 이러한 태도와 신념과 가치가 융합되어 구성원이 공유하는 문화(culture)를 형성한다.[43] 청중의 문화는 네 가지 영역(개인과 집단, 정확과 부정확, 언어와 비언어, 권위와 자유)으로 분석될 수 있다.

개인 문화와 집단 문화 개인적인 자율성(autonomy)을 중요시하는 청중과 집단적인 일치성(unity)에 더욱 가치를 두는 청중이 있다.[44] 설교자는 청중의 대체적인 성향을 이해할 필요가 있다. 개인주의 성향이 강한 경우 강압적인 전달과 적용에 반감을 품는 경향이 있다. 이해할 수 있는 합리적 설득을 통해 자발적으로 결정하고 따를 수 있도록 안내할 필요가 있다.

구분	개인주의	집단주의
청중(인원)		
퍼센트(%)		

확실성 지향 문화와 부정확성 관용 문화 정확한 정보와 사실을 중요시하는 청중이 있는가 하면 관계성을 더 중요시하여 부정확한 정보에 대한 관용도가 높은 청중이 있다.[45] 단정적으로 말하기는 어려우나 예를 든다면, 일반적으로 도시 교회와 시골 교회에서 이러한 차이점이 나타나기도 한다. 설교자는 청중의 이러한 문화적 특성을

참고하여 설교 중 자료를 제시하는 방법에 활용할 수 있다.

구분	확실성 지향 문화	부정확성 관용 문화
청중(인원)		
퍼센트(%)		

언어 중심 문화와 비언어 중심 문화 청중은 주된 소통 방법에 따라 두 가지 문화적 경향성을 띤다. 언어적 중심 문화는 구두로 전달하는 소통을 더 선호하는 문화다.[46] 비언어적 중심 문화는 표정이나 행동, 무대 이동 같은 비언어적 소통을 중요시한다.[47] 이러한 문화적 특징은 창조적으로 청중과 소통할 때 도움이 된다.

구분	언어 중심	비언어 중심
청중(인원)		
퍼센트(%)		

권위 문화와 자유 문화 어떤 청중은 직분과 권위를 구분하고 위계질서를 명확하게 하는 문화 가운데 있고, 어떤 청중은 상호 간에 자유롭고 편안한 관계를 중요하게 여기는 문화 가운데 있다. 설교자는 자기 청중이 어떤 문화에 더 익숙한지 고려해 전달 방법과 호칭 및 언어사용에 적용할 수 있다.

구분	권위적 문화	자유로운 문화
청중(인원)		
퍼센트(%)		

5. 설교 상황 분석

청중이 누구인지에 대한 분석도 필요하다. 그러나 어떤 상황에서 청중이 설교를 듣는지에 대한 설교 상황 분석도 필요하다.[48] 설교 상황은 크게 네 영역(청중 크기, 설교 장소, 주간 모임 횟수, 청중 반응 정도)에서 분석할 수 있다.

청중 크기 예배에 참석하는 청중의 크기에 따라 설교 전달 방법이 달라진다. 일반적으로 작은 크기의 청중에게는 좀 더 자유롭고 편안하게 설교할 수 있다. 청중의 크기가 커질수록 격식을 갖추어 설교하는 편이 효과적이다. 청중의 크기가 클수록 마이크 시스템 사용이 필요하고, 설교 강대상의 높이를 높여 모든 청중과 시선을 맞춘다.

구분	매우 작음 10-30명 very small	작음 30-100명 small	중간 100-300명 normal	큼 300-500명 large	매우 큼 500명 이상 very large
청중 크기					

설교 장소 설교 장소는 설교 준비가 시작될 때부터 염두에 두어야 하는 부분이다. 모이는 장소(대예배실, 소예배실, 교실 등)를 미리 알면 설교 환경을 염두에 두고 준비할 수 있으므로 설교를 더욱 현장감 있게 준비할 수 있다. 설교 장소의 적절한 온도를 유지하고, 환기가 잘 되는지 확인하며, 외부 소음 노출 정도 등도 살펴보아야 한다. 청중이 설교에 집중할 수 있는 외부적인 환경을 만드는 것도 필요하다.

구분	대예배실	소예배실	교실	기타
설교 장소				

주간 모임 횟수 설교자와 청중이 얼마나 자주 만나는지는 설교자와 청중 간의 친밀도에 영향을 준다. 주중에 여러 차례(새벽예배, 수요예배, 금요철야, 목장모임, 성경공부, 심방) 만날수록 설교자와 친밀도가 높으므로, 설교할 때 긴 아이스브레이크 없이 바로 본론 말씀으로 들어갈 수 있다.

구분	1회	2회	3회	4회 이상
청중(인원)				
퍼센트(%)				

청중 반응 정도 청중은 인격적인 존재다. 교회마다 설교에 반응하는 방법과 정도에 차이가 있다. 어떤 청중은 설교 중 '아멘' 또는 '할렐루야'를 외치면서 적극적으로 반응하기도 하지만, 어떤 청중은 정숙한 분위기 가운데 말씀을 듣고 조용히 반응하기도 한다. 설교자는 청중의 반응 정도를 고려해 설교를 이끌어가고 청중의 참여도를 조절한다.

구분	매우 강함	강함	보통	약함	매우 약함
청중(인원)					
퍼센트(%)					

6. 의사소통 방법 분석

설교는 청중과 의사소통하는 행위다. 설교자와 청중이 잘 통한다는 것은 서로 의사소통의 코드(code)를 이해하고 공감적인 연결이 잘 된다는 것이다. 설교자는 자신의 소통 방법에만 집중할 것이 아니라, 청중 간에 행하는 의사소통 방법도 이해할 필요가 있다. 청중의 소통 방법은 크게 네 영역(주요 설득 요소, 말의 속도, 제스처 사용, 복장)에서 분석할 수 있다.

주요 설득 요소 청중 간에 의사소통할 때 어떠한 요소로 서로 설득하는지 관찰할 필요가 있다. 이성적이고 논리적인 방법으로 설득하는 데 익숙한 청중이 있는가 하면, 감성적 소통을 선호하는 청중도 있다. 또 의지적인 결단과 열정을 중요시하는 청중도 있다. 설교자는 청중이 제일 익숙하게 생각하는 설득 요소를 이해하고, 이러한 요소를 적극적으로 활용해 설교하면 설득의 효과를 높일 수 있다.

구분	이성/논리	감성	의지
청중(인원)			
퍼센트(%)			

말의 속도 말의 속도는 몸의 심장박동과 같다. 속도에 따라 전달 효과가 달라진다. 설교 중 말의 속도를 빠르게 하는 것과 느리게 하는 것에 정해진 정답은 없다. 단지 청중이 편하게 잘 들을 수 있는 속도를 선택해 조절하면 된다. 이러한 과정에서 청중의 말의 속도를 관찰할 필요가 있다. 일반적으로 젊은 청중은 말의 속도가 비교적 빠르지만, 연령이 높은 청중은 말의 속도가 느린 편이다. 이러한 요소를 고려해 청중에게 좀더 친숙하게 전달할 수 있다.

구분	빠름	보통	느림
청중(인원)			
퍼센트(%)			

제스처 사용 설교에서 제스처는 설교 전달을 더욱 살아 움직이게 한다. 제스처를 효과적으로 사용하기 위해서는 청중에게 익숙한 제스처 사용을 관찰할 필요가 있다. 청중이 활동적이고 자유로운 분위

기에 있으면 제스처를 많이 사용해도 된다. 그러나 청중이 조용하고 격식을 중요시하는 분위기라면 제스처를 최소로 사용하는 것이 소통에 도움을 준다.

구분	활발한 사용	보통	없음
청중(인원)			
퍼센트(%)			

복장 교회의 분위기와 문화에 따라 청중의 복장에도 차이가 있다. 정장 또는 격식 있는 옷을 입고 예배에 참여하는 청중이 있는가 하면, 자유로운 평상복을 선호하는 청중도 있다. 설교자는 설교자로서 품위와 역할에 방해가 되지 않는 범위에서 청중의 복장과 조화를 유지하여 설교할 수 있다. 그러나 일반적으로 한국 교회에서 설교자는 단정하고 격식을 갖추는 편이 신뢰성을 높이는 데 도움이 된다.

구분	격식 있는 복장	캐주얼 복장
청중(인원)		
퍼센트(%)		

급변하는 한국 사회에서 설교자는 어떻게 대처할 것인가? 타협하지 않는 말씀 선포로 잃어버린 영혼을 구원하고 삶 가운데 성장하며, 주 안에서 풍성한 삶을 누리도록 안내해야 한다. 설교는 청중에

게 허공에 흩뿌리는 메아리같이 들려서는 안 된다. 살아있는 생명의 말씀이 청중의 마음을 파고들도록 전달해야 하고, 청중은 말씀을 삶에 적용해 실천하는 삶을 영위할 수 있어야 한다. 이에 6단계 청중 분석 방법을 제시하고, 이 글을 읽은 설교자가 자기 청중을 분석할 수 있도록 항목별로 기재할 만한 표를 제시했다. 이번 장을 통해 신실한 말씀의 종들이 체계적으로 청중을 이해함으로써, 변하는 청중에게 말씀의 생명력을 효과적으로 선포할 것을 기대하며 기도한다.

• 최상의 청중 이해를 위한 발걸음 •

나의 청중 분석 잣대

구분	나의 청중 분석
영적 성숙도 분석 spiritual maturity analysis	1. 구원의 단계: 2. 영적 성숙의 단계: 3. 성경 지식의 정도: 4. 공동체의 영적 체온:
인구 통계적 분석 demographic analysis	5. 연령 분포: 6. 성별 분포: 7. 교육 수준: 8. 결혼 형태:
심리적 분석 psychological analysis	9. 설교주제에 대한 흥미도: 10. 설교자에 대한 신뢰도: 11. 청중의 자존감: 12. 예배 참석의 자발성:
문화적 분석 cultural analysis	13. 개인과 집단: 14. 정확과 부정확: 15. 언어와 비언어: 16. 권위와 자유:
설교 상황 분석 sermon context analysis	17. 청중 크기: 18. 설교 장소: 19. 주간 모임 횟수: 20. 청중 반응 정도:
의사소통 방법 분석 communication method analysis	21. 주요 설득 요소: 22. 말의 속도: 23. 제스처 사용: 24. 복장:

나의 청중이해 분석

□ 강점

-
-
-

□ 발전시켜야 할 부분

-
-
-

Chapter 5
연관 작업의 비밀

과거의 사건이
오늘의 이야기가 되게 하라

권호

애쓰지만 들리지 않는 설교

설교가 남의 이야기처럼 들릴 때가 있다. 그저 목회자의 잔소리로 들릴 때도 있다. 설교를 열심히 하지 않아서 발생하는 문제가 아닐 때가 많다. 설교자가 열심히 원어를 사용하고, 본문의 구조까지 치밀하게 분석해 말씀의 의미를 심도 있게 전달하지만, 청중을 깊은 깨달음이 아닌 깊은 잠에 빠지게 하는 경우를 본다. 깊은 본문연구가 문제였을까? 아니다. 많은 경우 연관성이 부재된 것이 진짜 문제다. 연관성이 빠진 본문의 의미 전달은 설교라고 보기 어렵다.[49] 설교가 단순히 본문 주해라고 생각하는 사람들이 있다면, 두 세계를 연결하는 다리의 비유를 통해 연관성의 중요성을 강조하고 있는 스토트의 말을 주의 깊게 들어보라. "설교는 단지 강해(exposition)가 아니라 소통, 커뮤니케이션(communication)이며, 단순한 본문의 주해(exegesis)가 아니라 말씀을 들어야 할 살아있는 사람들에게 하나

님께서 주신 메시지를 전달하는 것이다."⁵⁰

스토트의 말처럼 설교는 본문의 의미를 넘어 오늘날을 살아가는 사람들에게 말씀의 의미를 전달하는 것이다. 성경 본문의 의미를 깊이 있게 연구해 제시하는 주석은 이미 넘쳐난다. 그러나 본문에 나타난 의미가 청중의 삶과 어떻게 연관되는지를 보여주는 것은 쉽지 않다. 그렇기 때문에 본문과 관련된 적절한 연관성을 발견하고, 그것을 청중의 삶과 연결하는 것은 설교자가 반드시 해야 할 임무다.

연관성이란 무엇인가

설교학에서 연관성은 본문과 청중 사이에 의미를 연결하는 통로를 말한다. 연관성은 영어 'relevance' 혹은 'relevancy'를 번역한 것이다. 기존 설교학에서는 이 단어를 '적실성'이라고 번역했는데, 그럴 경우 이것을 적용으로만 한정해 생각할 수 있다. 이런 이유로 나는 이 단어를 쉽고 명확하게 본래의 뜻을 전한다는 의미로 '연관성'이라는 단어를 사용한다.

연관성은 현대를 사는 우리가 몇 천 년 전에 쓰인 본문의 말씀을 왜 들어야 하는지, 그것이 우리 삶과 어떻게 관련되는지를 보여준다. 스토트는 성경 시대와 현대 시대의 '두 세계를 다리로 연결하는 작업'이라는 비유를 통해 연관성을 설명했다. 그의 이론에 따르면, 설교자는 성경의 세계와 오늘날의 세계 중간에서 연관성이라는 다리를 놓음으로써 의미와 진리가 소통되도록 해야 한다. 한편 비어맨(David Veerman)은 연관성을 '그때'와 '지금'에 대한 사건의 관점으로 설명한다. 즉, 연관성은 과거 성경의 것이 어떻게 지금 동일하게 일어나는지에 대한 설명이다. 그의 말을 들어보자. "연관성은 어떻게 성경 시대에 발생한 것들이 동일하게 오늘날에 발생할 수 있는지에 대해 설명한다. 예를 들면, 우리는 고린도를 오늘날의 많은 도시와 유사한 것으로 묘사할 수 있다. 많은 우상과, 폭력, 성적 타락을 가진 면에서 말이다."[51]

지금까지 살펴본 설교학자들의 연관성에 대한 정의에 따르면, 연관성은 성경 시대와 현 시대를 이어주는 것인데, 본문의 사건이 오늘날 어떻게 동일하게 일어나는지를 설명해 주고, 과거의 의미를 현재의 의미로 연결하는 기능을 한다.

연관성, 이미 성경에 있는 요소

설교자가 연관성을 찾기 위해 노력하는 것은 결코 세속적 커뮤니케이션 기법을 도입하려는 것이 아니다. 성경을 오늘날에 맞게 연관시키려는 우리의 노력 이전에, 이미 성경 자체가 모든 시대를 초월한 연관성의 특징을 가지고 있다. 한 예를 살펴보자. 바울은 그 당시 수고하는 사역자들이 마땅히 대가를 받아야 한다는 점을 다음과 같이 강조한다. "성경에 일렀으되 곡식을 밟아 떠는 소의 입에 망을 씌우지 말라 하였고 또 일꾼이 그 삯을 받는 것은 마땅하다 하였느니라"(딤전 5:18). 바울은 신명기 25장 4절을 사용해 일하는 소가 밟아 떠는 곡식의 일부를 먹을 수 있는 것처럼, 하나님의 일을 하는 사역자들이 삯을 받는 것이 마땅하다고 말한다. 여기서 바울이 구약의 말씀을 자신의 시대와 연관짓는 것을 볼 수 있다. 재미있는 것은 바울이 당시의 사역자를 신명기의 소와 연관한 점이다. 사역자가 받아야 할 삯은 소가 먹는 곡식으로 연관한다. 바울은 이 연관을 통해 주인을 위해 일하는 소가 밟아 떠는 곡식을 먹을 수 있는 것처럼, 하나님의 일을 하는 사역자에게 삯을 받을 권리가 있음을 강조한다. 바울은 유대인이라면 당연히 알고 있을 신명기의 말씀을 당시 사역자들의 상황과 연관해서 자신의 메시지로 전한 것이다.

그렇다면 과거의 성경이 오늘날 어떻게 변하지 않는 의미로 다가올 수 있는가? 설교하고자 하는 본문의 시대와 지금이 긴밀하게 연결될 수 있는 연관성의 두 가지 토대가 있기 때문이다. 첫 번째 토대는 '죄의 문제를 안고 살아가는 인간'이다. 성경 시대를 살았던 사람이나 오늘날을 살아가는 사람 모두 동일하게 죄의 문제에 직면해 있다. 두 번째 토대는 죄에 빠진 인간을 '구원하시고 은혜를 베푸시는 하나님'이다. 아담의 타락 이후 하나님은 인간이 죄의 결과로 죽어가도록 그냥 두지 않으셨다. 구원을 계획하시고, 예수 그리스도의 십자가를 통해 구원하셨으며, 성령님의 사역을 통해 구원과 은혜의 길을 전 세대에 걸쳐 이어가신다. 이 두 가지 이유 때문에 본문과 우리 시대는 결코 분리될 수 없다.

연관 작업의 두 방식

본문을 연구하고 오늘날 청중의 삶과 연결하는 작업을 할 때 두 가지 스타일이 가능하다.[52] 먼저 본문을 연구한 후 일정 분량 설교의 움직임을 완전히 마쳤을 때 연관 작업을 하는 '직선적 연관 방식'(straight relevant style)이 있다. 이 방식은 설교의 움직임이 '본문-연관'의 단순 형태로 나타난다. 이 방식의 설교 진행의 흐름을 그림으로 표현하면 다음과 같다.

직선적 연관 방식의 흐름

이 직선적 연관 방식은 고정된 분량이 있는 것은 아니지만, 주해를 통해 본문의 의미 전달이 적어도 전체 설교 분량의 30퍼센트 이상에 이르렀을 때 연관을 시작하는 것이다. 주해과정을 통해 본문의 의미를 충분히 드러냈기 때문에, 다시 본문으로 돌아오지 않고 계속 직선적으로 연관성을 제시한다. 다음의 설교 실례를 살펴보자(각 단계의 작성 요점은 꺾쇠괄호로 표시).

- 본문: 사사기 9장 46-49절
- 제목: 내 안의 불(火)

[주해를 통해 본문의 의미를 드러냄]
사사 기드온이 죽은 후 세겜 지역 첩의 아들 아비멜렉이 왕이 되고자 하는 야심을 품었습니다. 그는 세겜 사람들을 선동했고, 기드온의 정부인에게서 태어난 아들 70명을 죽였습니다(1-5절). 다행히

기드온의 막내아들 요담은 숨어 목숨을 구했습니다. 세겜 사람들은 아비멜렉을 왕으로 삼았습니다. 선동과 살인으로 왕이 된 아비멜렉의 통치로 세겜 사람들은 과연 안정과 평화를 누렸을까요?

아비멜렉이 이스라엘을 통치한 지 3년 만에 세겜 사람들이 그에게 반기를 들기 시작합니다(23-45절). 그의 통치가 만족스럽지 못하고 억압적이었기 때문인 것 같습니다. 어느 날 아비멜렉은 자신을 반대하는 세겜 망대의 사람들이 보루, 즉 은신처(tower)로 피신했다는 보고를 받습니다(47절). 이에 아비멜렉은 산에 가서 도끼로 나무를 찍고 그것을 어깨에 멥니다. 그렇게 직접 행동을 보이며 자신을 따르는 사람들에게 자신처럼 하라고 재촉합니다(48절). 그리고 자신을 반대하는 사람들이 숨어 있는 곳에 가서 나무를 벌려놓고 불을 지릅니다. 이로 인해 천 명이 불타 죽고 맙니다. "모든 백성들도 각각 나뭇가지를 찍어서 아비멜렉을 따라 보루 위에 놓고 그것들이 얹혀 있는 보루에 불을 놓으매 세겜 망대에 있는 사람들이 다 죽었으니 남녀가 약 천 명이었더라"(49절).

이 끔찍한 사건에 대해 70명 형제가 죽을 때 살아남은 요담이 우화를 통해 미리 예언했습니다. "가시나무가 나무들에게 이르되 만일 너희가 참으로 내게 기름을 부어 너희 위에 왕으로 삼겠거든 와서 내 그늘에 피하라 그리하지 아니하면 불이 가시나무에서 나와서 레바논의 백향목을 사를 것이니라"(15절).

이 사건을 머리로 그려보십시오. 뭐가 보이십니까? 그렇습니다. '불'이 보입니다. 아비멜렉으로 비유된 가시나무에서 나와 다른 나무를 태우는 불이 보입니다. 피신처 '보루'를 태우는 불이 보입니다. 그런데 본문을 잘 살펴보면 물리적 불이 있기 전에, 마음속에 '증오의 불'과 '복수의 불'이 있었습니다.

　왜 그의 마음에 이런 불이 자리 잡고 있었을까요? 아비멜렉은 첩의 아들이었습니다. 기드온이 아내가 많아 아들을 70명을 낳았습니다. 아내가 많았음에도 세겜에 첩을 두었습니다. 그 첩을 통해 나온 아들이 아비멜렉이었습니다. 자라면서 정부인의 자녀들 사이에 끼지 못한 상처, 증오, 복수의 불이 있었습니다. 결국 이 '마음의 불'이 사람을 해하는 '물리적 불'로 나온 것입니다. … 〈중략〉

　[본문으로 돌아가지 말고 곧바로 오늘날의 의미와 연관하라]
　여러분 마음속에는 지금 어떤 불, 즉 어떤 화가 있습니까? 이 마음속의 불, 화가 해결되지 않으면 우리 삶에 무서운 일이 벌어집니다. 진짜 불보다 마음속의 불이 더 무섭습니다. 이 불이 가정에서 붙으면 부부싸움이요, 정치적으로 붙으면 정치싸움입니다, 나라끼리 붙으면 전쟁이 됩니다. 보이는 불은 조심하면 됩니다. 그러나 마음속의 불은 보이지 않지만 나와 다른 사람을 죽입니다.

　하나님을 믿는 성도지만 우리 안에도 불이 있습니다. 특별히 우리 심령이 바짝 메말라 있을 때, 사람이나 환경에 불씨 하나를 툭 던지면 불이 확 올라옵니다. 나와 내 주변의 모든 것을 사릅니다. 심리학자들은 모든 사람 안에 불, 화가 있다고 말합니다. 옛날 라틴어 속담에 "화난 상태로 자는 것은 마귀와 한 침대를 쓰는 것과 같다"는 말이 있습니다.

　우리 속의 화는 마귀처럼 우리를 괴롭히며 우리 마음과 몸을 파괴합니다. 화 때문에 고혈압, 당뇨, 비만, 스트레스성 질환이 생깁니다. 그래서 사람들은 명상요법, 운동, 취미 등으로 화를 다스려보기도합니다. 심리학자들은 인생에서 화 조절능력(anger management)을 키우라고 조언합니다. 그들은 구체적인 방법으로 화가 날 때 '현장을 피하라' '말하기 전에 10을 세어라' '입장 바꿔 생각해 봐라' 등의 실천사항을 제시합니다. 그런데 화를 안 내려고 결심하며 이런 노력을 해보다가 오히려 더 화가 나는 경험을 합니다. 저만 그런가요? …
〈중략〉

직선적 연관 방식은 본문을 충분히 설명해서 청중이 본문의 이야기를 자세하게 들을 수 있는 장점이 있다. 그러나 본문의 주해가 탄탄하고 생동감 있게 전달되지 않으면 청중이 지루함에 빠지기 쉽다. 특별히 이미 청중에게 익숙한 본문을 설교할 때 연관성을 뒤로 미루어 두고 너무 과도하게 주해에 시간을 할애할 경우, 청중의 집중력이 급격하게 떨어진다. 이런 경우는 짧게 본문을 설명하고 연관을 시도한 후 다시 본문으로 돌아오고 다시 연관으로 돌아가는 방식의 '교차적 연관 방식'(in and out relevant style)을 사용하는 것이 좋다. 이 방식은 설교의 움직임이 '본문-연관성-본문-연관성…' 혹은 '연관성-본문-연관성-본문…'으로 나타난다. 이 방식의 설교 진행 흐름을 그림으로 표현하면 다음과 같다.

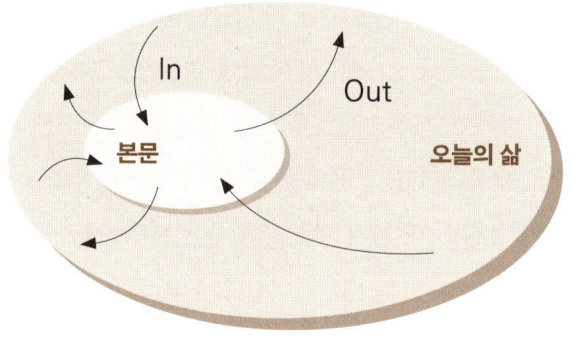

교차적 연관 방식의 흐름

교차적 연관 방식을 사용하면, 청중에게 익숙한 본문을 설교할 때 집중도를 유지하면서 설교를 진행할 수 있다. 본문의 의미와 오늘날의 의미가 빠르게 연결되어 전달되기 때문이다. 다음 실례를 살펴보자(각 단계의 작성 요점은 꺾쇠괄호로 표시).

- 본문: 마가복음 5장 21-43절
- 제목: 한 아비의 특별한 믿음

[In: 본문]

예수님이 데가볼리 거라사 지방에서 사역을 마치시고 맞은편 가버나움 쪽으로 배를 타고 건너오셨습니다. 이때 회당장, 즉 회당을 주관하는 사람 중 하나인 야이로가 예수님의 발 아래 엎드렸습니다. 신분 높은 사람이 엎드립니다. 그리고 간절히 애원합니다.

[Out: 연관]

여러분도 누구 앞에 머리를 조아리고 간절히 부탁한 적이 있으신가요? 무엇을 그렇게 간절히 부탁하셨나요?

[In: 본문]

회당장 야이로가 이렇게 엎드려 간청한 이유는 죽어가는 자신의 딸 때문입니다. "회당장 중의 하나인 야이로라 하는 이가 와서 예수를 보고 발 아래 엎드리어 간곡히 구하여 이르되 내 어린 딸이 죽게 되었사오니 오셔서 그 위에 손을 얹으사 그로 구원을 받아 살게 하소서 하거늘"(22-23절). 42절에 보니 야이로의 어린 딸은 열두 살인데 지금 죽어가고 있습니다. 그래서 야이로는 다급하게 예수님을 찾아와 딸에게 안수해 살려달라고 간청합니다.

[Out: 연관]

가족 중에 누가 쓰러져서 위험했던 순간이 있으셨나요? 경련을 일으키며 의식을 잃고 피를 토하면 다급해집니다. 당장 응급실로 달려갑니다. 치료를 위한 골든타임을 놓쳐서는 안 되기 때문입니다. 의사에게 어떻게 좀 해달라고, 제발 살려달라고 매달립니다.

[In: 본문]

"내 어린 딸이 죽게 되었사오니…" 야이로의 속은 타들어갑니다. 예수님은 야이로의 간절함을 보셨는지 야이로의 집으로 발걸음을 옮기십니다. 그리고 많은 사람이 예수님을 에워싸며 뒤를 따릅니다. "이에 그와 함께 가실새 큰 무리가 따라가며 에워싸 밀더라"(24절).

[Out: 연관]

사랑하는 성도 여러분, 우리는 본문을 보며 깨닫습니다. 예수님은 우리의 간절함을 보십니다. 우리의 삶에 함께하십니다. 야이로의 삶에 함께하시는 예수님이 우리의 주님이십니다. 우리가 엎드려 기도할 때 우리 기도를 들으시고 우리 삶의 아픈 깊숙한 곳으로 들어오십니다. … 〈중략〉

본문과 연관이 계속 진행되는 교차적 연관 방식은 청중의 공감을 빠르게 불러일으키고 설교의 진행 속도도 빠르게 할 수 있다. 그러나 본문과 연관의 교류가 너무 자주 일어나기 때문에 청중이 본문 깊숙이 들어가지 못하고 오히려 산만하다고 느낄 수 있다. 마치 산과 바다를 동시에 녹화하기 위해 계속 카메라의 방향을 바꾸는 듯한 느낌을 줄 수 있다. 이런 이유로 설교자는 본문과 연관이 교류되는 시점과 소요 시간을 적절히 계획해 이 방식을 진행해야 한다.

간략하지만 실제적인 연관 기법

연관 작업은 생각보다 쉽지 않다. 그래서 설교자는 연관의 기술을 습득한 후 본문과 현 시대를 연결하는 작업을 수행하기 위해 지속적으로 노력해야 한다.[53] 먼저 가장 기초적이면서 효과적인 다음의 기법을 통해 연관 작업을 시도해 보라.

본문의 인물을 오늘날로 적절히 연관하라. 연관 작업을 위해 먼저 본문의 인물(들)을 오늘날의 대상(들)으로 바꾸는 것이 필요하다. 기본적으로 각 개인을 대상으로 하는 것이 첫 출발점이다. 그러나 개인뿐 아니라 가정, 교회, 사회, 국가 같은 큰 대상까지 염두에 두어야 한다.

본문의 상황을 오늘날로 적절히 연관하라. 본문에 등장하는 인물을 오늘날의 연관대상으로 바꿨다면, 이제 본문의 상황을 오늘날로 연관시키라. 본문의 상황을 오늘날로 연결할 때 본문과 오늘날의 상황에 공통성이 있어야 한다.

사용할 연관성의 초점을 조절하라. 설교자가 본문의 특정한 사람과 상황을 오늘날의 사람과 상황으로 바꾸기 위해 그 범위를 결정하는 것을 말한다.

시대를 초월한 구원자 하나님을 드러내라. 이제 변함없이 인간을 구원하고 문제를 해결해 주시는 하나님을 드러내라. 본문의 문제를 가지고 고통 속에 있는 인간을 보실 때 하나님이 어떤 마음이실지 세밀하게 묘사하라. 그 문제를 해결하기 위해 본문에서 하나님이 어떤 일을 행하셨는지 설명하라.

연관 도구 SSQ를 사용하라. 연관 작업을 위한 도구인 연관 문장(sentence), 연관 예화(story), 연관 질문(question)을 적절히 사용하라.

이제 앞에서 살펴본 기법을 사용해 다음의 본문에서 연관성 놓는 작업을 구체적으로 실습해 보자.

> 이러므로 내가 하늘과 땅에 있는 각 족속에게 이름을 주신 아버지 앞에 무릎을 꿇고 비노니(엡 3:14-15).

본격적인 연관 작업을 하기 전에 잠시 본문을 살펴보자. 바울은 그리스도로 인해 주어진 복에 대해 가르친 후, 4장부터 그 복을 받은 성도의 합당한 삶에 대해 말하려고 한다. 바울은 그 전에 자신이 가르친 것을 성도들이 깨닫고 진리로 받아들일 수 있도록 무릎을 꿇고 간절히 기도했다. 바울은 탁월한 지식과 열정을 지닌 교사다. 그러나 하나님께서 도와주시고 성령께서 조명해 주시지 않으면 성도들이 자신의 가르침을 실천할 수 없을 뿐 아니라 진리로 받아들일 수 없음을 잘 알고 있었다. 이 사실을 매우 잘 알았기에 바울은 최선을 다해 가르친 후 간절히 기도한 것이다. 자, 이제 본문의 이런 배경 지식을 가지고 몇 가지 과정을 거치면서 본문과 청중의 삶에 연관성을 놓아보자.

본문의 인물을 오늘날로 적절히 연관하라. 본문에 등장하는 바울은 영적 진리를 가르치는 사람이다. 에베소 성도들은 그 가르침을 배우는 사람들이다. 연관 대상을 설정하기 위해 오늘날 영적 진리를 가르치는 사람과 배우는 사람이 누구인지 생각해 보라. ① 목회자-성도, ② 주일학교 교사-주일학교 학생, ③ 부모-자녀 등이 연관 대상으로 설정될 수 있다.

본문의 상황을 오늘날로 적절히 연관하라. 바울은 최선을 다해 영적 진리를 가르친 후, 에베소 성도들이 자신의 가르침을 깨닫고 진리로 받아들일 수 있도록 기도했다. 상황의 유사성을 생각하며 다음과 같은 연관 상황을 설정할 수 있다.

① 목회자는 성도들이 말씀을 잘 받아들일 수 있도록 최선을 다해 설교를 준비해야 한다. 그리고 그들을 위해 기도하는 것도 잊지 말아야 한다.
② 주일학교 학생들이 말씀을 깨달을 수 있도록 교사가 최선을 다해 가르치는 것과 더불어 그들을 위해 간절히 기도하는 것이 중요하다.
③ 부모는 자녀가 말씀을 잘 배울 수 있도록 가르칠 뿐 아니라, 성령의 도우심으로 그들의 마음이 열려 깨달을 수 있도록 기도해야 한다.

사용할 연관성의 초점을 조절하라. 분명한 의미 전달을 위해 너무 좁지도 너무 넓지도 않게 사람과 상황의 연관성 범위를 결정하는 것이 중요하다. 설교를 들을 청중을 생각하며 연관성의 초점을 조절하라.

① 좁은 연관 초점: 목회자-성도
  목회자 세미나 및 신학생 수련회에 적합한 연관 범위이며 청중이 제한된다.
② 일반적 연관 초점: 주일학교 교사-학생, 부모-자녀

교사헌신예배 및 부모세미나에 적합한 연관 범위이며 일정한 청중이 확보된다.

④ 넓은 연관 초점: 가르치는 사람-배우는 사람
듣는 대상이 넓게 확대되지만 연관 설정이 분명치 않아 모호한 메시지가 되기 쉽다.

시대를 초월한 구원자 하나님을 드러내라. 바울처럼 우리에게 맡겨진 영혼을 위해 최선을 다해 가르치며 간절히 기도할 때, 바울을 도와주신 하나님께서 오늘날의 우리 또한 도와주신다.

연관 도구 SSQ를 사용하라. 이제 연관 작업을 위한 도구인 연관 문장(S), 연관 예화(S), 연관 질문(Q)을 적절히 사용하라. 다음의 예를 통해 연관 도구가 어떻게 설교문에 사용되는지 확인해 보자(연관 도구가 쓰인 부분은 꺾쇠괄호로 표시).

① 연관 문장
바울처럼 우리에게도 하나님께서 맡기신 영혼이 있습니다. 탁월한 교사 바울은 최선을 다해 그들을 가르쳤지만 그것만으로 영혼이 변화되지 않음을 잘 알고 있었습니다. 그래서 15절을 보니, 바울은 가르침을 멈추고 하나님 앞에 무릎 꿇고 기도했습니다. [우리도 최선을 다했지만 우리에게 맡겨진 학생, 우리의 자녀들이 변화되지 않는 것을 볼 때가 많습니다. 그래서 한계를 느끼며 하나님께 도와달라고 맡겨진 영혼을 위해 간절히 기도할 때가 있습니다. 바로 그때가 무릎 꿇고 기도하는 바울

의 모습이 우리의 모습이 되는 순간입니다.]

② 연관 예화

본문에서 탁월한 지성을 가진 바울이 기도하는 것을 보면 옛날 제 친구가 생각납니다. [제 친구는 명문 대학에서 공부했습니다. 대학시절 그 친구는 주일학교에서 중고등부 교사로 섬겨 달라는 요청을 받았습니다. 스스로 똑똑하다고 생각한 친구는 자신이 별 어려움 없이 아이들을 가르칠 수 있다고 생각해 교사직을 맡았습니다. 그런데 예상과 달리 아이들이 자신의 가르침에 전혀 귀를 기울이지 않더랍니다. 떠들고 산만하게 행동하고 건성건성 듣더랍니다. 나름 잘 준비해서 가르쳤는데 열매가 전혀 보이지 않았답니다. 마음이 쓰리고 한계를 느낀 친구는 그때부터 아이들을 위해 기도하기 시작했습니다. 그랬더니 신기하게도 아이들이 어느 순간부터 자신의 이야기에 귀를 기울이고 조금씩 변화되기 시작했다고 합니다. 이 경험으로 친구는 교사가 잘 가르치는 것도 중요하지만 아이들을 위해 기도하는 것이 더 중요함을 깨달았다고 합니다. 그 친구는 자신의 깨달음대로 잘 가르칠 뿐 아니라 늘 기도하는 교사로 지금까지 20년 넘게 주일학교에서 섬기고 있습니다.]

③ 연관 질문

[잠시 생각해 보십시오. 바울처럼 하나님께서 여러분에게 맡기신 영혼은 누구입니까?] 우리는 최선을 다해 그들에게 성경의 진리를 가르쳐야 합니다. 그러나 가르침만으로는 부족합니

다. 바울처럼 그들을 위해 기도해야 합니다. [우리는 지금 우리에게 맡겨진 영혼을 위해 얼마나 기도하고 있습니까? 분주하고 육체적으로 지치기 쉬운 우리지만, 맡겨주신 영혼을 위해 기도하십시오. 바로 그때 성도들을 위해 무릎 꿇고 간절히 기도한 바울의 모습이 우리를 통해 나타나지 않을까요?]

구속사적 연관의 기법

지금까지 살펴본 연관은 일반적 연관에 대한 것이다. 즉, 성경 본문을 오늘날의 상황으로 연결하는 작업이다. 한편 본문을 오늘날로 연결하기 전 구속사적 의미를 먼저 연결해야 할 때가 있다. 이런 연관 작업을 '구속사적 연관'(redemptive relevance)이라고 부른다. 주로 구약을 설교할 때 이 구속사적 연관이 필요하고, 많은 경우 그리스도와 연결해야 한다. 이때 주의할 점이 있다. 이 책의 마지막 장에서 다룰 하나님 중심적 설교에서 자세히 살펴보겠지만, 모든 성경의 본문을 반드시 그리스도와 연결할 필요는 없다. 본 의미(original meaning of the text)와 문맥에 상관없이 모든 본문을 획일적으로 그리스도와 연결하는 설교를 '그리스도 일원적 설교'(christomonic preaching)라고 부른다. 북미 설교학은 이미 10년 전부터 그리스도 일원적 설교에 대해 비판했고, 본문 내용을 따라 삼위 하나님을 설교하는 정직하고 균형 잡힌 하나님 중심적 설교를 제시하고 있다.

본문을 기준으로 하나님 중심적 설교를 한다면 우리에게 두 가지 선택이 주어진다. 첫째, 본문에 나타난 삼위 하나님 중 한 분에 포커

스를 맞추면서 일반 연관 작업을 하는 것이다. 둘째, 본문에 나타난 성부, 성령 하나님 중 한 분에 관해 설명하다가, 어떤 시점에 성자 하나님과 연결하는 그리스도 중심적 구속 연관을 하는 것이다. 그 후 다시 일반 연관으로 돌아와 오늘날의 삶과 연결하는 것이다. 이런 구속사적 연관 방식의 흐름을 그림으로 정리하면 다음과 같다.

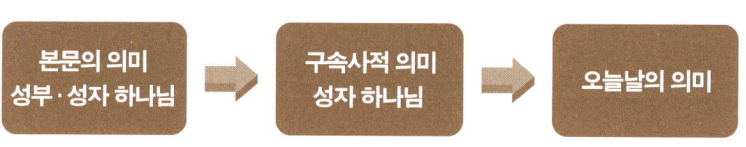

구속사적 연관 방식의 흐름

이제 짧은 잠언 본문으로 구속사적 연관의 설교 실례를 살펴보자. 각 단계와 중심내용은 표제로 표시해 두었다.

● 본문: 잠언 1장 20-22절

²⁰지혜가 길거리에서 부르며 광장에서 소리를 높이며 ²¹시끄러운 길목에서 소리를 지르며 성문 어귀와 성중에서 그 소리를 발하여 이르되 ²²너희 어리석은 자들은 어리석음을 좋아하며 거만한 자들은 거만을 기뻐하며 미련한 자들은 지식을 미워하니 어느 때까지 하겠느냐

● 설교문

본문의 의미: 하나님은 모든 이에게 지혜를 듣도록 기회를 주신다.

하나님은 모든 사람에게 지혜의 음성을 듣도록 기회를 주십니다.

우리가 어떤 실수나 잘못을 했을 때 자주 하는 말이 '몰랐다' 입니다. 그러나 이것은 핑계에 불과한데, 지혜가 멀리 있거나 숨어 있지 않기 때문입니다. 지혜는 모든 사람이 다니고 들을 수 있는 길거리, 광장, 길목, 성문 어귀와 성중에서 깨달으라고 소리칩니다(21-22절). 본문은 지혜의 의인화를 통해 그것이 우리에게 얼마나 가깝게 있는지, 또 우리를 얼마나 애타게 의의 길로 부르고 있는지를 생생하게 보여줍니다. 지혜가 우리를 불러 가르쳐주고 따르기를 요구하는 것은 분명합니다. 그것은 바로 … 〈중략〉

구속사적 의미: 참된 지혜는 예수님의 삶과 그분의 가르침이다.

모든 사람에게 열려 있는 이 지혜는 무엇입니까? 일차적으로는 하나님께서 잠언을 통해 알려주시는 의로운 삶을 위한 바른 선택과 치우침 없는 행동 방식입니다. 그러나 신약을 통해 보면 이 지혜는 '하나님의 지혜'가 나타난 것으로, 이 땅에 오신 예수님의 삶과 그분의 가르침을 말합니다. "오직 부르심을 받은 자들에게는 유대인이나 헬라인이나 그리스도는 하나님의 능력이요 하나님의 지혜니라"(고전 1:24). 놀랍습니다. 본문에서 의인화로 묘사된 지혜가 이제는 진짜 사람이 되셔서 이 땅에 오셨습니다. … 〈중략〉

오늘날의 의미: 하나님이 주신 지혜와 예수님의 가르침에 답하는 삶이 되어야 한다.

성도는 하나님이 주시는 지혜의 부름에 답할 때 안전하고 평안한 삶을 살 수 있습니다. 하나님은 오늘도 지혜의 말씀을 통해 우리가 무엇을 선택하고, 어떻게 행동해야 하는지 알려주십니다. 무엇보다 예수님이 이 땅에 오셔서 우리가 어떤 삶을 살아야 하는지 친히 보여주시며 가르쳐주셨습니다. 그렇다면 생각 없이 질주하듯 살아서는 안 됩니다. 때때로 멈추어 하나님이 주신 지혜의 말씀과 예수님의 가르침을 통해 우리 삶의 방향과 속도를 점검해야 합니다. … 〈중략〉

  설교를 준비하면서 바로 일반적 연관을 사용할 것인지, 아니면 구속사적 연관을 먼저 할 것인지 결정해야 한다. 설교에 구속사적 연관이 거의 없는 것도 문제지만, 모든 설교마다 획일적으로 구속사적 연관을 시도하는 것도 옳지 않다. 연관 방법을 결정하는 기준은 자신의 생각이나 신학적 견해가 아니다. 본문이 무엇을 말하고 있는지 정직하게 살펴보고 결정하는 것이 가장 바람직한 방법이다. 우리는 이 문제와 대안에 대해 마지막 장에서 세밀하게 살펴볼 것이다.

  지금까지 살펴본 것처럼 성경 자체에 이미 모든 시대를 진리로 연결하는 연관성이 있다. 그러므로 설교자가 성경 안에 이미 내재되어 있는 연관성을 인식하고, 그것을 바탕으로 본문의 의미를 오늘날에 적합하게 전하고자 노력하는 것은 지극히 성경적이고 마땅히 해야 할 수고다. 연관 작업은 때로 깊은 고민과 지속적인 연습을 요구한다. 그러나 그 열매가 매우 소중하기에 그칠 수 없는 설교자의 수고다.

Part 3

최 상 의 예 화 와 메 시 지 표 현

"메시지가 열리고
마음에 박히는 길"

Chapter 6
메시지가 열리는 예화 사용법

메시지가 공감되고 보이게 하라

임도균

유학 시절 박사과정에서 설교역사 세미나를 들었다. 이때 성서 시대부터 초대, 중세, 현대 교회에 이르기까지 여러 설교자의 삶과 그들의 신학을 분석하고 설교를 연구할 기회가 있었다. 짧은 시간에 하나님께 위대하게 쓰임받은 말씀의 종들을 역사 속에서 만난다는 설렘에 매우 재미있게 세미나에 참석했다. 여러 설교자를 연구하면서, 신학적으로 건강하면서도 선한 영향을 미친 설교자들의 공통된 부분을 발견했다. 그중 세 가지만 나열하면 다음과 같다.

첫째, 성경 본문에 기초해 설교한다. 예배 중 설교할 성경을 봉독한 것은 이미 하나님의 뜻이 공동체에 선언된 것이다. 설교는 봉독한 하나님의 말씀을 수종드는 것으로, 청중이 성경 말씀을 이해하도록 돕고 삶에 적용할 수 있도록 안내하는 것이다. 성경 본문 자체가 설교의 본질적 메시지이며 설교할 수 있는 정당성을 제공한다. 설교자가 오늘의 본문을 읽을 때 하나님 말씀의 권위가 설교자와 함께한다.

둘째, 설교자의 영성이라는 유리병을 통해 생명의 메시지가 청중에게 순전히 전달된다. 설교는 결국 설교자의 삶과 영성을 통해 전달된다. 따라서 설교자가 어떤 삶을 사는지, 그 말씀을 받는 청중에게 어떻게 보이고 신뢰를 얻는지는 매우 중요한 부분이다. 특히 설교자가 하나님과 친밀히 동행하는 것은 매우 중요한 요인이다. 설교자가 회중 앞에 서서 설교할 수 있는 것은 거룩한 소명 때문이다. 소명은 설교자의 삶을 통해 하나님과 친밀히 동행함으로 지속적으로 증명되어야 한다. 이것을 영성이라고 한다. 오랫동안 사랑받고 귀감이 된 설교자에게는 이러한 삶의 영성이 있다.

마지막 특징이 탁월한 예화 사용이다. 설교 역사상 기록에 남는 설교자들은 많은 사람에게 영향을 미쳤다. 대중적으로 큰 영향을 미친 설교자는 설교하는 동안 말씀만을 강론하지 않는다. 예화도 적절하게 사용한다. 예화는 청중이 하나님의 말씀을 받아들이도록 마음 문을 여는 역할을 한다. 이러한 설교자에게는 사람과 공감하고 소통하는 능력이 있다.[54] 예화를 통해 청중이 본문과 공감하게 한 것이다. 이처럼 예화 사용은 영향력 있는 설교를 위해 중요하다.

그러나 설교클리닉에서 현장의 설교자들을 만나 대화하다 보면, 예화 사용을 세상과 타협하는 것으로 여기는 경우가 종종 있다. 주로 순수 신앙을 강조하는 설교자들인데, 그 신앙과 정신은 존중한다. 그러나 설교는 순수한 하나님의 말씀을 전하는 것 못지않게 청중에게도 공감이 되고 매력적으로 전달되어야 한다. 설교 중 예화를 사용하는 것은 문제가 되지 않는다. 단지 잘 사용해야 한다. 예화는 기본적으로 이야기이기에 청중의 마음에 그림을 그려 본문이 잘 보이도록 해야 한다. 그러면 공감되고 잘 보이는 설교 예화는 무엇이고 어떻게 사용할 수 있을까?

예화의 기초

예화는 무엇인가

본문의 의미를 설명하는 것은 매우 중요하다. 청중에게 와 닿고 특히 청중의 감성에 공감대를 형성하려면 이미지와 묘사적 언어를 사용할 필요가 있다. 예화에는 다음과 같은 특징이 있다.

❶ **성경이 곧 참된 빛** 성경의 진리 자체가 참된 빛이라는 확신 가운데 시작한다. 예화는 하나님의 말씀인 성경을 보조하고 돕는 역할을 한다. 예화에 청중을 흡입하는 힘과 파급력이 있다고 해서 지나치게 예화만 의존해 성경의 가르침이 흐려지는 것은 바람직하지 않다. 성경 자체가 참된 진리다. 이런 확신이 예화를 사용하는 기본자세다.

❷ **설교의 창문** 예화는 성경의 진리의 빛이 잘 투영될 수 있는 설교의 창문과 같다. 집에 창문이 없거나 부족하면 답답함을 느낄 것이다. 반면, 창문이 너무 많으면 산만할 것이다. 이처럼 예화의 횟수나 종류를 정할 때, 성경 본문의 진리가 청중의 삶에 잘 투과되어 전달될 수 있게 한다.

❸ **본문의 감성** 좋은 예화는 본문의 메시지와 감성(mood)과 본문의 목적을 고려해 현대의 청중에게 본문의 진리를 보여준다. 예화는 본문의 내용과 감성을 청중에게 잘 전달하기 위해 섬기는 것이라 할

수 있다.

예화의 목적

예화 자체가 가지고 있는 목적은 무엇인가? 다음과 같이 여섯 가지로 설명할 수 있다.

❶ **명확함** 예화의 목적은 성경적 진리를 명확히 강조하는 데 있다. 본문의 메시지와 동떨어진 예화는 의미가 없다. 예화는 성경의 진리를 명확히 전달하는 데 목적을 둔다.

❷ **흥미** 예화의 목적은 성경적 진리를 청중에게 흥미 있게 소개하는 데 있다. 예화는 청중의 관심을 끄는 요소다. 최상의 설교가 되기 위해서는 예화 선정 시 청중의 관심사를 알아야 하고, 흥미진진하게 들을 수 있는 예화를 선정해야 한다.

❸ **그림** 예화는 성경적 진리를 청중의 머릿속에 이야기로 그림 그리는 것이다. 보이는 예화가 되려면 청중의 머릿속에 묘사적인 언어로 그림을 그리듯 해야 한다.

❹ **연결** 예화로 성경적 진리와 청중을 연결한다. 예화는 과거에 기록된 성경 본문과 현대의 청중을 자연스럽게 연결한다. 예화를 잘 사용하면 청중의 삶에 직접 와 닿는 설교가 될 수 있다.

❺ **감성 접촉** 예화는 청중에게 성경적 진리가 감성적인 반응으로 일어나게 한다. 예화는 주로 청중의 감성에 영향을 주는 데 특화되어 있다.[55]

❻ **쉼** 설교 중 본문을 설명할 때, 청중은 성경 본문의 배경과 구조와 신학적 의미에 대한 정보를 잘 이해하기 위해 집중한다. 이때 예

화를 사용하면 청중이 정신적인 긴장을 풀고 설교를 좀 더 편안하게 듣는다.[56] 따라서 적절한 예화를 사용할 때 청중은 편안한 마음으로 설교를 들을 수 있다.

적절한 예화의 사용

적절한 예화는 본문을 더 효과적으로 설명하도록 돕는다. 이러한 예화에는 어떤 종류가 있을까? 여섯 가지 유형의 예화를 소개한다.

❶ **짧은 이야기** 4-7행의 짧은 예화는 설교의 흐름을 덜 깨뜨리면서 흥미를 더하므로 유익하다.

❷ **긴 이야기** 설교자나 다른 사람의 간증을 넣으면 예화가 조금 길어진다. 좀 더 자세하게 이야기할 수 있는 장점은 있지만, 설교의 흐름을 깨뜨릴 수 있으므로 긴 이야기는 맨 마지막 결론에 넣는 것이 바람직하다.

❸ **샌드위치 구조 이야기** 하나의 이야기를 앞부분의 서론과 뒷부분의 결론에서 나누는 방식이다. 이는 실제 설교에서 드라마를 보는 것 같은 느낌을 준다. 주의할 점은 이야기의 문맥을 잘 고려해야 한다는 것이다. 그러나 하나의 이야기를 한 번에 나누는 것과 차별화된 다른 효과를 경험할 수 있다.

❹ **문장** 예화는 기본적으로 이야기지만, 뭔가를 생각하게 하는 문장이나 마음에 남는 문장도 예화에 들어간다.

❺ **나열** 구체적인 목록을 나열하는 것은 구체적인 흥미를 유발한다. 구체적인 사항에 대한 설문조사, 성경에 나오는 나열(죄의 목록, 성령의 열매)처럼 구체적으로 나열할 때 청중에게 구체적인 영향을

미칠 수 있다.

❻ **동영상** 요즘은 미디어 시대이기에 설교에 사용할 수 있는 시청각 자료가 많다. 소셜미디어와 인터넷에서 자료를 쉽게 찾을 수 있다. 그러나 어떤 자료를 사용할지는 충분히 검토해야 한다. 교회에서 예배 중에 사용하는 자료는 폭력적이거나 선정적이지 않도록 철저히 검증해야 한다. 또 동영상은 짧을수록 좋다. 개인적으로는 10-30초 정도가 적절하다고 본다. 영상이 길어지면 이후 진행되는 설교의 흐름을 깨뜨릴 수 있다.

❼ **사진 및 그림** 요즘 대부분의 교회가 시청각 시스템이 잘 구비되어 있다. 사진 같은 이미지 사용은 설교의 시각화에 손쉽게 도움을 준다. 특히 성경이야기를 소재로 한 그림은 설교 진행에 도움이 된다. 기본적으로 예화는 감성에 영향을 준다. 이미지 사용은 청중의 감성에 영향을 미치며, 매우 중요한 설득 도구다.

❽ **드라마** 짧은 드라마는 설교의 흥미를 끄는 데 도움을 준다. 불신자를 초청하는 집회나 교회 특별행사 예배에서 드라마를 설교 서론으로 사용할 수 있다. 그러나 사전 준비가 필요하므로 드라마 팀이 미리 준비할 수 있도록 충분한 시간을 조율해야 한다.

❾ **실물 및 소품** 설교에 도움이 되는 실제 물건을 가지고 설교하는 것이다. 쉽게는 설교자가 소지한 핸드폰이나 열쇠를 보여주며 설교할 수 있다. 이러한 소품을 이용한 설교는 어린이 설교뿐 아니라 장년 설교에서도 청중의 시선을 집중시키는 데 도움을 준다.

나쁜 예화 VS 최상의 예화

나쁜 예화

설교에 사용하는 예화 중에는 예화로서 기능을 다하지 못하는 것이 있다.

❶ **지루함** 나쁜 예화는 청중에게 지루한 느낌을 준다. 나쁜 예화로 시작하면 청중에게 흥미의 요소가 없어 시선을 끌지 못한다. 반복적으로 동일한 유형의 예화를 사용할 때 청중은 지루함을 느낀다.

❷ **주제와 연결되지 않음** 나쁜 예화는 본문의 주제와 연결되지 않는다. 예화는 앞뒤 문맥과 일치해야 자연스럽게 물 흘러가듯 진행된다. 아무리 예화 자체가 매력적이고 청중의 감성을 움직인다 할지라도 본문이 전하고자 하는 주제와 조화를 이루지 못하면 아무 소용이 없다.

❸ **추상적임** 나쁜 예화는 추상적이다. 예화는 보통 구체적인 묘사를 통해 청중의 상상력을 움직여 감정이입을 불러일으킨다. 이때 필요한 것이 구체성이다. 추상적인 예화는 청중이 메시지를 공감하고 몰입하는 데 어려움을 겪게 한다.

❹ **설교자 미화** 나쁜 예화는 종종 설교자를 영적 영웅으로 만든다. 설교자를 영적 영웅으로 미화해 설교 본연의 목적인 하나님의 영광을 희석시킬 수 있으므로 지나치게 설교자를 높이는 것은 바람직하지 않다.

❺ **잘못된 위치** 나쁜 예화는 설교의 엉뚱한 부분에 배치된다. 같은 예화라도 어느 곳에 위치하는지에 따라 공감력과 효과가 다르게

나타난다. 잘못된 위치에 배치된 예화는 오히려 설교의 흐름을 깨뜨린다.

❻ **가족 희생**   나쁜 예화는 종종 가족을 희생시킨다. 설교자가 가족과 함께 생활하다 보면 여러 가지 에피소드가 생기기 마련이다. 그러면 가족의 이야기를 설교 예화로 사용하고 싶은 마음이 생긴다. 그러나 가족의 이야기를 잘못 사용하면 가족 개인의 삶과 인격에 손상을 줄 수 있으므로, 가족의 예화를 사용할 때는 가족의 동의를 얻어 사용하는 것이 바람직하다.

❼ **민감한 정치**   민감한 정치적 사안에 대한 예화는 바람직하지 않다. 하나님의 말씀은 전인격적이고, 사회의 모든 영역에 대해 설교할 수 있다. 그러나 특정한 정치적 성향을 옹호하기 위해 정치적으로 민감한 부분을 예화로 사용하는 것은 적절치 않다. 사람마다 성향이 다르므로 한쪽의 정치적 성향을 지속적으로 강조하다 보면 다른 정치적 성향을 가진 청중이 반감이나 소외감을 느낄 수 있다. 따라서 정치적인 색이 강한 예화를 사용할 때는 특히 조심할 필요가 있다.

❽ **시선 무접촉**   설교 중 청중과 시선을 접촉하지 않고 예화의 원고를 읽는 것은 좋지 않다. 본문을 설명할 때는 숫자나 지명 등 세밀한 정보가 있으므로 설교문을 더욱 의지해 설교할 수도 있다. 그러나 예화를 전할 때는 청중과 눈을 마주치며 자연스럽게 이야기해 공감대를 형성하는 것이 좋다.

❾ **지나친 과장**   많이 과장하는 예화도 좋지 않다. 설교자가 극적 효과를 높이기 위해 예화에서 지나치게 과장하면 오히려 설교자에 대한 신뢰성이 떨어진다. 과장된 표현은 설교자의 신뢰도에 영향을

준다.

❿ 진실되지 않음 과장보다 더 좋지 않은 예화가 거짓된 예화다. 단지 청중이 듣기 좋거나 그들의 흥미를 돋우기 위한 목적으로 사용된 예화는 설교 전반에 문제를 일으킬 수 있다. 요즘은 예화를 들으면서 실시간으로 인터넷을 통해 사실 여부를 확인할 수 있다. 진실되지 않은 예화야말로 나쁜 예화다.

최상의 예화

최상의 예화는 본문의 의미를 전달하는 데 도움을 주며, 청중이 메시지에 공감하도록 돕는다.

❶ 청중과 친숙함 최상의 예화는 별다른 설명이 없어도 청중과 충분히 친숙하다. 많은 설명 없이도 친숙한 예화는 더 공감되고 편안하게 몰입할 수 있다.

❷ 쉽고 단순함 최상의 예화는 단순하다. 구조가 단순해 청중에게 바로 들리고 이해하기 쉬운 예화가 최상의 예화다. 이는 설교의 전체적인 흐름을 깨뜨리지 않는다.

❸ 구체적임 최상의 예화는 일반적인 묘사보다는 구체적이다. 일반적인 묘사는 너무 광범위하게 묘사하기에 청중이 빠져들기가 쉽지 않다. 더 세밀하고 구체적으로 묘사할 때 청중이 이야기에 쉽게 몰입할 수 있다.

❹ 어조의 조화 최상의 예화는 설명하는 소주제의 어조와 일치한다. 설명하는 주제에 주된 어조가 있다. 비평, 따뜻함, 중립, 격려가 대표적인 어조다. 그 외에도 여러 어조가 존재한다. 설교자는 자신

이 전달하고자 하는 어조와 맞는 예화를 선정해 어조와 예화를 조화롭게 전달할 필요가 있다.

❺ **실제적임** 최상의 예화는 실제적이다. 사람들은 가상의 이야기보다 실제적인 이야기에 더 쉽게 공감한다. 예화는 실제로 있었던 이야기를 사용하는 것이 좋다.

❻ **사람과 연관됨** 사물보다 사람에 대한 예화가 좋다. 사람은 주변 사람의 이야기에 더 관심이 있다. 영화나 드라마도 모두 사람에 대한 이야기다. 따라서 사물보다는 사람의 이야기가 호기심을 더 유발하고 더 잘 집중할 수 있다.

❼ **창조성** 최상의 예화는 평범하기보다는 창조적이다. 항상 동일한 구조와 소재의 예화보다 창조적인 새로움을 더한 예화가 청중의 호기심을 유발하는 최상의 예화다.

❽ **기억** 최상의 예화는 본문의 내용을 기억에 남게 한다. 최상의 예화는 설교의 내용을 돕는 역할로 본문 내용을 잘 기억나게 한다. 잘 전달된 이야기와 시각화 된 이미지는 본문 내용이 기억에 남도록 돕는다.

❾ **이야기** 최상의 예화는 사실의 진술보다는 이야기다. 좋은 예화는 이야기인 경우가 많다. 이야기가 성경 본문의 메시지와 연합할 때 좋은 효과를 낸다.

❿ **볼 수 있음** 최상의 예화는 단순한 정보 전달보다는 듣고 보며 상상할 수 있어야 한다. 최상의 예화는 청중이 상상력을 동원해 마음의 도화지에 그림을 그릴 수 있게 한다. 청중의 마음속에 그려진 이미지는 강력한 힘이 있어 오래도록 기억에 남는다.

예화 사용 방법

예화를 통한 공감

예화는 설교자와 청중의 마음을 연결하는 통로다. 사람을 처음 만나 알아가고 사귈 때, 어떤 이야기를 나누는 것이 좋을지 고민하듯 예화를 선정하는 것이 좋다. 예화는 청중과 관계를 형성하고 진리로 발전되게 하는 촉매 역할을 한다. 책에 나오는 멋있는 예화가 반드시 청중과 공감되는 것은 아니다. 해돈 로빈슨(Haddon W. Robinson)이 예화 선정의 순위를 소개했지만, 복잡해서 목회자들이 쉽게 받아들이는 데 어려움이 있다.[57] 이에 다음의 세 가지 영역에서 예화의 우선순위를 소개하고자 한다. 현대 사회는 날이 갈수록 많은 정보와 이야기가 홍수처럼 쏟아져 나온다. 다음의 우선순위에 따라 예화를 선정하면 더욱 공감되는 설교가 될 것이다.

❶ 흥미(관심)

설교는 하나님의 진리를 세상에 판매하는 세일즈와 같다. 아무리 좋은 제품이어도 사람들의 시선을 끌지 못하면 판매되지 않을 것이다. 마찬가지로 설교를 통한 복음 전파와 진리 선포도 설교자와 청중의 흥미도와 흥미 요소를 고려할 필요가 있다. 이 경우 1순위 예화는 설교자와 청중 모두 흥미 있는 예화다. 2순위는 청중이 관심 있는 예화다. 청중이 더욱 공감하는 예화가 되려면 청중이 관심 있는 영역에 우선순위를 두어야 한다. 이런 예화를 선정하기 위해서는 청중 분석이 매우 중요하다. 3순위는 설교자가 더 관심 있는 예화다. 설교자는 자신도 모르게 자기중심적으로 설교를 진행할 수 있다. 이

때 잘못하면 자아도취에 빠져 청중이 전혀 공감하지 못하는 예화를 사용할 수 있다.

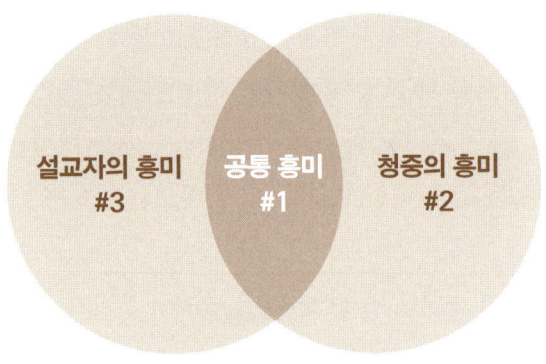

흥미에 따른 예화 우선순위

❷ 직접경험(체험)

자신이 체험한 것을 이야기할 때 진정성을 보여줄 수 있어 청중의 관심을 끌 수 있다. 설교자의 간증은 본인과 청중에게 파급력이 큰 예화다. 이러한 예화를 사용하면 청중이 공감하기 쉽다. 그런데 이러한 직접경험에 기초한 예화 중 설교에 사용할 예화를 선정할 때 우선순위가 필요하다. 일반적으로 주일설교는 30-40분 동안 진행된다. 요즘은 청중이 미디어의 짧은 영상에 익숙해 주일설교가 더 짧아지는 경향이 있다. 이에 따라 설교에 어떤 예화를 사용할지에 대한 숙고가 필요하다.

1순위 예화는 설교자와 청중이 함께 경험한 이야기다. 교회 수련회나 행사에서 함께 경험한 이야기는 청중이 직접 경험했기에 머릿속에 당시의 이미지와 감성이 남아 있다. 공동체가 함께 경험한 내용을 설교자가 묘사하면 청중의 기억이 소환되면서 공감을 일으킨다. 2순위 예화는 설교자가 직접 경험하지 않았지만 청중이 직접 경험한 이야기를 들려주는 것이다. 이 부분도 동일하게 청중의 마음과 기억을 소환해 감성적인 접촉을 일으킨다. 3순위 예화는 설교자 자신이 체험한 것이다. 사실 많은 설교가 설교자 자신의 이야기를 나눈다. 물론 설교자의 체험을 나누는 간증 같은 영역은 매우 힘 있는 예화다.

그동안 한국 교회가 많이 잃어버린 영역이 청중의 경험에 대한 관심이다. 당신의 청중은 어떤 것을 경험하는가? 이러한 부분이 공감되려면 설교자가 예화 선정 시 더욱 관심을 가져야 한다. 기억 소환의 원리를 생각한다면 청중이 직접 경험한 것이 공감력 있는 설교의 흡입력을 유지하는 데 반드시 고려해야 할 요소다.

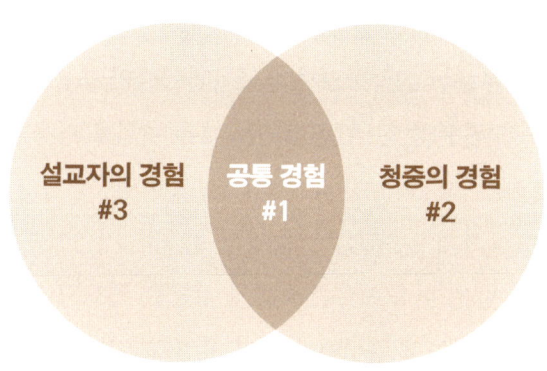

경험에 따른 예화 우선순위

❸ 간접경험(배움)

설교에서 설교자와 청중이 직접 체험한 이야기로 모든 예화에 사용할 수는 없다. 이때는 직접체험이 아닌 독서를 통한 간접적인 체험을 예화로 사용할 수 있다. 간접체험을 통해 설교자는 배움과 지식을 예화에 사용할 수 있다. 이때 설교자가 자주 사용하는 것이 독서와 자료리서치로 습득한 정보다. 한국 교회 목회자들의 설교 준비에 대한 열정은 대단하다. 설교하는 횟수도 상대적으로 많다. 그러다 보니 설교를 위한 독서와 리서치가 필요하다. 그런데 여기에 문제가 있다. 여러 설교에 도움을 줄 수 있는 예화와 정보가 청중과 공감대를 형성하는 데 어려움을 줄 때가 있다. 설교자가 열심히 독서하고 자료를 찾는 것도 중요하다. 그러나 청중의 지적 수준과 이해하고 있는 영역이 무엇인지를 아는 것이 우선적으로 필요하다.

간접적인 체험(학습)에 기초한 예화 사용에도 우선순위가 있다. 간접체험 예화 중 1순위는 청중과 설교자가 함께 알고 있는 지식이다. 만약 청중 대부분이 고등학교까지 교육받았다면 초등학교 또는 중고등학교에서 배운 내용 중 공감되는 것을 예화로 사용할 수 있다. 청중은 함께 공유할 수 있는 내용에 더욱 쉽게 반응한다.

간접체험 예화의 2순위는 청중에게 친숙한 지식이다. 설교자는 마치 선교사 같은 마음으로 청중에게 접근할 필요가 있다. 청중이 무엇을 알고 배웠는지 탐구해야 한다. 청중은 이미 알고 있는 지식을 말할 때 더욱 공감한다.

3순위는 설교자가 알고 있는 지식이다. 청중이 새로운 지식을 배우고 알기 원하는 욕구가 강한 경우에는 설교자가 새로운 정보를 제공하여 관심을 끌 수 있다. 그러나 이 부분에서도 청중의 지식상태와 정보습득력을 먼저 고려해야 한다.

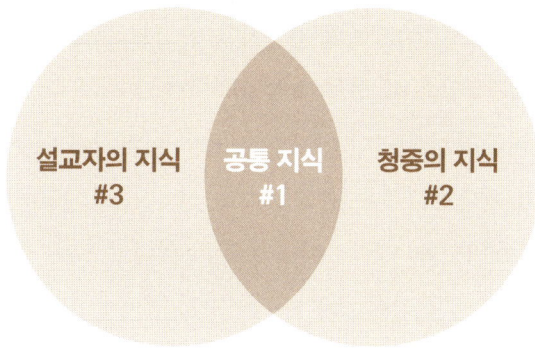

지식에 따른 예화 우선순위

보이는 예화(Seeable Illustrations)

예화는 보이는 예화가 되어야 한다. 설교의 예화가 보일 때 청중의 몰입도가 향상된다.

❶ **이야기 구조** 이야기 구조가 잘 반영되어야 한다. 이야기가 살아나는 구조의 요소(무대/배경, 긴장, 고조, 해소, 결론)가 있다. 역동적인 이야기는 이러한 요소를 유기적으로 포함한다.

❷ **구체적인 묘사** 이야기의 장면을 구체적으로 묘사해 더욱 실감 나게 표현할 수 있다. 마치 영화를 보는 것처럼 구체적으로 묘사하고, 묘사할 때는 관찰자의 통찰력을 가미해 더욱 흥미롭고 다채롭게 묘사한다. 이야기는 잘 보이게 묘사해야 한다.

❸ **상상력 사용** 허용하는 범위에서 상상력을 적극적으로 사용한다. 상상력은 이야기를 풍성하게 하고, 청중의 머리에 그림을 그리

는 데 매우 중요한 기술이다. 그러나 사실을 넘은 지나친 상상력은 설교자의 신뢰성을 떨어뜨릴 수 있으므로 주의해야 한다.

❹ **인물 성대모사** 이야기에 등장하는 인물의 대화가 살아 움직이게 한다. 대화가 있을 때 인물의 성품을 살려 실제의 목소리로 변환하면 매우 역동적인 전달이 된다. 성도들이 이야기에 더욱 빠져들게 하는 요소가 된다.

❺ **감성이 살아있음** 이야기에는 느낌이 있다. 이러한 감성적인 영역도 잘 살려낼 때 감성이 보이는 이야기가 될 수 있다.

❻ **관찰자로 전달** 설교자 자신이 이야기 안에서 관찰자인 것처럼 생동감 있게 전달한다. 예화 중 자신이 경험한 이야기나 다른 사람의 예화라 할지라도, 마치 자신이 그 이야기 안에 들어가 있는 것처럼 생동감 있게 전달한다.

❼ **귀납적인 접근** 귀납적인 접근으로 끝까지 집중하게 한다. 귀납적 진행은 결론을 맨 마지막에 이야기하는 것이다. 결론을 먼저 이야기하면 흥미가 떨어진다. 따라서 귀납적으로 예화를 진행하면 결론에 도달할 때까지 끝까지 집중하게 된다.

예화 찾기

그렇다면 예화를 어디서 찾을 것인가? 한국 설교자들은 자주 설교하기 때문에 예화가 많이 필요하다. 어디서 예화를 찾을 수 있을까?

❶ **개인 경험** 설교자 자신의 삶과 경험은 예화의 매우 중요한 자산이다. 그런데 개인의 경험을 예화로 연결하려면 좋은 통찰력이 필요하다. 개인의 경험을 일기와 묵상 글쓰기로 남기면서 의미를 곱씹

는 훈련을 해야 한다.

❷ **성경** 성경에는 수많은 이야기가 있다. 구약을 설교하면서 예수님의 이야기를 예화로 사용할 수 있다. 신약을 설교할 때는 구약의 이야기를 예화로 사용할 수 있다. 성경이야기는 익숙할 수 있으므로 너무 지루하지 않게 참신하게 전달하는 것이 필요하다.

❸ **자연과 주변 환경 관찰** 자연에는 많은 사람이 공감할 수 있는 요소가 있다. 자연의 변화와 신기한 현상을 이야기할 때 사람들은 쉽게 공감한다. 또 청중이 살고 있는 지역의 환경 변화에 대해 이야기할 때도 집중해서 듣는다.

❹ **인용 문구** 청중의 시선을 끌거나 생각하게 하는 문구도 좋은 예화가 될 수 있다. 설교자는 끊임없이 좋은 글과 문구를 수집해야 한다.

❺ **통계자료** 각종 연구기관에서 사회의 다양한 영역에 대한 통계자료를 발표한다. 통계자료는 사회의 흐름이나 실태를 파악하는 데 도움이 된다. 이때 검증된 신뢰성 있는 자료를 사용해야 한다.

❻ **다양한 독서** 설교자는 성도들의 생각을 파악하기 위해 다양한 분야의 책을 읽는다. 성도가 다양하므로 다양한 장르와 영역에 걸친 광범위한 독서가 도움이 된다. 이러한 독서를 통해 필요한 자료를 예화로 사용할 수 있다.

❼ **자서전** 사람은 사람에 관심이 있다. 자서전은 한 사람의 일대기를 기록한 것이다. 삶의 이야기 중에는 예화로 소개할 만한 이야기가 많다.

❽ **웹사이트, 예화집** 기독교 콘텐츠 개발을 전문으로 하는 곳에서 예화 모음 웹사이트를 만들고 설교 예화집도 출간한다. 우리나라는

설교자가 한 주간 많은 설교를 해야 하므로 이러한 정리된 자료가 도움이 된다. 적절히 창의적으로 사용하는 것이 목양에 도움이 된다. 그러나 예화는 자신의 언어로 바꾸어 사용하는 것이 좋다.

❾ **다른 설교자의 예화** 다른 설교자가 나눈 예화도 설교에 사용할 수 있다. 단지 설교자의 진정성을 유지하기 위해 "제가 어느 목사님의 설교에서 이러한 말씀을 들었습니다"라고 말한 후 예화를 사용하면 된다. 또 다른 설교자의 예화 중 유익하고 필요한 부분을 메모해 두면 차후 설교 준비에 도움이 된다.

❿ **백과사전** 설교자가 자신의 머릿속에 있는 지식으로만 가르치고 설교하는 데는 한계가 있고 정확성에도 문제가 생길 수 있다. 따라서 본인이 아는 주제라 할지라도 인터넷 백과사전 등을 자주 참조하면 더 풍성하고 정확한 예화가 될 수 있다.

⓫ **텔레비전 및 영화, 소셜미디어** 요즘 같은 영상 시대에는 많은 사람이 영상을 보며 시간을 보낸다. 이러한 시대의 흐름과 문화 가운데서 사람들과 소통하기 위해서는 영상을 예화로 사용하는 것이 좋다.

⓬ **신문 및 잡지, 정기간행물** 신문이나 잡지 같은 정기간행물은 최근 소식과 흐름을 잘 소개해 준다. 이러한 자료에도 예화가 될 만한 것이 많이 있다.

⓭ **인터넷 자료** 인터넷에서 많은 자료를 수집할 수 있다. 특히 영어자료가 풍성하다. 인터넷 자료를 사용할 때는 신뢰성 있는 자료인지 분별해서 참고할 필요가 있다.

좋은 예화 사용을 위한 습관

❶ **예화 수집** 평상시 예화를 부지런히 모은다. 좋은 예화가 있을

경우 모아 정리하는 습관을 들이는 것이 좋다.

❷ **개인 저널기록** 평상시 일기와 묵상글을 기록한다. 개인의 묵상과 일상의 경험을 기록하는 것은 매우 좋은 습관이다. 이러한 개인 자료는 차후 설교하는 데 큰 도움이 된다.

❸ **예화 관리** 평상시 예화를 잘 정리해 보관해야 한다. 자료를 모으는 것 못지않게 잘 정리해, 필요할 때마다 찾을 수 있게 하는 것이 중요하다. 예전에는 복사해서 파일로 정리하기도 했으나, 공간에 한계가 있으므로 여러 자료 정리 프로그램(Evernote, Onenote, Access Program)을 이용하면 필요 시 자료를 찾아볼 수 있다.

• 최상의 예화를 위한 발걸음 •

나의 예화를 위한 점검 사항

점검 항목	나의 예화는?
① 성경을 명확히 설명하는 데 도움이 되는가?(Clarity)	
② 본문의 감성을 반영하는가?(Text-Driven)	
③ 흥미를 유발하는가?(Interesting)	
④ 청중과 연결되는가?(Connection)	
⑤ 생생하게 묘사되는가?(Vividness)	
⑥ 청중과 감성 접촉을 만드는가?(Emotion)	

나의 예화 분석

□ 강점

-
-
-

□ 발전시켜야 할 부분

-
-
-

Chapter 7
선명한 메시지 표현법

설교자의 꿈틀거리는 표현과 박히는 말

권호

표현의 시작, 글쓰기

최상의 설교는 메시지를 영적으로 깊고 언어적으로 정교하게 표현해 성도의 마음에 남게 한다. 이런 영적이고 정교한 표현이 입을 열면 저절로 흘러나오는 것이 아니다. 탁월한 설교자의 입에서 나오는 모든 말은 훈련되고 준비된 결과다. 설교자의 준비됨과 성령의 역사는 결코 대립적 관계가 아니다. 오히려 설교자가 잘 준비되었을 때 성령께서 더 자유롭게 역사하신다. 또 설교자가 최선을 다했으나 부족한 부분이 있으면 성령께서 채우시는 상보적 관계다.

그러면 설교자가 메시지에 적합한 영적이면서 정교한 표현을 어떻게 잘 쓸 수 있을까? 연습이 필요한데, 가장 기초적이면서도 중요한 출발점이 글쓰기다. 물론 글쓰기 능력만 있다고 영적이고 정교한 표현의 설교문을 쓸 수 있는 것은 아니다. 탁월한 설교문은 설교자의 본문 주해 능력, 묵상의 깊이, 메시지 구성 능력 등 여러 요소로 만들어진다. 그런데 이런 요소를 영적이고 적합하게 표현하려면 결국 잘 훈련된 글쓰기 능력이 있어야 한다. 우리가 연구하고 묵상하고 준비한 모든 것을 강단에서 말하기 전에 설교문으로 써야 하기 때문이다.

설교와 관련된 것 외에도 글쓰기는 삶을 돌아보게 하여 설교자의 내면을 정화하고, 그 결과 영적으로 자라나게 한다. 또 글쓰기는 설교자에게 다른 사람과 소통할 수 있는 길도 열어준다. 설교자는 글을 통해 자신의 생각과 감정을 나누고 사람들의 반응을 살피면서, 어떤 주제를 어떻게 나누어야 할지 더 분명하게 알 수 있다. 이런 유익이 있기에 글쓰기 능력을 반드시 갖추어야 한다.

글쓰기의 시도와 핵심

최상의 설교를 위해 글쓰기가 중요하다는 점을 강조했다. 그러면 글쓰기를 어떻게 시작해야 할까? 몇 가지 중요한 핵심 방향과 방법을 살펴보자.

1. 두려워하지 말고 지금 시작하기

설교자 중에 글쓰기를 두려워하는 사람이 의외로 많다. 자신은 글쓰기를 훈련받은 적이 없고 글 쓰는 재능도 없다고 말한다. 괜찮다. 재능이 있는지 없는지를 속단해서는 안 된다. 그냥 기회가 있을 때마다 꾸준히 글을 쓰다 보면 실력이 는다. 실력이 조금 늘면 없던 재능이 생기고, 있는 재능은 더 놀랍게 발전한다. 지금 시작해도 늦지 않다. 기회가 있을 때마다 조금씩 쓰면 된다. 그래도 글쓰기가 부담되고 두려운 사람을 위해 얼마 전 내 SNS에 남긴 짧은 글을 나누어 본다.

찌질이 날다!

"야, 글쓰기 연습 좀 해라. 이게 뭐냐? 수준 떨어진다."
정말 글을 잘 쓰는 방송작가 출신 친누나가 대학생이던 저를 종종 놀렸던 기억이 납니다.
"……."
저는 아무 말도 못했습니다. 사실이었으니까요. 그 후 타고난 재능이 없는 저는 기회가 있을 때마다 부지런히 이런저런 글을 썼습니다. 힘들어도 조금씩 조금씩 꾸준히 글을 썼습니다. 얼마 전 이미 여러 편 써서 발표한 학위논문과 소논문 말고, 제가 지금까지 출판한 책을 살펴보았습니다. 단독저서 6권, 공저 6권, 지금까지 총 12권을 썼습니다. 앞으로 나올 책도 많이 있습니다. 요즘 글쓰기가 싫어서 뒹굴거리고 있는데, 오늘 기독교출판협회에서 '올해의 저자상'을 주겠다고 연락이 왔습니다.
"푸하하하."
믿기지 않아서 잘못 선정한 것이 아닌가 싶어 혼자 웃었습니다. 생각해 보니 꾀부리지 말고 더 열심히 하라는 하나님의 격려가 아닐까 하는 생각이 들었습니다. 당분간 글쓰기를 좀 쉬려고 했는데 웬일입니까? 그건 그렇고 이번 주에 저 구박한 누님에게 상 보여주고 밥이나 얻어먹어야겠습니다. 참고로 누님보다 제가 책 출판 더 많이 했습니다. 구박받는 찌질이도 언젠가 날 수 있습니다.

잠시 내 경험을 편하게 나누었다. 하고 싶은 말이 무엇인지 느껴지는가? 맞다. 절대 늦지 않았다는 것이다. 지금 시작하면 된다.

2. 말하듯 쓰기

"글이 생동감 있고 쉽게 읽히려면 말하듯 써야 한다." 설교의 대가이자 생동감 있는 글쓰기로 잘 알려진 해돈 로빈슨의 가르침이다. 대부분의 설교자가 가장 많이 쓰는 글이 설교문일 것이다. 설교문의 경우 자연스러운 구어체로 써야 설교할 때도 막히지 않고 자연스럽게 전달할 수 있다. 평소 모든 글을 말하듯 대화하듯 풀어서 쓰는 훈련을 해보라. 의외로 글이 쉽게 풀린다. 물론 메시지에서 중요한 신학 용어나 핵심 개념 등을 무조건 쉬운 용어나 대화 방식으로 바꾸라는 것은 아니다. 중요한 용어나 개념 등은 필요하면 그대로 사용하되, 나머지 부분은 최대한 쉽고 자연스러운 방식으로 글을 써야 한다. 이런 방식으로 깊은 내용을 쉽게 전달하는 능력을 키우는 것이 중요하다.

3. 문장 짧게 쓰기

문장을 짧게 써야 명확하고 속도감 있는 글이 된다. 글에 군더더기가 없어야 한다. 문장을 길게 쓰는 사람은 말도 길게 하는 경향이 있다. 내용의 핵심을 잡아 문장을 간결하게 쓰는 연습이 필요하다. 아래 문장을 읽고 어떤 느낌이 드는지 보라.

하나님의 사랑은 우리를 위해 당신의 아들을 이 땅에 보내시고 십자가의 죽음으로 구원을 얻게 하신 것으로 신비롭게 표현된다.

이 문장이 무엇을 말하는지는 알겠다. 그러나 글이 길다 보니 내용도 희미해지고 문장의 속도감도 느껴지지 않는다. 설교문을 이런 식으로 쓰면 청중은 설교자의 메시지를 잘 이해하지 못한다. 이제 위의 문장을 짧게 잘라서 써보자.

하나님이 당신의 아들을 이 땅에 보내셨다. 십자가에서 죽게 하셨다. 그가 죽어 우리가 생명을 얻었다. 이것이 하나님 사랑의 신비로운 표현이다.

문장을 짧게 잘라만 써도 글의 속도감이 느껴진다. 내용도 명확해진다. 무엇을 강조하고 싶은지 분명해진다. 설교문을 이런 방식으로 쓰면 메시지가 명확해진다. 그리고 내용 전달의 속도감이 붙어 청중이 집중한다. 자신의 글이 너무 길지 않은지 살펴보고 짧게 잘라 쓰는 연습을 해야 한다.

4. 형용사는 과감히 빼기

말할 때도 글을 쓸 때도 너무 많은 형용사를 쓰면 글의 수준이 오히려 떨어진다. 과도한 형용사 사용은 끓어 넘치는 음식과 같다. 애티쿠스(Atticus)의 말대로 형용사를 빼고 사실(facts)만 전달하는 글을 써보는 것은 중요한 글쓰기 연습이다.[58] 물론 말과 글의 맛을 살리기 위해 때로 적절하게 형용사를 사용해야 한다. 그러나 과도한 사용은 좋지 않다. 먼저 형용사를 빼고 글을 쓴 후 꼭 필요한 형용사를 붙이면 된다. 아래의 글을 읽어보자.

나는 그가 너무도 앞뒤가 다르게 행동하는 것이 매우 싫다. 사람들 앞에서 그는 아주 화려하고 멋있게 온갖 것으로 치장해 그럴듯하고 좋은 의도를 가진 것처럼 말한다. 그러나 뒤에서는 거짓되고 진실하지 못한 나쁜 행동을 할 때가 너무 많아서 나를 화나게 한다.

이 문장에는 형용사가 지나치게 많이 사용되었다. 이런 글을 수정하려면 불필요한 형용사를 빼는 연습부터 해야 한다. 형용사만 줄여도 글이 깔끔해지기 때문이다. 아래의 글을 위의 글과 비교하며 읽어보자.

그의 앞뒤 다른 행동이 싫다. 그의 말은 화려하고 좋은 의도를 가진 것처럼 들린다. 그러나 결국 나쁜 행동을 한다. 그래서 나는 화가 난다.

일반 글뿐 아니라 설교문을 쓸 때도 형용사를 너무 많이 사용하지 않도록 주의해야 한다. 꼭 필요할 때만 적절한 형용사를 사용해 글이 넘치지 않도록 해야 한다.

5. 능동태로 글쓰기

신학생이나 목회자들의 설교문을 보면 수동태 문장이 많다. 그러다 보니 설교할 때도 수동태 표현을 쓴다. 결국 말의 힘이 떨어지고 내용 전달의 속도감도 떨어져 메시지가 부자연스럽게 들린다. 실제로 설교자들이 사용하는 잘못된 수동태 표현을 살펴보고, 어떻게 능동태로 바꿀 수 있는지 확인해 보자.

이 말씀은 우리에게 은혜가 되는 것입니다.
➡ 이 말씀은 우리에게 은혜가 됩니다.

우리가 하나님께 사랑받은 바 되어 진리의 길을 가게 됩니다.
➡ 하나님이 우리를 사랑하셔서 진리의 길을 가게 하십니다.

말과 글에 수동태와 능동태 중 무엇을 많이 사용하는지 살펴보라. 말과 글을 능동태로 바꿀 때 힘과 속도감이 붙는 것을 경험할 것이다.

6. 재미있고 의미 있는 글쓰기

글에는 재미와 의미가 함께 있어야 한다. 의미가 있으나 재미가 없는 글은 안 읽힌다. 반면, 재미가 있으나 의미가 없는 글은 머리와 마음에 남지 않는다. 목회 현장에서 느낀 것을 짧게 쓴 글을 예시로 살펴보자.

주일예배 설교를 하는데 한 성도가 존다. 아무리 째려보고 목소리를 높여도 꾸벅꾸벅 존다. 분하다. 일주일 내내 설교를 준비했다. 그런데 나타난 반응이 성도의 졸음이라니…. 성도가 많은데 왜 꼭 조는 성도가 눈에 걸릴까. 예배 마치고 성도와 인사를 나눈다. 드디어 졸았던 성도가 나온다. 은근히 뒤끝 드러내며 내가 슬쩍 그 성도를 놀린다.

"요즘 많이 피곤하신가 봐요?"

그 성도 얼굴이 빨개진다. 그리고 고개를 숙이며 말한다.

"오늘 새벽 4시까지 야간작업을 했습니다. 잠깐 자고 목사님 말씀 들으러 나왔습니다. 제가 목사님 말씀 좋아하거든요."

이번엔 내 얼굴이 빨개진다. 나는 얼른 주머니에 있는 비타민을 꺼내 건넨다.

"집사님, 힘내세요!"

돌아가는 그를 보며 나는 다시 다짐한다. 나는 설교자의 길을 쉼 없이 가리라!

7. 짧고 깊게 함축하는 연습하기

일반적인 글쓰기 혹은 설교문 쓰기를 연습할 때 산문을 많이 사용해야 한다. 논리적이고 간결하게 글을 쓸 수 있으면 어느 정도 글쓰기의 기초를 갖춘 것이다. 이제 한 걸음 더 나아가서 시적 표현(poetic expression)을 연습해 보자. 시적 표현이란 어떤 사실이나 사상을 언어적 아름다움을 통해 짧고 깊게 함축해서 표현하는 것이다. 한 예로 설교자가 "기도하면서 하나님의 음성을 듣는 것이 중요하다"는 요지의 글을 쓴다고 가정해 보자. 두 가지 선택이 있다. 먼저 가장 쉬운 방법은 산문으로 담백하게 글을 쓰는 것이다. 또 다른 방법은 짧고 깊은 시적 표현으로 글을 쓰는 것이다. 아래의 예를 살펴보자.

영혼을 울리는 설교는 기술이 아니라
기도로 태어납니다.

설교자는 사람 앞에 말하는 자이기 전에
하나님 앞에 듣는 자가 되어야 합니다.

이것이 오늘도 우리가 말씀을 펴고
무릎 꿇어 기도해야 할 이유입니다.

이제 짧고 깊은 함축적 문장을 쓰는 연습을 해보자. "사람의 반응에 민감해지지 말고 하나님을 바라보자"는 주제로 글을 써보자. 아래의 예를 참고해 네 문장 혹은 여섯 문장 정도의 짧은 글을 쓰면 된다.

사람들이 여러분을 칭찬할 때 너무 좋아하지 마세요.
여러분을 잘 모르고 한 칭찬일 때가 많습니다.

사람들이 여러분을 비난할 때 너무 낙심하지 마세요.
여러분을 잘 모르고 한 비난일 때가 많습니다.

사람들의 반응에 너무 민감해지지 마세요.
여러분을 완전히 아시는 분은 하나님밖에 없습니다.
"여호와여 주께서 … 나를 아시나이다"(시 139:1)

짧으면서도 깊은 함축적 글을 쓰는 것은 쉽지 않다. 상당 기간 산문 중심의 글쓰기를 연습한 후 다음 단계로 연습해야 할 높은 목표다. 그러나 두려워할 필요는 없다. 산문으로 글을 쓰다가 가장 핵심되는 내용 또는 강조하고 싶은 내용을 시적 표현으로 연습하면 된다. 곧 살펴보겠지만, 시적 표현력을 키우면 설교에서 '기억시키는 문장'(MS)과 '영적 문장'(SS)을 잘 사용할 수 있다.

8. 글쓰기를 위한 책 보기

글쓰기 실력을 키우기 위해서는 관련된 여러 책을 읽어야 한다. 먼저 해야 할 일은, 자신이 배우고 따라하고 싶은 글 실력을 가진 대가의 책을 몇 권 선정해 반복적으로 읽고 글쓰기 스타일을 익히는 것이다. 내 경우 젊은 시절 김훈 작가의 『칼의 노래』를 통해 역사적 사건을 어떻게 생생하고 속도감 있게 쓸 수 있는지를 익혔다. 다양한 분야의 책을 읽으면서 자신에게 맞는 책을 찾고 읽고 배우면 글 쓰는 실력이 자연스럽게 는다.

글쓰기 실력을 키우는 또 하나의 방법은 글쓰기에 관한 책을 보는 것이다. 내 경우 이외수 작가의 『글쓰기의 공중부양』을 통해 글을 재미있고 선명하게 쓰는 법을 익혔다. 최근 글쓰기의 여러 기법을 알려주는 좋은 책이 많이 출판되고 있다. 몇 권을 정독하면서 꾸준히 연습하면 글쓰기 기법을 습득할 수 있다. 이외에도 박태하의 『책 쓰자면 맞춤법』 등의 맞춤법, 어법에 관한 책도 바른 글쓰기에 많은 도움을 준다.

내가 모셨던 설교의 대가 한 분께서 어느 날 내게 하신 말이 생각난다. "바른 말, 정확한 표현, 세밀하고 깊은 표현이 쉽지 않아. 젊었을 때 국어 공부, 문장 공부를 좀 부지런히 해둘걸…." 대가들도 늘 책을 보며 배운다. 평범한 우리는 말할 필요도 없다.

9. 엉덩이로 쓰고 입으로 다듬기

엉덩이로 글을 쓴다고 하니 이상하게 들린다. 진득하게 앉아서 꾸준히 글을 써야 한다고 강조하고 싶어서 사용한 표현이다. 하루에 한 줄이라도 계속 글을 쓰면 신기하게 글 실력이 조금씩 는다. 노트에 적어도 좋고 핸드폰이나 각종 전자기기에 써도 좋다. 그냥 잠시 앉아서 한 줄이라도 쓰면 된다. 엉덩이에서 나오는 글의 발전 속도는 의외로 빠르다. 글을 썼으면 교정을 해야 한다. 이때 눈으로만 보지 말고 소리 내어 읽어야 한다. 읽으면 맞춤법이 틀린 부분, 어법에 맞지 않는 부분을 쉽게 찾아낼 수 있다. 글의 모든 부분을 입으로 읽어서 수정할 수 없다면 글의 주요 부분 혹은 문장이 길거나 헷갈리는 부분을 읽어도 된다. 신기하게 눈으로 수정할 때 발견하지 못했던 수정의 감각이 확 올라오는 것을 경험할 수 있다.

10. 글쓰기 도움이 찾기

마지막으로 자신이 쓴 글을 읽고 수정해 줄 사람을 찾아야 한다. 자신이 쓴 글의 오타나 미숙한 어법을 직접 찾는 것은 쉽지 않다. 수정하려 해도 읽으면서 슥 지나가버리는 경우가 많다. 자신이 쓴 글이라 익숙해서 그렇다. 그러나 다른 사람이 보면 틀린 부분이 잘 보이고, 미숙한 문장도 잘 발견한다. 물론 글쓰기 도움이는 본인보다 글쓰기에 대해 잘 아는 사람이어야 한다. 중요한 글이나 책을 쓸 때 글쓰기 도움이가 있으면 큰 힘이 된다. 나도 그런 도움이를 곁에 두고 글을 수정하고 글쓰기에 대해 계속 배운다. 동역자끼리 서로 글을 봐주거나, 글쓰기에 재능이 있는 사람에게 도와달라고 요청해 보는 것도 좋은 방법이다. 겸손하게 부탁하면 글쓰기를 도와줄 사람이 의외로 많다.

글쓰기의 땀이 메시지의 열매로

글쓰기를 어느 정도 연습했다면 이제 그것을 설교의 생생한 표현으로 바꾸는 노력을 해야 한다. 가장 먼저 시도할 것이 '기억시키는 문장'(MS: memorable sentence, 이하 MS)을 사용하는 것이다. MS를 어느 정도 연습했다면 더 높은 수준의 '영적 문장'(SS: spiritual sentence, 이하 SS)을 사용할 수 있다. 이제 MS와 SS가 무엇이고, 어떻게 최상의 설교를 위해 사용해야 하는지 살펴보자. 그 전에 이 두 문장의 중요성을 미리 말해 보면, 기억시키는 문장은 마음에 기억을 남기고, 영적 문장은 마음에 깨달음을 남긴다.

기억시키는 문장 사용하기

설교학자들은 설교의 중요한 메시지를 청중이 잘 기억하도록 설교자가 기억시키는 문장을 사용하라고 조언한다.[59] 기억시키는 문장은 본문의 내용을 분석해 머리에 쉽게 남는 표현으로 만드는 것이다. 보통 기업이 이런 MS를 통해 자신의 회사나 상품을 홍보한다. 예를 들어보자. 1월말 전철에서 우연히 본 학원광고가 아직도 생각난다.

위대한 결심, 부실한 뚝심, 우리의 진심!

나의 위대한 결심이 뚝심 없이 무너질 때, 진심의 가르침으로 세
웁니다.

_ ○○ 아카데미

위 문장을 보면 전달하고자 하는 내용이 세 개의 '심'으로 끝난다(결심, 뚝심, 진심). 각 심 앞의 수식어가 세 글자다(위대한, 부실한, 우리의). 이렇게 정교한 표현이 기억에 남는다. 이런 언어적 정교함으로 만든 MS를 사용해 설교의 주요 대지 혹은 메시지의 핵심을 전달하면 청중이 메시지를 쉽게 기억한다. 아래의 본문으로 MS를 사용해 대지를 만들어보자.[60]

에훗 후에는 아낫의 아들 삼갈이 있어 소 모는 막대기로 블레셋 사람 육백 명을 죽였고 그도 이스라엘을 구원하였더라(삿 3:31)

어떻게 대지를 잡을 수 있을까? 설교문을 통해 본문의 내용에 충실하고 기억하기 쉬운 MS를 사용해 두 개의 대지 잡는 것을 확인해보자.

서론

오늘 본문이 딱 한 절입니다. 본문이 너무 짧으니 듣는 사람뿐 아니라 말씀을 전해야 하는 설교자도 당황스럽습니다. 삼갈은 사사기에 등장하는 여섯 명의 소사사(삼갈, 돌라, 야일, 입산, 엘론, 압돈) 중 첫 인물입니다. 소사사의 첫 인물 삼갈, 단 한 절로 기록된 그

를 통해 우리는 어떤 영적 진리를 발견할 수 있을까요?

MS를 사용한 대지 1
첫째, 하나님은 종종 우리가 예상치 못한 인물을 쓰신다.

삼갈이라는 이름은 고대 근동 문서 중 누지문서(Nuzi Tablets)에서 발견되는데, 당시 가나안 지역에서 활동하던 후리아 사람(Hurrian)의 이름이었습니다. 놀랍게도 삼갈은 이방인입니다. 삼갈을 이방인으로 보는 결정적인 이유가 또 있습니다. 본문에 그는 '아낫의 아들'이라고 되어 있습니다. 히브리어 '벤 아낫'을 번역한 것입니다. 아낫(Anath)은 사람 이름이 아닙니다. 아낫은 가나안 신화에 등장하는 전쟁의 여신입니다. 삼갈이 이방여신 아낫의 아들로 불린 것을 보니, 과거 아낫을 섬겼던 이방인 집안 출신인 것 같습니다. 놀랍습니다. 이방인, 그것도 이방신을 섬겼던 이방인 집안에서 사사가 나온 것입니다. 우리는 여기서 중요한 사실 하나를 깨닫습니다. 하나님은 준비된 사람도 쓰시지만, 우리가 전혀 예상치 못한 사람도 쓰십니다. 이방여신을 섬겼던 이방 집안 출신의 삼갈을 생각해 보십시오. 우리의 부족하고 부끄러운 과거에 매여 나는 사용받지 못할 것이라고 단정해서는 안 됩니다. 그 누구든 살아계신 하나님을 만날 때, 과거의 부족과 한계를 극복할 수 있습니다. 그분의 일꾼으로 부름받고 쓰임받을 수 있습니다. 우리 또한 누구도 예상치 못했으나 하나님께 쓰임받는 바로 그 사람이 될 수 있습니다. … 〈중략〉

MS를 사용한 대지 2
둘째, 하나님은 종종 우리가 예상치 못한 도구를 쓰신다.

삼갈에 대해 살펴보면서, 또 우리를 놀라게 하는 것이 있습니다. 바로 그가 적과 싸운 무기입니다. 삼갈은 블레셋 사람 600명을 죽였는데, 그때 사용한 무기가 소 모는 막대기였습니다. 당시에 발견된 유물이나 자료를 보면, 소 모는 막대기는 둘레가 1.5cm, 길이가 2.4m정도 되는 단단한 막대기였던 것 같습니다. 그 끝에는 소들을 자극하여 전진하거나 방향을 돌리게 하는 뾰족한 금속 조각을 달아놓기도 했습니다. 삼갈이 이런 막대기로 당시 창, 둥근 방패, 길고 넓은 칼, 삼각 단검으로 무장하고, 잔혹하기로 유명했던 블레셋 사람들을 이길 수 있었다니 놀랍습니다. 삼갈의 소 모는 막대기는 블레셋 사람의 무기에 비하면 매우 보잘것없는 것이었습니다. 그러나 하나님이 그를 도와주셨습니다. 삼갈이 소 모는 막대기를 잡았을 때 그것은 단지 소를 모는 막대기였습니다. 그러나 하나님께서 그의 소 모는 막대기를 잡았을 때 그것은 블레셋을 이기는 강력한 무기가 되었습니다. 그렇습니다. 내가 가진 도구가 무엇인가보다, 내가 가진 도구를 누가 잡느냐가 더 중요합니다. 내가 잡으면 그저 인간의 도구에 불과하지만, 하나님이 잡으시면 기적의 도구가 됩니다. … 〈중략〉

영적 문장 사용하기

기억시키는 문장 사용하는 것을 어느 정도 연습했다면, 한 단계 높은 표현을 시도해야 한다. 바로 영적 문장의 사용이다. 영적 문장은 본문의 주요 내용과 가르침을 짧은 영적 통찰로 압축시킨 문장이다. SS를 사용하면 기억뿐 아니라 청중의 마음에 영적 깨달음을 남길 수 있다. 이런 영적 문장을 만들기 위해서는 문화적 언어적 문학적인 노력도 필요하지만, 더 근본적으로는 지속적인 본문 묵상과 기도가 필요하다. 청중의 마음을 울리는 깊은 영적 문장은 주로 설교자의 끊임없는 영적 활동으로 만들어지기 때문이다.

이제 앞의 본문 사사기 3장 31절의 마지막 세 번째 대지를 어떻게 SS로 만들었는지 살펴보자. 처음 설교를 작성할 때는 마지막 대지도 MS로 다음과 같이 작성했다.

> 대지 1 하나님은 종종 우리가 예상치 못한 인물을 쓰신다.
> → MS 사용
> ＼ 즉, 이방인을 사사로 부르신다.
>
> 대지 2 하나님은 종종 우리가 예상치 못한 도구를 쓰신다.
> → MS 사용
> ＼ 즉, 소모는 막대기로 블레셋을 이기게 하신다.
>
> 대지 3 하나님은 종종 우리가 예상치 못한 결과를 주신다.
> → MS 사용
> ＼ 즉, 막대기 하나를 들고 나간 삼갈이 패배할 것 같으나 승리하게 하신다.

이렇게 세 개의 대지를 잡고 설교문을 완성한 후 지속적으로 묵상하며 기도하니 뭔가 다른 깨달음이 왔다. 얼마 후 새벽에 기도하는 데 어느 순간 마지막 대지를 어떻게 잡아야 하는지 깨달음이 온 것이다. 앞의 대지를 포괄하면서도 뭔가 결론적인 영적 임팩트가 있게 마지막 대지를 잡고 싶었다. 이후 SS를 통해 설교의 대지를 다음과 같이 구성했다.

대지 1 하나님은 종종 우리가 예상치 못한 인물을 쓰신다.
　　　→ MS 사용
대지 2 하나님은 종종 우리가 예상치 못한 도구를 쓰신다.
　　　→ MS 사용
대지 3 하나님은 종종 우리가 예상치 못한 결과를 주신다.
　　　→ 수정
　　　하나님 앞에 조연은 없다.
　　　→ SS 사용

이제 아래 설교문의 실례를 통해, SS를 사용해 마지막 대지를 어떻게 잡았는지 살펴보자. 동시에 결론에서 어떻게 SS를 사용해 메시지의 전체 핵심을 요약하고 설교를 마무리하는지도 확인해 보자.

SS를 사용한 대지 3
셋째, 하나님 앞에 조연은 없다.

마지막으로 삼갈의 이야기는 우리에게 하나님 앞에 조연은 없다는 사실을 깨닫게 합니다. 삼갈, 한 줄로 표현된 인생. 그러나 그는 하나님께 귀하게 쓰임받은 사람이었습니다. 어쩌면 사사기에서 대사사가 아니고 소사사이기에 '주연'이 아닌 '조연'처럼 보입니다. 그러나 삼갈의 이야기는 어떤 사람이든 하나님의 일꾼이 될 수 있다는 희망을 줍니다. 삼갈이 승리를 거둔 후 이스라엘이 몇 년간 평화로웠는지 본문에 기록되어 있지 않습니다. 그러나 분명 삼갈은 이스라엘을 블레셋의 압제에서 구원했습니다. 본문에서는 이 사실을 "그도"라는 말로 강조했습니다. "그도 이스라엘을 구원하였더라." 이 정도면 되는 것 아닙니까. 비록 사사기의 주인공 대사사는 아니지만, 단 한 줄로 요약되었지만, 이 정도면 되지 않겠습니까. 내가 대사사인지 소사사인지는 중요하지 않습니다. 큰 일꾼이면 어떻고 작은 일꾼이면 어떻습니까. 하나님께서 쓰시는 도구면 되는 것 아닙니까. 하나님 앞에 조연은 없습니다. 세상에서는 어떤지 모르지만 하나님 앞에, 그분의 눈에 우리는 모두 소중한 주연입니다.

결론: SS 밑줄로 표시

삼갈이 막대기 하나를 잡고 싸움에 나갔습니다. 사실 삼갈이 막대기를 잡은 것이 아니라, 막대기같이 보잘것없는 삼갈을 하나님이 잡으셨습니다. 그 결과는 승리였습니다. 여기 내 인생이 막대기같이 보잘것없다고 절망하는 분이 있다면, 삼갈을 잡으신 하나님이 오늘 여러분을 잡아주시기를 기대하며 기도하십시오. 우리도 승리할 것입니다. 그렇게 우리 모두 하나님께 붙잡혀 주연으로 쓰임받는 멋진 인생이 되시길 바랍니다.

MS, SS 연습해 보기

MS와 SS가 무엇이고, 어떻게 그것을 사용할 수 있는지 실례를 통해 살펴보았다. 이제 출애굽기 13장 17-22절 본문으로 SS 만들기를 실습해 보자.[61] 먼저 본문 내용을 몇 개로 나누어보면 다음과 같다.

① 이스라엘을 블레셋 길이 아닌 광야의 길로 인도하시는 하나님 (17-18절)
② 요셉의 유골을 가지고 행진함(19절)
③ 숙곳을 떠나 에담에 장막을 침(20절)
④ 구름 기둥과 불 기둥이 인도함(21-22절)

이제 이 내용을 SS로 표현해 보자. 지속적으로 본문을 묵상하고 기도하면서 본문에 충실한 함축적이고 영적 통찰을 담은 문장으로 작성하면 된다. 한번에 작성할 수도 있지만 시간이 필요한 경우가 더 많다. 계속 기도하고 본문을 묵상하면서 가장 적합한 영적 문장을 찾으면 된다. 위의 내용을 SS로 표현한 예는 다음과 같다.

SS 만들기: 출애굽기 13장 17-22절

① 이스라엘을 블레셋 길이 아닌 광야의 길로 인도하시는 하나님 (17-18절)
  SS: 약속 주신 하나님은 광야도 주신다.
② 요셉의 유골을 가지고 행진함(19절)
  SS: 하나님의 약속은 죽음을 넘어 행진한다.

③ 숙곳을 떠나 에담에 장막을 침(20절)

　　SS: 광야의 삶에도 쉼은 있다.

④ 구름 기둥과 불 기둥이 인도함(21-22절)

　　SS: 하나님의 그늘과 그분의 따뜻함을 광야에서 배운다.

앞에서 언급한 것처럼 주요 대지뿐 아니라 설교의 핵심 메시지, 설교의 서론과 결론에서도 SS를 사용할 수 있다. 얼마나 자주, 어디서 SS를 사용할지 결정하는 것은 설교자의 판단에 달려 있다. 한편 설교자가 SS를 사용했을 때, 그것이 청중의 마음을 움직이고 그들에게 깨달음을 준다는 것을 어떻게 알 수 있을까? 다음과 같은 몇 가지 청중의 모습으로 알 수 있다. 펜을 들고 적는다. 고개를 끄덕인다. "아멘"이라고 말한다. 웃는다. 눈물을 흘린다. 이런 모습이 나타날 때, SS가 그들의 마음을 움직이며 깨달음을 주고 있는 것이다.

훈련! 일정기간 완전원고를 쓰라

설교문의 종류는 크게 세 가지, 즉 개요원고, 완전원고, 부분원고로 나눈다. 이중 완전원고(full manuscript)는 설교할 모든 내용을 빠짐없이 쓴 것이다. 설교자가 완전원고를 사용할 경우 먼저 설교의 내용을 잘 구성했다면 논리적 비약 없이 안정적인 설교전달을 할 수 있다.[62] 또 완전한 문장으로 원고를 썼기 때문에 표현의 실수를 줄일 수 있고, 원고분량을 보고 정확한 설교시간을 예측할 수 있다. 약간만 수정하면 차후 주보 글이나 책으로도 출판이 가능한 이점이 있다. 설교를 처음 배우는 신학생이나 자신의 설교를 발전시키기 원하는 목회자라면 논리성과 MS 및 SS를 사용해 완전원고를 작성하는 것이 좋다. 완전원고를 작성할 경우 상당한 시간이 걸리지만, 논리적 균형과 MS와 SS를 사용한 최상의 설교문 작성을 훈련할 수 있다.

Part 4

최 상 의   상 상 력 과   적 용 력

"상상의 힘에 놀라고
구체적 적용을 따르는 길"

Chapter 8
상상력이 있는 설교

신학적 상상력이 메시지의 풍성함이 되게 하라

권호

신학적 상상력의 힘

설교에서 건강한 신학적 상상력은 매우 중요하다.[63] 건강한 상상력이란 본문의 테두리 안에서 본문과 청중을 연결하기 위한 상상력을 말한다. 상상력은 본문을 파악할 때 설교자가 본문에 몰입하게 한다. 또 설교를 작성할 때 창의적인 구성을 가능하게 한다.[64] 이렇게 본문 연구와 설교 작성에서 발휘된 상상력은 청중의 머리에 메시지를 그림처럼 펼쳐주고 가슴에 지속되는 울림을 준다. 이런 중요성을 인식하면서 리랜드 라이켄(Leland Ryken)은, 상상력이 "새로운 것을 창조해 익숙한 것을 신선한 방식으로 새롭게 보고 느낄 수 있게 하고, 전통적 진리를 새롭게 표현하며, 인생에 새롭게 적용할 수 있게 한다"고 했다.[65] 상상력이 담긴 설교와 글로 유명한 설교자 워렌 위어스비(Warren W. Wiersbe)에 따르면, 설교자의 능력은 단순한 말에 있지 않고 메시지를 보여주는 데 있다.[66] 설교자가 단순한 말이 아닌 상상력을 통해 본문을 청중의 머리와 마음에 생생하게 그려줘야 함을 강조하는 것이다.

사실 성경 자체가 거룩한 상상력이 가득한 하나님의 말씀이다. 각종 비유와 반전 그것을 가능하게 하는 감성 및 언어적 유희, 풍성한 이미지가 성경에 넘쳐난다. 상상력은 설교자가 그 보물을 자신의 것으로 만들게 한다. 상상력은 창의성과 신선함으로 그 보물을 빛나는 메시지로 만들어 청중에게 전할 수 있게 한다.

No! 본문을 벗어난 과도함

다시 한번 강조하면 건강하고 풍성한 상상력은 본문 안에 머물 때 가능하다. 본문을 벗어나 아무 기준 없이 과도하게 상상력을 발휘하면 메시지가 방향을 잃게 된다. 또 설교자가 본문을 벗어나 과도한 상상력으로 메시지를 만들면, 청중은 그것이 진짜 본문의 의미인지 고개를 갸우뚱하게 된다. 상상력의 과도함 때문에 의아함이 드는 설교의 실례를 보자.[67] 내용을 쉽게 파악하기 위해 설교문과 그 내용에 해당하는 성경 본문을 함께 두었다.

설교문

더운 날이었습니다. 파리들이 땀으로 젖은 그의 옷 주변을 윙윙거리며 성가시게 날아다녔습니다. … 모압 왕 발락은 주술사 중에 가장 뛰어나다고 알려진 발람을 통해 이스라엘을 저주하려 했습니다. 발람은 슬그머니 웃었습니다. 주술에 자신이 있었기 때문입니다. 그는 한밤중에 홍해에서 개구리를 잡아 몸을 갈라 얻은 내장으로 누가 다음 백 년 동안 이집트를 다스릴지 예언할 수 있었습니다. 앞으로 벌어질 일도 예언할 수 있었습니다. 이미 나일강 삼각주에 있는 탑이 붕괴될 것을 예언했습니다. 죽음의 와디에서 죽은 까마귀의 깃털을 태워 네게브 지방에 재앙이 된 가뭄도 예언했습니다. 그는 최고의 주술사였기에 이스라엘을 저주한 대가로 많은 돈을 왕에게 받을 수 있었습니다. … 〈중략〉

해당 본문: 민수기 22장 5-6절

⁵그가 사신을 브올의 아들 발람의 고향인 강 가 브돌에 보내어 발람을 부르게 하여 이르되 보라 한 민족이 애굽에서 나왔는데 그들이 지면에 덮여서 우리 맞은편에 거주하였고 ⁶우리보다 강하니 청하건대 와서 나를 위하여 이 백성을 저주하라 내가 혹 그들을 쳐서 이겨 이 땅에서 몰아내리라 그대가 복을 비는 자는 복을 받고 저주하는 자는 저주를 받을 줄 내가 앎이니라

위의 본문을 보면 모압 왕 발락이 주술사 발람에게 이스라엘을 저주하도록 부탁한 것은 맞다. 발람의 주술행위에 비상한 효력이 있는 것도 맞다. 그러나 설교의 나머지 부분, 개구리 내장과 까마귀의 깃털로 예언하는 내용은 본문에 등장하지 않는다. 과도한 상상력으로 만들어낸 내용이다. 재미있을지는 모르지만 발락과 발람 이야기를 아는 사람이라면 이런 내용이 본문에 없기 때문에 이상하게 들릴 것이다. 이번에는 발람과 나귀의 대화 장면에 대한 설교 부분을 살펴보자.

설교문

나귀는 발람에게 말했습니다. "도대체 왜 이래요 발람? 내가 당신에게 뭘 했기에 나를 세 번이나 때립니까?" 발람은 얼굴을 붉히며 분에 차서 말했습니다. "너는 나를 바보로 만들었어. 만약 내 손에 칼이 있었다면 넌 끝장났을 거야." … 〈중략〉 천사가 사라졌습니다. 발람은 나귀에게 각설탕 하나를 주었습니다. 그러나 나귀는 움직이지 않았습니다. "왜, 충분하지 않냐?" 발람이 물었습니다. "두 개 줘." 나귀가 말했습니다. "그럼 생각해 볼게." 이것이 나귀의 마지막 말이었습니다. … 〈후략〉

해당 본문: 민수기 22장 26-29, 35절

26여호와의 사자가 더 나아가서 좌우로 피할 데 없는 좁은 곳에 선지라 27나귀가 여호와의 사자를 보고 발람 밑에 엎드리니 발람이 노하여 자기 지팡이로 나귀를 때리는지라 28여호와께서 나귀 입을 여시니 발람에게 이르되 내가 당신에게 무엇을 하였기에 나를 이같이 세 번을 때리느냐 29발람이 나귀에게 말하되 네가 나를 거역하기 때문이니 내 손에 칼이 있었더면 곧 너를 죽였으리라 … 35여호와의 사자가 발람에게 이르되 그 사람들과 함께 가라 내가 네게 이르는 말만 말할지니라 발람이 발락의 고관들과 함께 가니라

위의 설교문을 보면 발람과 나귀의 대화 전반부는 상상력이 본문을 벗어나지 않으면서 자연스럽게 흘러가는 것을 볼 수 있다. 문제는 천사가 사라진 이후 벌어지는 대화 부분이다. 본문에는 천사가

사라진 후에 나귀와의 대화가 나오지 않는다. 그저 발람은 천사의 말대로 자신을 찾아온 신하들을 따라 발락에게 간다. 그러나 위의 설교자는 상상력을 발휘해 발람이 나귀를 각설탕으로 달래면서 길을 가게 만드는 대화를 만들었다. 흥미롭지만 본문에는 없다. 이런 본문을 벗어난 상상력의 발휘는 설교를 과장되거나 가볍게 만들 수 있다.

Yes! 빛나는 신학적 상상력

이제 어떻게 설교자가 신학적으로 건강한 상상력을 발휘할 수 있는지 살펴보자. 먼저 본문을 읽고 묵상하면서 최대한 상상력을 사용해 내용을 파악한다. 다른 책을 보기 전 자신의 상상력을 통해 본문을 깊이 들여다보는 것이 중요하다. 그 후 자신이 파악한 내용이 신학적 근거가 있는지 주석을 통해 확인한다. 모든 주석이 자신의 생각을 지지하지 않아도 좋다. 신학자들도 어떤 본문에 대해 일치된 해석과 관점을 갖지 못할 때가 많다. 하나 혹은 두 개의 주석에서 자신의 이해가 올바르다는 근거를 찾았다면 메시지 구성에 필요한 내용을 발견한 것이다. 안심하고 사용하면 된다. 적절한 신학적 상상력이 사용된 설교의 실례를 살펴보자. 이 예는 출애굽기 2장에 등장하는 '테바'(hb'Te)라는 단어 연구를 통해 요게벳의 행동에 대한 신앙적 의미를 찾는 시도다.[68]

나일강에 사랑하는 아이를 흘려보내야 할 운명 앞에서 요게벳은 무슨 생각을 했을까요? 이 절망적인 순간에 본문에서 눈에 띄는 것이 있습니다. 3절에서 요게벳이 아이를 담은 것이 '상자'라고 했는데, 히브리어 원문에는 '테바'라는 단어를 사용했습니다. 이 단어는 오늘 본문과 노아이야기에만 등장하는 단어입니다. 이 단어는 노아이야기에서 '방주'로 번역됩니다. 이런 점을 볼 때 이 단어는 단순히 상자를 나타내는 것이 아닙니다. 노아이야기와 연결되어 '하나님의 보호하심'을 나타내는 상징적인 단어입니다. 실제로 요게벳은 노아가 역청을 바르듯 갈대 상자에 역청을 바릅니다(창 6:14).

이 단어와 요게벳의 행동을 통해 우리는 그녀의 믿음을 봅니다. 요게벳은 지금 사랑하는 아이를 더는 지킬 수 없어 그저 강에 흘려보내야 합니다. 그러나 단순히 상황에 밀려 아이를 나일강에 흘려보내길 원치 않습니다. 오히려 믿음으로 아이를 하나님께 흘려보내길 원합니다. 그렇게 아이를 하나님께 흘려보낼 때, 노아의 가족을 지켜주셨듯 하나님이 아이의 운명을 지켜주실 것을 믿습니다.

본문에는 요게벳이 자신의 아들을 믿음으로 하나님께 맡겼다는 내용이 없다. 그러나 종종 구약학자들은 '테바'라는 단어를 통해 그녀의 행동 속에서 믿음의 요소를 찾으려 한다. 성경에는 이런 신학적 상상력을 통해 통찰력 있는 메시지를 얻을 수 있는 본문이 넘쳐난다. 설교자가 건강한 상상력을 기반으로 한 성실한 본문 연구와 신학적 통찰력이 깃든 메시지를 전할 때, 청중은 예상치 못한 기쁨과 새로운 깨달음을 얻는다.

부드러운 상상력 제시

본문의 이야기를 묵상하고 연구하다 보면 등장인물의 감정 혹은 벌어진 사건 속에 나타나는 특정한 정황이 느껴질 때가 있다. 그런데 본문에는 이것이 언급되지 않고 주석에도 특별히 언급되지 않는다. 이런 경우 설교자가 자신의 느낌을 단언적으로 말하기보다는 '아마도, 어쩌면, 이렇게 볼 수도 있습니다' 등의 개연성을 나타내는 문장을 사용해 자연스럽고 부드럽게 내용을 제시하는 것이 좋다. 사도행전 16장의 설교를 실례로 살펴보자. 설교자의 상상력을 개연적 문장으로 전하는 부분에 밑줄로 표시해 두었다.

> 바울 일행이 가려던 아시아는 소아시아를 말하는데, 오늘날 터키 서부에 해당하는 지역으로 에베소와 그 주변 지역입니다. 바울 일행은 이 지역에서 다른 것을 하려는 것이 아니고 하나님의 말씀을 전하려고 했는데, 이상하게 하나님은 성령을 통해 막으십니다. 계획이 막히자 바울 일행은 브루기아와 갈라디아로, 다시 무시아 앞에서 비두니아로 이동하며 선교의 길을 찾습니다. 비두니아는 헬라도시가 잘 발달해 있었고, 유대인 정착민이 이미 살고 있어 바울 일행이 선교 거점으로 삼을 만한 곳이었습니다. 그러나 그 시도마저 예수의 영이 허락하지 않으십니다. 이렇게 재차 선교의 길이 막히자 바울 일행은 다시 무시아를 지나 낯선 바다 앞 드로아까지 내려갑니다(8절). 최선을 다했지만 결국 한계에 부딪히고 맙니다. 그들의 심정은 어땠을까요? <u>아마도 알 수 없는 답답함이 찾아왔을 것입니다. 최선을 다했지만 복음의 길은 열리지 않았</u>

고 쳇바퀴 도는 것처럼 헤매는 느낌이었을 것입니다. 바울 일행에게도 우리에게도 하나님의 막으심과 한계 앞에 서는 것은 영적인 진통을 줍니다.

본문에는 바울 일행이 소아시아 지방 선교를 위해 자신들이 처한 한계를 극복하려는 계속되는 노력이 나온다. 그러나 바울 일행이 이 과정에서 느낀 심정은 묘사되지 않는다. 그래서 이들의 심정을 개연성 있는 문장으로 표현했다. 개연적 문장으로 설교자의 상상력을 전달하는 다른 예를 사사기 3장을 통해 살펴보자.

에훗이 이스라엘의 두 번째 사사로 세워집니다. "이스라엘 자손이 여호와께 부르짖으매 여호와께서 그들을 위하여 한 구원자를 세우셨으니 그는 곧 베냐민 사람 게라의 아들 왼손잡이 에훗이라 이스라엘 자손이 그를 통하여 모압 왕 에글론에게 공물을 바칠 때에"(15절). 이스라엘의 역사와 문화를 조금이라도 아는 사람이라면 에훗이 과연 사사로 세워질 만한 사람인지 의아해할 것입니다…. 인간적 기준으로 보면 에훗은 모범적이고 유력한 첫 번째 사사 옷니엘과 비교해 너무 부족해 보입니다. 옷니엘은 가장 유력한 유다 지파 출신이지만, 에훗은 가장 미약한 베냐민 지파 출신입니다. 옷니엘은 갈렙과 연결된 명문 집안입니다. 그러나 에훗은 게라의 아들로 평범한 집안 출신입니다.
이외에 에훗은 신체적 결함도 있습니다. 본문에 에훗이 '왼손잡이'라고 되어 있습니다. 왼손잡이라고 번역된 히브리어 '야드 에미노'의 문자적 뜻은 '오른손을 잘 쓰지 못하는'입니다. 그래서 에훗이 왼손잡이거나 혹은 오른 손에 장애가 있는 것으로도 봅니다. 현대 시대야 왼손잡이를 무시하지 않지만, 고대 사회에서 왼손잡이는 놀림거리였습니다. 베냐민 뜻이 '오른 손의 아들'입니다. 오른 손의 아들이라는 지파에서 에훗은 왼손잡이로 살아갑니다. 이 때문에 자신이 속한 지파에서도 늘 움츠리고 살았을지 모릅니다. 이스라엘은 이런 에훗을 통해 모압 왕 에글론에게 공물을 바쳤습니다. 장애를 가졌거나 왼손잡이인 에훗이 전혀 강하지도 않고 신체적으로 위협적인 존재도 아니었기에, 자신들을 지배하는 에글론을 안심시킬 수 있어 선택된 것 같습니다. 아마도 에훗은 베냐민 지파 사람들 눈에도 모압 사람들의 눈에도 약하고 보잘것없는 존재로 보였던 것 같습니다. … 〈후략〉

신학적 상상력 발휘를 위한 실습

이제 신학적 상상력을 발휘해 설교를 작성하는 연습을 해보자. 연습할 본문은 사무엘하 13장의 한 부분이다. 먼저 본문의 전 문맥을 살펴보자. 13장 전반부에서 암논은 압살롬의 누이 다말을 겁탈한다. 압살롬은 만 2년 후 치밀하게 암논을 죽일 계획을 세운다. 그리고 계획된 날에 압살롬은 왕자들을 초대한 잔치 자리에서 종들을 동원해 암논을 죽인다. 이에 그 잔치에 함께 있던 다른 왕자들은 긴급히 도망한다. 이 모든 소식이 다윗 왕에게 전해진다. 이제 이어지는 본문을 읽고 신학적 상상력을 사용할 수 있는 부분을 적어보라. 그리고 그것을 발전시켜 자신의 설교를 작성해 보라.

● 본문: 삼하 13장 29-36절

²⁹압살롬의 종들이 압살롬의 명령대로 암논에게 행하매 왕의 모든 아들들이 일어나 각기 노새를 타고 도망하니라 ³⁰그들이 길에 있을 때에 압살롬이 왕의 모든 아들들을 죽이고 하나도 남기지 아니하였다는 소문이 다윗에게 이르매 ³¹왕이 곧 일어나서 자기의 옷을 찢고 땅에 드러눕고 그의 신하들도 다 옷을 찢고 모셔 선지라 ³²다윗의 형 시므아의 아들 요나답이 아뢰어 이르되 내 주여 젊은 왕자들이 다 죽임을 당한 줄로 생각하지 마옵소서 오직 암논만 죽었으리이다 그가 압살롬의 누이 다말을 욕되게 한 날부터 압살롬이 결심한 것이니이다 ³³그러하온즉 내 주 왕이여 왕자들이 다 죽은 줄로 생각하여 상심하지 마옵소서 오직 암논만 죽었으리이다 하니라 ³⁴이에 압살롬은 도망하니라 파수하는 청년이 눈을 들어 보니 보아라 뒷산 언덕길로 여러 사람이 오는도다 ³⁵요나답이 왕께 아뢰되 보소서 왕자들이 오나이다 당신의 종이 말한 대로 되었나이다 하고 ³⁶말을 마치자 왕자들이 이르러 소리를 높여 통곡하니 왕과 그의 모든 신하들도 심히 통곡하니라

● 신학적 상상력을 사용할 수 있는 부분

● 신학적 상상력을 발전시킨 설교

신학적 상상력이 담긴 설교 실례

위의 본문에서 신학적 상상력을 사용할 수 있는 부분을 찾고, 그것을 발전시켜 설교를 작성하는 것이 쉽지 않았을 것이다. 그러나 생각보다 훨씬 깊고 풍성한 메시지를 만들 수 있다는 것도 느꼈을 것이다. 이제 신학적 상상력을 발휘해 작성한 설교 실례 하나를 살펴보자.

요나답이 우리 삶에 다가올 때

간교한 사람은 주변을 분열시키고 죄를 조장해 우리의 소중한 삶을 파괴합니다. 본문에 이런 간교한 존재가 등장합니다. 누구일까요?

압살롬이 암논을 죽입니다. 다른 왕자들은 황급히 도망칩니다. 압살롬이 왕자들을 다 죽였고, 아무도 살아남지 못했다는 소문을 다윗이 듣습니다. 다윗은 자기 옷을 찢고 땅 위에 누워 슬퍼합니다. 그 모습을 보고 요나답이 다윗에게 말합니다. "내 주여 젊은 왕자들이 다 죽임을 당한 줄로 생각하지 마옵소서 오직 암논만 죽었으리이다 그가 압살롬의 누이 다말을 욕되게 한 날부터 압살롬이 결심한 것이니이다"(32절). 놀랍게도 요나답은 상황을 정확하게 파악하고 있습니다. "암논만 죽었나이다." 게다가 아무도 몰랐던 압살롬의 복수의 마음도 그는 이미 알고 있었습니다. "누이 다말을 욕되게 한 날부터 압살롬이 결심한 것이니이다." 요나답이 모든 상황과 압살롬의 복수의 마음까지 알았다면, 왜 다윗에게 미리 말하지 않았을까요? 뭔가 석연치 않은 느낌이 듭니다. 서늘한 느낌입니다.

얼마 후 간신히 피신한 왕자들이 다윗에게로 옵니다. 그들은 다윗 앞에서 크게 소리 내어 웁니다. 다윗과 그의 모든 신하들도 크게 웁니다. 이러는 사이에 압살롬은 다른 나라 그술로 도망합니다(37절). 사무엘하 13장을 세밀히 살피면 전면에 드러나지 않지만 모든 사건의 배후에 관여된 한 인물을 봅니다. 바로 요나답입니다. 죽은 암논의 친구요 다윗의 신하인 요나답은 매우 간교한 자입니다. 3

절은 그를 이렇게 기록합니다. "암논에게 요나답이라 하는 친구가 있으니 그는 다윗의 형 시므아의 아들이요 심히 간교한 자라." 요나답은 눈치가 빨라 다른 사람의 욕망과 감정을 읽고 상황 분석도 정확합니다. 권력구도와 그 권력자에게 어떻게 접근하는지도 아는 간교한 자입니다. 자세히 보면 13장에서 요나답의 간교함이 곳곳에 나타납니다. 먼저 그는 암논의 성적 욕망을 알고 어떻게 다말을 겁탈할 수 있는지 악한 방법을 알려줍니다. 또 압살롬이 암논에게 복수하려는 것을 알고도 다윗에게 알리지 않습니다. 그런 그가 암논이 죽자 다윗을 위로하는 척합니다. 그 후 상황을 분석하고 예측하는 자신의 능력을 은근히 과시합니다. "보소서 왕자들이 오나이다 당신의 종이 말한 대로 되었나이다"(35절).

욕망, 감정, 상황, 권력구도를 다 알고 있던 요나답은 다윗의 자녀들이 파괴되기를 은근히 바란 것일까요? 교활한 요나답은 강간과 살인을 은근히 조장하고, 결과를 확인한 후 어디론가 조용히 사라집니다. 이제 다윗의 집안은 강간의 추악함과 복수의 피로 휘청거립니다.

말씀을 통해 생각해 보아야 합니다. 내 주위에 요나답 같은 사람은 없습니까? 놀라울 정도로 눈치가 빠르고, 다른 사람의 감정과 욕망을 알며; 상황과 권력구도를 이용해 다른 이를 파괴하는 사람이 지금 내 옆에 없습니까? 영적인 분별력으로 내게 다가오는 요나답을 알아차리십시오. 그 요나답을 멀리하십시오. 사실 사람도 사람이지만 요나답처럼 간교함으로 우리의 삶을 파괴시키는 존재는 바로 사단입니다. 오늘 하루 영적으로 깨어 우리를 향해 교활하게 다가오는 사단을 분별하고 물리쳐야 합니다. … 〈후략〉

설교자의 건강한 상상력은 중요하다. 상상력을 통해 본문을 생생하게 파악하고 메시지를 창의적이고 풍성하게 풀어낼 수 있기 때문이다. 라센(David L. Larsen)이 강조한 것처럼, 상상력을 통해 본문을 살려내고 청중의 관심을 이끌어내 신선한 메시지를 만들어내는 시도는 적절할 뿐 아니라 꼭 필요한 것이다.[69] 본문 파악과 설교 작성에서 설교자가 상상력을 발휘하는 것을 부정적으로 생각하거나 두려워하는 사람이 종종 있다. 그러나 정직하게 생각해 보면 신학의 많은 부분이 본문에 뿌리를 둔 건강한 상상력을 통해 만들어진 열매다. 분명하다. 본문을 깊게 묵상하고 정확하게 파악하는 것이 기반이 된다면, 상상력을 통해 창의적이고 새로운 최상의 설교가 탄생될 수 있다.

Chapter 9
삶을 변화시는 적용법

말씀을 살아내고 끝없이 성장하게 하라

임도균

목회자에게 설교는 영광스러운 부담이다.[70] 수많은 말씀의 종들이 매 주일 강단을 위해 힘쓰고 있다. 과연 설교가 무엇인가? 설교학자마다 자신의 신학적 입장에 따라 강조점이 다를 수 있다. 나는 '설교는 성령의 영감으로 기록된 성경을 청중이 이해할 수 있는 언어로 쉽게 통역하여, 청중이 지적이고 정서적이고 의지적으로 하나님의 뜻을 적용해 순종하므로 하나님나라를 경험할 수 있도록 돕는 영적 소통행위'라고 생각한다. 성령님의 조명하심과 도우심으로 설교 중 영감받은 본문 말씀이 살아 움직이고, 청중의 삶에도 하나님의 뜻이 살아 움직이는 설교가 되어야 한다. 이러한 설교를 위해서는 다음의 과정이 균형을 이루어야 한다.

설교 변환 과정(sermon transformation process)은 성경의 가르침을 현대 청중의 삶에 적용할 수 있도록 변환하는 과정이다. 설교는 영적 소통(spiritual communication) 행위다. 하나님의 말씀과 현실을 살아가는 청중 간에 효율적인 소통이 있어야 한다. 마치 서커스에서 외줄 위를 흔들리지 않고 걷는 사람처럼 적절한 균형을 유지하는 것이 필요하다.

본문 이해와 해석의 과정을 통해 성경의 진리와 변치 않는 원칙이 발견된다. 설교자는 설교 변환 과정에서 청중이 삶을 살아갈 수 있는 형태로 설교를 변환해야 한다. 이러한 과정의 핵심이 바로 적용(application)이다. 적용이 효과적으로 진행되기 위해서는 본문을 주해하는 열심과 정성 못지않게, 청중을 이해하고 품으며 말씀으로 소통하려는 노력이 절실히 필요하다.

이러한 과정은 균형을 유지해야 한다. 지나치게 한쪽으로 치우치지 말아야 한다. 편향된 설교는 물이 흐르는 개울이 한쪽으로 치우쳐 고이는 바람에 물의 흐름이 막혀버리는 것과 같다. 물이 고이면 부패해 생명력을 잃는다. 본문에서 청중까지 자연스러우면서 유동적으로 생명력이 흘러가야 한다. 또 청중에게 와 닿는 살아있는 메시지가 되기 위해서는, 변하는 다양한 청중에게 가장 적실한 적용이 되어야 한다.

하워드 핸드릭스(Howard Hendricks) 박사는 "적용은 성경연구 과정에서 가장 필요하지만 가장 소홀히 다루어지는 영역이다. 많은 성경연구가 이를 시작하기는 하지만 잘못된 곳에서 마무리된다. 성경을 해석하지만 그곳에서 끝나고 만다"고 진단했다. 이처럼 설교 작성에서 적용이 중요하나, 적용에 대한 이해는 그다지 충분하지 않다. 어떻게 설교에 최상의 적용을 할 수 있을까?

최상의 적용을 위한 기초적 이해

역동성 있는 적용

설교에서 생명력 있는 적용은 무엇인가? 생명력 있는 설교 적용은 생명력 있는 성경의 진리를 현대 청중에게 연결하여 하나님의 뜻대로 살아갈 수 있도록 돕는 것이다. 메시지는 설교 적용의 힘이고, 적용의 방향은 명확해야 하며, 본문의 감성이 살아나는 적용이 되어야 한다.

생명력 있는 설교 적용의 3요소		
적용의 메시지(힘)	적용의 목적(방향)	적용의 감성(느낌)

설교 적용의 기본 3요소

역동성 있는 적용을 위한 메시지

성경 저자가 의도한 본문의 의미는 하나지만 적용은 많을 수 있다. 본문 연구는 성령님을 통해 저자에게 영감된 생명력 있는 의미를 찾아가는 과정이다. 본문이 전달하는 메시지는 적용의 내용이고 설교의 동력이라 할 수 있다. 본문이 의도한 메시지는 제한적이지만 적용은 다양한 형태로 나타날 수 있다. 본문의 말씀을 받아들이는 청중의 삶이 다양하기 때문이다. 생명력 있는 적용의 메시지는 변하는 삶의 자리에 역동적으로 전달된다.

역동성 있는 적용의 목적

적용의 궁극적인 목적은 무엇인가? 적용의 궁극적 목적은 설교의 궁극적 목적과 일치한다. 바로 하나님의 영광이다(대상 16:29; 고전 10:31; 요 7:18). 적용하는 과정에서 성도의 삶의 현장과 연관되어야 하므로 자연스럽게 청중에게 더 관심을 갖게 된다. 그러나 설교에서 가장 중요한 청중은 바로 하나님이다. 적용을 통해 궁극적으로 하나님의 영광을 드러내야 한다. 설교 적용을 통해 영광 받아야 하는 분은 오직 하나님이다.

적용의 궁극적인 목적	
하나님의 영광	
적용의 구체적 목적(I)	적용의 구체적 목적(II)
새로운 삶(구원/회개)	풍성한 삶(성화/성숙)

설교 적용의 목적

설교 적용의 궁극적인 목적이 하나님께 영광 돌리는 것이라면, 이에 대한 구체적인 목적은 무엇인가? 하나님께 온전히 영광 돌리신 예수님의 삶을 통해 적용의 구체적인 목적을 찾아보려 한다. 예수님이 이 땅에 오신 사명을 요한복음 10장 10절에서 간략히 보여준다. "도둑이 오는 것은 도둑질하고 죽이고 멸망시키려는 것뿐이요 내가 온 것은 양으로 생명을 얻게 하고 더 풍성히 얻게 하려는 것이라." 이 말씀은 예수님의 지상 사역을 한 마디로 분명하게 요약해 준다.

이 말씀은 예수님이 이 땅에 오신 이유가 생명을 얻고 더 풍성히 얻게 하려는 것임을 보여준다. 즉, 예수님이 이 땅에 오신 이유는 잃어버린 자들에게 생명을 주어 새로운 삶(구원)을 얻고, 구원 후에도 풍성한 삶(성숙)을 살게 하는 데 있다. 따라서 적용의 구체적인 목적은 두 가지로 요약할 수 있다. 새로운 삶(구원/회개)과 풍성한 삶(성화/성숙)이다.

역동성 있는 적용에서 감성 살리기

생명력 있는 설교 적용을 위해서는 통합적(지적, 감정적, 의지적) 영역에서 균형 있게 설교의 생명력이 나타나야 한다. 그런데 역동적인 적용을 하는 데 있어 유독 관심받지 못하는 영역이 있다. 바로 본문의 감성(the emotion of text)이다. 성경에는 이성적인 메시지뿐 아니라 저자가 전달하고자 했던 마음, 즉 감성적인 요인이 있다. 이 부분이 본문의 어조다. 본문이 살아나는 적용을 위해서는 본문의 가르침과 본문의 감성이 현대 청중의 삶에 살아 움직이도록 해야 한다. 따라서 본문 이해의 과정에서 본문의 메시지뿐 아니라 본문이 전달하고자 하는 감성적인 어조도 파악해 적용 시 고려해야 한다.

역동성을 잃어버린 적용 6가지

설교를 들을 때 딱딱히 굳은 떡을 먹는 것 같은 유쾌하지 않은 기분이 들게 해서는 안 된다. 영혼을 살리는 설교는 삶의 현장을 살아가는 성도들에게 하나님의 뜻을 생명력 있게 전달하는 설교다. 그러나 여러 이유로 설교 현장에서 생명력과 역동성을 잃어버린 설교를 종종 보게 된다. 어떤 유형의 설교가 생명력을 잃어버리게 하는가? 여섯 가지 대표적인 유형을 간략하게 설명하겠다.

1. 진부한 적용	2. 지극히 주관적인 적용	3. 윤리 편향적인 적용
4. 율법의 문자적 적용	5. 회개 없는 적용	6. 인간 중심의 적용

1. 진부한 적용

설교를 오래하다 보면 습관적으로 적용할 때가 종종 있다. '기도합시다' '성경 읽읍시다' '헌신합시다' 같은 것이다. 이런 적용이 틀린 것은 아니지만, 청중의 설교 적용에 대한 기대감을 떨어뜨릴 수 있다. 일반적으로 설교자가 중요하다고 생각하는 신학적 강조점이 있다. 또 본인이 은혜받은 독특한 경험이 있다. 이러한 신학적 입장과 경험은 설교의 적용에도 영향을 미친다. 산책하거나 운전할 때 항상 가는 익숙한 길로 가듯, 자신도 모르는 사이 똑같거나 비슷하게 적용하는 것이다. 성경의 진리는 변하는 청중에게 적절하고 생동감 있게 전달되어야 한다. 본문 내용에 상관없이 동일하게 반복되는 적용은 설교의 흥미와 생동감을 감소시킨다.

2. 지극히 주관적인 적용

성경에 기초하지 않은 지극히 주관적인 적용은 정당성을 찾지 못한다. 설교자가 봉독한 본문으로 설교한다는 것은 본문에 근거하고 본문이 인증하는 설교임을 의미한다. 주관적인 적용을 피하기 위해서는 본문이 무엇을 말하고 본문의 목표가 무엇인지를 먼저 파악해야 한다. 지나치게 주관적인 적용은 설교에 대한 신뢰도를 떨어뜨린다. 그러면 청중이 설교 말씀을 순순히 받아들이는 데 어려움이 생긴다. 더욱이 설교자의 진정성도 손상되어 지도력에도 악영향을 줄 수 있다. 따라서 본문의 인도함을 따라 올바른 적용이 되도록 힘써야 한다.

3. 윤리 편향적인 적용

성경에는 윤리적 삶을 위한 가르침도 있다. 그러나 설교 적용이 단순히 윤리적 가르침에만 머문다면 이는 충분치 못하다. 성경은 인간이 행해야 할 것을 가르친다. 그러나 그에 앞서 하나님께서 인간에게 행하신 은혜를 설명한다. 설교가 은혜로 인한 감사보다 바르게 살 것만 강조한다면 오히려 청중에게 부담을 안겨준다. 바르게 살아갈 수 있는 원동력은 하나님의 은혜를 경험할 때 얻는다. 신앙은 훈련으로만 완성되는 것이 아니다. 먼저 하나님의 은혜에 기초한다. 그러므로 은혜로 인한 하나님과의 친밀한 관계를 형성할 수 있는 적용이 되어야 한다.

4. 율법의 문자적 적용

구약에서 율법은 하나님의 백성이 따라야 하는 원리다. 율법에는 하나님이 어떤 분인지, 하나님의 백성이 따라야 할 성결한 삶이 무엇인지를 알려주는 순기능이 있다. 그러나 신학적 해석 없이 문자적으로 율법을 적용할 때 종종 어려움을 겪는다. 이러한 적용은 예수 십자가의 공로를 희석시킬 수 있다. 구약의 율법은 예수 그리스도의 대속의 관점에서 재해석되어야 하며, 현대 청중에게도 율법의 내용을 올바르게 이해하는 가운데 적용할 수 있는 재해석의 적용점을 제시해야 한다.

5. 회개 없는 적용

오늘날 주일설교에는 성도의 영적 성숙과 제자 양육에 관한 적용이 비교적 많다. 그러나 불신자를 향한 복음의 메시지가 더 필요하다.[71] 주일예배에는 신앙이 없는 불신자도 함께 참석한다. 불신자에게 예수 그리스도의 복음이 전해지면, 청중은 자연스럽게 죄에 대한 회개와 헌신으로 반응한다. 또 대속의 은혜의 설교는 성도에게도 신앙의 시작점을 돌아보게 한다. 따라서 회개를 촉구하는 적용을 균형 있게 다루어야 한다.

6. 인간 중심의 적용

적용을 하려면 자연스럽게 청중의 상태에 관심을 갖는다. 그러나 청중의 필요와 흥미에 치우쳐 인간의 필요에만 집중해서는 안 된다. 인간이 알지 못하는 영적인 깊은 필요를 성경이 채워줄 수 있다. 따라서 본문을 통해 하나님이 전달하시고자 하는 것을 먼저 파악하고, 이를 청중의 필요와 균형 있게 유지해야 한다.

역동성을 잃어버린 적용을 극복하는 신학적 원칙

그렇다면 역동성을 살리기 위한 적용의 원칙은 무엇인가? 이에 대한 여섯 가지 특징을 나열하고 그 원칙에 대해 간략하게 설명하고자 한다.

---

1. 성령에 이끌리는 적용　　2. 본문이 이끄는 적용
3. 하나님의 은혜로 적셔진 적용　　4. 예수님의 대속을 체험하는 적용
5. 청중을 사랑하는 적용　　6. 감성을 살려내는 적용

---

1. 성령에 이끌리는 적용

설교자는 성령의 인도하심에 민감해야 한다. 설교는 영적 행위로, 하나님께서 설교자를 통해 공동체에게 전달하시고자 하는 메시지를 대신 전달하는 것이다. 지금도 성령 하나님께서는 하나님의 백성에게 살아있는 영적 교훈을 주고 안내하기를 원하신다. 따라서 설교자는 제사장 같은 마음으로 하나님이 공동체에 전하기 원하시는 메시지를 구해야 한다. 설교의 본문을 정할 때도 성령의 인도하심에 민감해야 한다. 따라서 이러한 적용이 가능하기 위해서 설교자는 기본적으로 기도의 사람이 되어야 한다.

2. 본문이 이끄는 적용

설교자는 성령의 인도하심에 민감해야 하지만 잘못하면 영적 주관적 적용에 빠지기 쉽다. 그러면 어떻게 균형 있고 건강하게 영적으로 살아나는 적용을 할 수 있을까? 하나님 말씀의 적용은 본문이 이끄는 적용이 되어야 한다. 성경은 성령의 영감으로 기록된 하나님의 말씀이다. 성령 하나님이 설교자가 말씀을 이해할 수 있도록 지금도 여전히 조명해 주신다. 따라서 설교 적용의 정당성과 근거도

설교 본문에 있다.

3. 하나님의 은혜로 적셔진 적용

적용은 기본적으로 청중이 삶의 변화를 일으키기 위해 행동으로 옮길 것을 촉구한다. 그러나 인간의 행함만 강조하다 보면 적용을 실행하지 못할 때 패배감과 좌절감을 안겨주게 된다. 반면, 잘하는 경우에는 자신의 의와 공로의식이 높아져 자기도 모르게 교만한 마음을 가질 수 있다. 그러므로 인간의 노력과 행함도 중요하지만, 무엇보다 먼저 하나님의 사랑과 자비를 경험하는 은혜로 충만해야 한다. 이렇게 은혜로 충분히 적셔지면 감사함으로 실천할 수 있다.

4. 예수님의 대속을 체험하는 적용

인간은 근본적인 죄 문제가 해결되지 않고는 행복할 수 없다. 중병에 걸렸을 때 급선무가 몸의 치유인 것처럼, 영혼의 질병 같은 죄 문제를 반드시 해결해야 한다. 죄 문제는 예수님의 십자가 대속 사건의 체험을 통해서만 해결될 수 있다. 따라서 죄로 힘들어하는 영혼에게 십자가 복음을 소개하고 회개하게 하는 적용이 가장 중요한 적용이다. 또 성도들도 한 주간 살아가면서 십자가의 대속을 의지해 지은 죄를 자백함으로 성결한 삶을 경험하고 유지해 나갈 수 있도록 인도해야 한다.

5. 청중을 사랑하는 적용

연인이 만나 사귀고 사랑하면 서로 점점 더 잘 알게 된다. 좋아하는 음식이 무엇인지, 좋아하는 음악이나 영화는 무엇인지 알게 된다. 몸과 마음의 상태까지 민감하게 알아차릴 수 있다. 사랑하면 관심을 갖게 되고 상대방의 많은 부분을 알게 된다. 이러한 앎은 상대방을 분석하는 이성의 영역을 훌쩍 뛰어넘는 것이다. 여기에는 느낌과 감수성, 직관적인 부분까지도 포함된다. 목회자가 청중을 사랑하면 외부 현상적인 부분을 뛰어넘어 깊은 내면의 영역까지 알 수 있는 눈이 열린다. 청중을 사랑하면 적용을 제시할 때도 일이 아니라 목양의 마음으로 접근하게 된다. 이러한 사랑의 목양적 접근은 적용의 깊이와 강도를 조절하는 데 도움을 준다.

6. 감성을 살려내는 적용

설교에서 소통은 정보만 나누는 것이 아니다. 전인격적인 영역의 전달이다. 특히 감성 영역은 사람이 결정하거나 행동하는 데 있어 매우 중요한 요소다. 따라서 설교자는 먼저 본문의 주된 감정의 어조를 파악할 필요가 있다. 그리고 현재 적용하는 교훈과 가르침의 어조도 파악해야 한다. 찬양과 감사는 기쁨과 따뜻함의 어조다. 이렇게 설교의 적용도 감성적인 어조의 톤과 조화를 이룰 때 본문의 의미와 역동성이 살아나는 적용이 될 수 있다.

역동성 있는 좋은 적용의 특징

그렇다면 생명력 있는 좋은 적용의 특징은 무엇인가? 여섯 가지 특징을 살펴보고자 한다.

> 1. 사전 청중 분석　　2. 설교자의 삶이 동반됨
> 3. 일상에서 실천　　　4. 실천적인 구체성
> 5. 설교 전반에 나타남　6. 감성이 살아있음

1. 사전 청중 분석

본문 연구는 적용을 향한다. 화살을 쏠 때 과녁이 어디 있는지, 어떤 크기인지, 주변 환경은 어떤지 알아야 정확하게 명중시킬 수 있듯, 청중에 대한 이해는 본문 주해만큼이나 중요하다. 사람마다 각각 특성이 있듯이 영적인 유기체인 교회도 각기 독특한 면이 있다. 따라서 세밀한 적용을 위해서는 사전에 청중 분석이 있어야 한다.

2. 설교자의 삶이 동반됨

설교는 영향력이다. 지도력(leadership)과 설교는 연관성이 있다. 지도자의 영향력이 주변 사람들에게 전달되려면 언행일치를 통한 신뢰성이 무엇보다 중요하다. 말한 대로 행하고 행한 대로 말할 때 신뢰성이 생기고 지도자의 영향력이 더욱 커진다.[72] 설교의 적용도 단순히 청중에게 가르치는 것이 아니라, 설교자가 먼저 삶에서 실천하려는 진실한 고민이 담겨 있어야 살아있는 적용으로 파급력 있게 전달될 수 있다.

3. 일상에서 실천

좋은 적용이 되려면 너무 복잡하거나 어려워서는 안 된다. 켈빈 밀러(Calvin Miller)가 *Marketplace Preaching*이라는 책을 썼다. 한국어로 번역하면 '시장 설교'다. 시장에서 설교하는 것처럼 설교가 청중의 삶에 밀착되어야 한다는 것이다. 설교마다 대상과 목적이 다를 수 있다. 그러나 영적 엘리트만이 따라갈 수 있는 것보다 대중이 일상의 삶에서 따를 수 있는 적용이 좋은 적용이다. 따라서 일상의 삶에 적용할 수 있도록 쉽고 현장성이 있어야 한다.

4. 실천적인 구체성

설교에서 너무 민감한 내용을 다룰 때가 있다. 이럴 때 목양적으로 어떻게 하는 것이 좋을까? 때로는 성경의 원칙을 소개하고, 본문이 안내하는 원칙을 청중이 스스로 적용하도록 안내할 수 있다. 그러나 일반적으로 적용은 친절하게 구체적이면서도 실천적인 적용점을 제시하는 것이 좋다. 그렇다고 매번 지나치게 구체적인 적용을 제시하면 부담이 될 수 있다. 따라서 설교자는 영적 부모의 마음으로 자신이 목양하는 대상의 영적 수준과 특성을 고려해 구체적인 적용의 강도를 조절할 필요가 있다.

5. 설교 전반에 나타남

설교클리닉을 하다 보면 적용이 설교 맨 마지막에 나타나는 경우를 종종 본다. 그러나 적용점이 가장 마지막에 있으면 청중이 적극적으로 설교를 듣지 않으려 한다. 설교가 자신의 실제 삶과 연관되고 영적으로 유익할 때 더 적극적으로 듣게 된다. 따라서 설교가 전반적으로 청중과 연결되고, 구체적인 적용도 전반적으로 드러나는 것이 바람직하다.[73]

6. 감성이 살아있음

설교를 적용할 때 실천해야 하는 목록을 감정 없이 나열하는 것은 피해야 한다. 이러한 적용은 마치 직장에서 처리해야 하는 일의 목록을 듣는 것 같은 느낌을 줄 수 있다. 하나님의 마음으로 청중이 감동되도록 해야 한다. 설교할 본문에는 이미 감성적인 요소가 나타나 있다. 이러한 감성적인 어조가 적용에서도 살아날 때 본문이 담고 있는 생명력을 더욱 실감 나게 전달할 수 있다.

역동성 있게 적용하는 방법

지금까지 역동성 있는 적용의 중요성과 필요성에 대해 설명했다. 이제부터는 역동적인 적용을 만드는 방법에 대해 이야기하겠다.

적용을 위한 기본적인 질문

> 1. 지금 실천해야 할 성경 진리가 무엇인가?(Now what)
> 2. 지금 성경 진리가 담고 있는 감성적인 어조는 무엇인가?(Now what kind of)
> 3. 지금 어떻게 성경 진리를 실천할 것인가?(Now how)
> 4. 지금 어디서 성경 진리를 실천해야 하는가?(Now where)

1. 지금 실천해야 할 성경 진리가 무엇인가? 좋은 질문은 좋은 답을 유도한다. 설교 준비에서 지속적으로 자문해야 하는 질문이 바로 이것이다. 좋은 적용은 본문에 근거한다. 이때 본문이 무엇을 제

시하는지 명확하게 표현할 수 있다. 더불어 지금의 청중이 실천해야 하는 성경 진리가 무엇인지 자문할 필요가 있다.

2. 지금 성경 진리가 담고 있는 감성적인 어조는 무엇인가? 이러한 질문은 지금까지 전통적인 설교에서 하지 않은 질문이다. 이 영역에 관심이 별로 없었기에 지금까지 설교에서 잘 다루지 않았다. 그러나 감성적인 영역에 대한 고려가 필요하다. 이때 본문은 어떤 종류의 감정적인 어조(Now what kind of emotion)를 가지고 있는지 질문하면, 지금까지 잊었거나 관심을 갖지 않았던 본문의 감성을 살려내는 데 도움이 된다.

3. 지금 어떻게 성경 진리를 실천할 것인가? 이것은 매우 중요한 질문이다. 적용은 기본적으로 실천을 전제로 한다. 실천할 때 어려움이 지금 어떻게(Now how) 할 것인지다. 마땅히 해야 하는 당위성의 명제 같은 교훈만 말하기보다, 구체적으로 성경이 안내하는 진리를 삶 가운데 실천할 수 있도록 더 자세한 방법을 제시한다. 그러면 성경의 진리는 생명력을 더욱 발휘하여 성도의 삶 가운데 살아 역사하게 된다.

4. 지금 어디서 성경 진리를 실천해야 하는가? 이 또한 매우 핵심적인 질문이다. 지금 어디서(Now where) 이 진리를 실천할 것인지 묻는 것이다. 영적으로 성숙하고 신앙 경험이 많은 성도라면 이런 구체적인 가르침 없이도 스스로 삶에 적용할 수 있다. 그러나 초신자나 이제 막 신앙이 자라기 시작한 성도에게는 구체적인 적용의 현장을 제시해 주면 좀 더 성경과 공감대를 형성할 수 있다. 특히 설교 적용의 장소에 대한 질문은 삶에서 구체적으로 적용하며 살아가게 하는 데 크게 공헌하는 부분이다. 이 부분은 다음 내용에서 좀 더 세

부적으로 논해 보겠다.

적용의 영역을 위한 세부 진단표

장소에 따른 적용 영역 성도의 삶은 매우 복잡하고, 하나님의 말씀이 적용되어야 하는 영역에는 한계가 없다. 따라서 다음 도표를 보면서, 설교 중 적용할 때 어떤 장소에 성경의 메시지를 적용하는 것이 가장 합당한지 고민해 보자. 또 설교의 대지마다 설교 적용의 장소에 변화를 주면, 청중이 다양한 삶의 자리에서 더 적극적으로 메시지를 적용할 수 있다.

삶의 장소	세부 항목
① 개인적인 삶(Personal Life)	☐ 개인 목표 및 진로 결정 ☐ 지정의가 균형 잡힌 삶 ☐ 시간/재정/은사 사용 ☐ 개인 영성 관리 ☐ 노후 및 은퇴 준비
② 가정생활(Family Life)	☐ 부부 관계 ☐ 자녀 관계 ☐ 부모님과의 관계 ☐ 가정에서 영성 ☐ 복음 전파 및 선한 영향력
③ 직장/일터의 삶(Work Life)	☐ 크리스첸 직장 윤리 ☐ 직장에서 관계: 상사, 동료, 부하직원 ☐ 직장에서 영성 관리 ☐ 복음 전파 및 선한 영향력

④ 교회생활(Church Life)	□ 영적 공동체 생활 □ 교역자와의 관계 □ 평신도 리더와의 관계 □ 성도 간의 관계 □ 헌신과 봉사
⑤ 지역 주민으로서 삶(Regional Life)	□ 크리스천으로 지역생활 윤리 □ 지역에서 영성 관리 □ 좋은 이웃 되기 □ 지역사회 봉사 및 환경 보호 □ 복음 전파 및 선한 영향력
⑥ 세계인으로서 삶(World Citizen Life)	□ 기아 대책 활동 □ 재난/전쟁 구호 □ 종교의 자유 □ 지구 환경 보호 □ 복음 전파 및 선한 영향력
⑦ 디지털 세계의 삶(Digital Citizen Life)	□ 디지털 세계에서 크리스천의 윤리 □ 디지털 세계에서 영성 관리 □ 디지털/소셜미디어에서 하나님나라 확장 □ 복음 전파 및 선한 영향력

주제에 따른 적용 영역[74] 지리적 영역은 장소에 따른 단순한 적용을 제시한다. 반면, 주제 영역은 지리적 영역과 겹치는 부분도 있지만, 다른 각도에서 적용을 좀 더 섬세하게 진행하기 위한 진단 영역이다.

주제에 따른 영역	나의 청중을 위한 적용
① 대상에 따른 태도(Attitude) 변화	☐ 삼위일체 하나님 ☐ 교회 ☐ 불신자 ☐ 환경
② 행동(Behavior)의 변화	☐ 중단해야 하는 행위 ☐ 발전해야 하는 행위 ☐ 중단해야 하는 습관 ☐ 발전해야 하는 습관
③ 관계(Relationship)의 변화	☐ 삼위일체 하나님 ☐ 자신 ☐ 가족, 친구 ☐ 교회 성도 ☐ 직장 동료, 동네 이웃 ☐ 불신자
④ 가치관 및 동기 (value & motivation)의 변화	☐ 크리스천으로 가치관 정립 　(주로 청소년/청년) ☐ 신앙생활하는 동기 ☐ 섬김의 동기
⑤ 내면(Inter Being)의 변화	☐ 성령의 9가지 열매(사랑, 희락, 화평, 오래 참음, 자비, 양선, 충성, 온유, 절제)

역동성 있는 적용을 만드는 실제적인 방법

지금까지 역동성 있는 적용의 중요성과 필요성에 대해 구체적으로 설명했다. 이제부터는 역동적인 적용을 만드는 실제적인 방법에 대해 논하고자 한다.

기도하며 통찰력을 구한다

성경 말씀을 이해할 수 있도록 도우시는 분이 성령님이고, 그 말씀을 그리스도의 몸 된 교회에 살아있게 적용하시는 분도 성령님이다. 인간이 할 수 있는 최선은 오직 기도함으로 통찰력을 구하는 것뿐이다.

성경 인물의 삶을 관찰한다

예전에 살았던 과거의 인물도 사람으로서 공통점이 존재한다. 성경 인물의 신앙과 삶을 보면 현대를 살아가는 신앙인에게도 연결할 부분이 있다. 과거 성경에 등장하는 신앙인이 신앙을 지키기 위해 행했던 행습 등을 파악하면 현대를 살아가는 사람들과 연관하여 적용점을 제시할 수 있다.

역사에서 신앙 인물의 삶을 관찰한다

교회의 역사에 수많은 신앙인이 등장한다. 교회 역사를 연구하면서 업적 같은 공적인 영역을 연구하고 배우는 경우가 많다. 그러나 신앙인으로서 시대별로 신앙을 지키고 실천하기 위해 노력한 믿음의 수고와 인내 등을 주의 깊게 살펴보면, 현대의 삶에도 실제적으로 적용할 수 있는 연결점을 찾을 수 있다.

현 시대 신앙인들의 삶을 관찰한다

현 시대를 살아가는 성도들은 나름대로 신앙을 표현하고 시대의 압박을 이겨내는 실제적인 간증이 있다. 물론 간증을 신학적으로 검증할 필요는 있지만, 동시대 신앙인의 삶에서 구체적인 적용점을 배우는 데 참조할 만한 부분을 발견할 수 있다.

설교자의 삶에 먼저 적용한다

적용은 당위성과 실제성이 균형을 잘 유지해야 한다. 당위성은 하나님의 진리의 말씀이 안내하는 부분이고, 실제성은 진리의 말씀을 실제로 살아내는 부분이다. 설교자는 성도들에게 말씀대로 살 것을 권면하기 전에, 자신이 먼저 본문 말씀을 가지고 살아보는 사전 실습이 필요하다. 설교자가 삶에서 미리 실습해 보면 이론과 당위성 앞에 있는 현실을 직면하게 될 것이다. 그러면서 한계를 경험하기도 하고 지혜를 발견하기도 할 것이다. 이렇게 설교자의 삶이 묻어 있는 진실한 적용은 청중의 삶에 현실감 있으면서도 감동적으로 전달될 것이다.

경건서적과 제자훈련 서적을 읽는다

보통 제자훈련이나 소그룹을 많이 인도해 본 설교자가 삶에 와 닿는 적용을 더 잘 제시하곤 한다. 제자훈련 교재는 신앙훈련의 여러 주제를 다루면서 실제적인 실천방안을 제시한다. 설교자는 이러한 제자훈련과 경건서적을 통해 실제적인 적용의 예와 기술을 배울 수 있다. 또 소그룹 신앙 임상은 검증된 부분이 많고 실제적인 예도 모을 수 있어 설교에서 더욱 파급력 있게 전할 수 있다.

모범이 되는 설교자의 설교문를 듣고 읽는다

한 시대에 영향을 미치는 파급력 있는 설교자들은 나름대로 강점이 있다. 특히 삶에 잘 와 닿게 설교하는 설교자들이 있다. 이러한 설교자는 성도들의 고민과 감성을 잘 이해한다. 또 어떻게 말씀을 적용해야 하는지 현장에서 훈련된 적용법이 있다. 따라서 설교자가 자신이 섬기는 청중과 비슷한 연령, 지역적 특성이 있는 설교자를 찾아 설교 적용을 어떻게 하는지 파악한다면 적용에 많은 통찰력을 얻게 될 것이다.

• 최상의 적용을 위한 발걸음 •

적용을 위한 기본 질문

질문	나의 청중에게 적용은?
① 지금 실천해야 할 성경 진리가 무엇인가? (Now what)	
② 지금 성경 진리가 담고 있는 감성적인 어조는 무엇인가?(Now what kind of emotion)	
③ 지금 어떻게 성경 진리를 실천할 것인가? (Now how)	
④ 지금 어디서 성경 진리를 실천해야 하는가? (Now where)	

장소에 따른 적용 영역

삶의 장소	나의 청중을 위한 적용
① 개인적인 삶(Personal Life) □ 개인 목표 및 진로 결정 □ 지정의가 균형 잡힌 삶 □ 시간/재정/은사 사용 □ 개인 영성 관리 □ 노후 및 은퇴 준비	
② 가정생활(Family Life) □ 부부 관계 □ 자녀 관계 □ 부모님과의 관계 □ 가정에서 영성 □ 복음 전파 및 선한 영향력	
③ 직장/일터의 삶(Work Life) □ 크리스천 직장 윤리 □ 직장에서 관계: 상사, 동료, 부하직원 □ 직장에서 영성 관리 □ 복음 전파 및 선한 영향력	
④ 교회생활(Church Life) □ 영적 공동체 생활 □ 교역자와의 관계 □ 평신도 리더와의 관계 □ 성도 간의 관계 □ 헌신과 봉사	
⑤ 지역 주민으로서 삶(Regional Life) □ 크리스천으로 지역생활 윤리 □ 지역에서 영성 관리 □ 좋은 이웃 되기 □ 지역사회 봉사 및 환경 보호 □ 복음 전파 및 선한 영향력	

⑥ 세계인으로서 삶(World Citizen Life) □ 기아 대책 활동 □ 재난/전쟁 구호 □ 종교의 자유 □ 지구 환경 보호 □ 복음 전파 및 선한 영향력	
⑦ 디지털 세계의 삶(Digital Citizen Life) □ 디지털 세계에서 크리스천의 윤리 □ 디지털에서 영성 관리 □ 디지털/소셜미디어에서 하나님나라 확장 □ 복음 전파 및 선한 영향력	

주제에 따른 적용 영역

주제에 따른 영역	나의 청중을 위한 적용
① 대상에 따른 태도(Attitude) 변화 □ 삼위일체 하나님 □ 교회 □ 불신자 □ 환경	
② 행동(Behavior)의 변화 □ 중단해야 하는 행위 □ 발전해야 하는 행위 □ 중단해야 하는 습관 □ 발전해야 하는 습관	
③ 관계(Relationship)의 변화 □ 삼위일체 하나님 □ 자신 □ 가족, 친구 □ 교회 성도 □ 직장 동료, 동네 이웃 □ 불신자	

④ 가치관 및 동기(value & motivation)의 변화
    □ 크리스천으로 가치관 정립
      (주로 청소년/청년)
    □ 신앙생활을 하는 동기
    □ 섬김의 동기	

⑤ 내면(Inter Being)의 변화
    □ 성령의 9가지 열매
      (사랑, 희락, 화평, 오래 참음, 자비, 양선, 충성, 온유, 절제)	

Part 5

최상의 장르설교

"시로 하나님을
노래하며 설교하라"

Chapter 10
SEIRA 시편 설교법

시인의 하나님을 만나 찬양하게 하라

권호

본문의 내용을 넘어 형식까지

최상의 설교는 본문의 내용뿐 아니라 본문의 형식까지 설교에 반영하려고 노력한다. 실제로 최근 북미 복음주의 설교학을 대표하는 '성경적 설교'(Biblical Preaching)와 '본문이 이끄는 설교'(Text-Driven Preaching)가 이런 노력을 이어가고 있다.[75] 즉, 설교의 내용을 본문에서 가져 올뿐만 아니라, 한 걸음 더 나아가 본문 장르에 담긴 구조와 역동성까지 설교에 적용하려고 시도한다. 이런 설교학적 경향을 이끄는 학자들은 성경의 내용뿐 아니라 그 형식까지도 하나님께서 주신 것으로 생각한다. 이런 확신을 가지고 스티븐 스미스는 "설교의 형태는 본문의 형태를 반영해야 한다"고 주장한다.[76]

성경 장르의 구조와 역동성을 설교에 반영하려는 노력은 내러티브 본문에서 시작되어 지금은 다양한 장르로 확대되고 있다. 문제는 다른 장르에 대한 설교법이 어느 정도 연구되고, 그에 따른 구체적인 방법도 제안된 것에 비해, 시편 설교에 관한 연구와 설교 방법은 아직 미비하다는 점이다. 기존 책을 살펴보면 구체적인 시편 설교법보다는 시편에 관한 성경신학적 연구 내용을 주로 소개하고 있다. 구체적인 설교법이 없는 이런 상황에서 설교자가 효과적으로 시편을 설교하기는 쉽지 않다. 그래서 시편을 더 쉽고 효과적으로 설교할 수 있는 시편 설교 작성법이 필요한데, 이것이 바로 'SEIRA 시편 설교 작성법'이다.[77] 본격적으로 SEIRA 시편 설교법을 알아보기 전 먼저 지금까지 시편 설교의 방향과 핵심 요소에 대해 간단히 살펴보자.

장르가 반영된 설교와 시편 설교

앞에서 언급한 것처럼 최근 복음주의 설교학자들은 본문 장르의 특징을 설교에 반영하려고 노력한다. 이런 설교학적 움직임을 제프리 아더스(Jeffrey D. Arthurs)는 'genre sensitive preaching'이라고 부른다.[78] 이 용어를 문자적으로 번역하면 '장르에 민감한 설교'가 되는데, 성경 장르를 민감히 살펴 장르에 나타난 수사학적 효과를 설교의 효과로 나타나게 하자는 취지를 담고 있다. 그러나 이 용어는 오해를 불러일으킬 수 있다. 설교 준비와 전달의 가장 핵심적인 부분이 장르이고, 그것을 중심으로 설교를 작성해야 한다고 느끼게 하기 때문이다. 분명 장르는 설교 준비, 작성, 전달에서 중요한 위치를 차지한다. 그러나 설교에서 가장 중요한 요소는 본문의 내용이다. 본문의 내용이 설교의 핵심임을 전제한 후에 그것이 어떤 형태,

즉 어떤 장르로 전해지는지 살펴야 한다. 그렇다면 본문의 내용을 최우선으로 살피면서, 그것이 담긴 문학적 형태 또한 중요하게 반영한다는 의미로 '본문이 이끄는 장르 설교'라는 말을 사용하는 것이 더 적합해 보인다. 이제 본문이 이끄는 장르별 설교가 장르의 수사학적 특징을 어떻게 파악하고, 어떻게 설교에 적용하는지 간략하게 살펴보자.

성경 본문은 '내용'(content)과 '형식'(form)으로 이루어져 있다. 내용은 본문의 메시지요, 형식은 그 메시지가 전해지는 문학적 형태, 즉 장르를 말한다. 본문 장르는 본문의 내용과 결코 분리될 수 없으며, 하나의 조화된 시스템으로 작동해 놀라운 메시지의 영향력을 만들어낸다. 각 장르에는 독특한 '수사적 기능'(rhetorical function)이 있으며, 이 기능을 가능하게 하는 여러 '문학적 장치'(literary devices)로 구성되어 있다.[79] 예를 들면, 시의 수사적 기능은 함축 언어로 깊은 감정을 전하는 것이며, 시에 나타난 문학적 장치는 언어함축, 은유, 과장, 리듬, 반복, 평행법 등이다. 본문이 이끄는 장르 설교를 하려면 본문에 내재된 문학적 장치들이 만들어내는 효과(impact of a text)를 발견하고 그것을 설교에서 살려내면 된다.[80] 즉, 본문의 문학 형식(literary form)이 만들어내는 본문의 역동성(textual dynamics)을 설교에 가져와 드러내는 것이다.

장르 설교를 할 때 한 가지 주의해야 할 점이 있다. 본문 장르를 설교에 적용한다는 것이 본문의 장르와 설교 전달의 형식을 동일하게 만드는 '형식 근본주의자'(form fundamentalist)가 되는 것을 의미하지 않는다. 즉, 시편 설교를 한다고 해서 설교자가 메시지를 한 편의 시로 전달해야 한다고 고집할 필요는 없다. 본문이 이끄는 장르 설교에서 설교자의 역할은 텍스트를 '모사'(replicate)하는 것이 아니라, 그 장르가 가지고 있는 주요 수사학적 효과를 다시 '활성화하는 것'(regenerate)이다.[81] 시편 설교라면 히브리 시가 지닌 독특한 장르적 특징인 이미지, 감정, 시적 구조 등을 설교에서 살려주면 된다.

주요 설교학자의 시편 설교 방법

어떻게 효과적으로 시편을 설교할지 본격적으로 살펴보기 전에, 주요 설교학자들이 지금까지 제시한 시편 설교의 방법을 간략하게 정리해 보자.

토머스 롱(Thomas G. Long)

롱은 장르 설교의 중요성을 강조한 선구자적 설교학자로 평가된다. 그는 효과적인 시편 설교를 위해 본문의 내용이 어떻게 이미지(image)와 구조(structure)를 통해 전해지는지 주목해야 한다고 말한다. 그가 제시하는 구체적인 방법은, 첫째 설교자가 본문 이미지를 사용해 청중의 상상력을 자극함으로써 메시지를 받아들이게 하는 것이다. 롱은 말한다. "시편은 상상의 영역에 다가가는데, 그 결과 이미지를 통해 세상을 바라보는 청중의 관점을 변화시킨다. 시편 설교 역시 이미지를 사용함으로써 청중의 상상력에 깊이 파고들어 그들의 시각을 변화시켜야 한다."[82] 예를 들어, 어떤 사람이 하나님은 몹시 차갑고 몰인정한 분이라 생각한다고 가정하자. 그런데 그가 "여호와는 나의 목자시니 내게 부족함이 없으리로다"라고 고백하는 시편 23편 말씀을 듣는다. 이 시편 설교를 통해 그는 따스함과 위안을 주는 "목자" 이미지를 머리에 떠올리게 된다. 그 결과 그가 가지고 있는 하나님에 대한 고정관념이나 잘못된 생각을 바꿀 수 있다.

둘째, 설교자는 시편 본문에 나타난 평행법(parallelism)과 대조(contrast) 등의 구조를 이해하고 그것을 설교에 활용해야 한다. 종종 시편은 평행법을 사용해 저자가 의도한 메시지를 전달한다. 시편 12편 2절을 통해 평행법의 한 실례를 살펴보자.[83]

    A. 그들이 이웃에게 각기 거짓을 말함이여
    B. 아첨하는 입술과 두 마음으로 말하는도다

시인은 지금 자신과 공동체를 공격하는 악인들에 대해 말하고 있다. A행(line)은 시인이 고통 받고 있는 이유, 즉 악인이 거짓을 퍼뜨리고 있는 상황을 말한다. 이어지는 B행은 그 악인들의 거짓이 무엇인지 구체적으로 알 수 있도록 보충 설명하고 있다. B가 A의 내용을 구체화하고 발전시키는 보완적 평행구조(reinforcing parallelism)를 사용해 메시지를 강화하고 있는 것이다.

이제 시편 1편으로 어떻게 시편의 구조와 이미지를 설교에 반영할 수 있는지 살펴보겠다.[84] 먼저 설교자는 본문 구조에 나타난 의인과 악인을 날카롭게 대조해 설교를 구성함으로써 메시지가 선명하게 드러날 수 있게 한다. 1절에서 의인은 어떤 구체적 행동에 관여하지 않는 사람으로 나타난다. 그는 걷지도 서지도 앉지도 않는다. 그와 반대로 악인은 뭔가를 도모하기 위해 끊임없이 움직이고 있음이 암시된다. 2절에서 분주한 악인과 대조되는 고요한 의인의 모습이 다시 나타난다. 첫째 구는 동사 없이 의인을 소개한다. 두 번째 구에는 동사가 나타나나 명상과 관계된 단어로 의인을 소개한다. 그는 오직 주의 말씀을 주야로 묵상한다.

대조를 통해 설교의 내용을 분명하게 했다면, 이제 본문이 사용하는 이미지가 무엇인지 파악해야 한다. 그 후 설교자는 메시지에서 본문의 이미지가 청중의 상상력에서 살아 움직이게 해야 한다. 3, 4절에서 의인은 한 장소에 고요하게 서 있는 나무와 같다. 그와 대조적으로 악인은 방향을 잃고 끊임없이 움직이는 겨와 같다. 나무 같은 의인과 겨 같은 악인의 결과도 대조적임을 설교자는 이미지를 통해 강조해야 한다. 악인은 무(nothingness) 속으로 날려가고 결국 심판에 이른다. 그러나 의인은 형통과 인정의 길로 간다. 롱의 예시가 보여준 것처럼 설교자가 본문에 나타난 구조와 이미지를 설교에 반영하면 시각적 감정적 효과가 청중의 마음에 또렷이 남는다. 이처럼 본문의 구조와 이미지를 파악해 설교에 반영해야 한다는 롱의 방법론은 시편 설교법의 중요한 기초를 제시한 것으로 평가된다.

제프리 아더스(Jeffrey D. Arthurs)

아더스는 시편의 특징을 '간결함'(brevity), '복잡한 구조'(intricate structure), '구체적 이미지'(concrete image), '짙은 감정'(intense emotion)으로 본다.[85] 그는 이런 특징이 있는 시편을 설교하기 위해 시의 구조, 이미지, 감정에 유의하면서 그것을 메시지에 반영해야 한다고 주장한다. 그의 이미지에 대한 강조와 활용은 롱의 방법과 크게 다르지 않다. 그러나 시편의 구조와 감정에 대한 파악과 설교에 활용하는 것을 좀 더 구체적으로 제시한다.

먼저 시편의 감정과 설교적 활용에 대해 살펴보자. 시편은 논리보다 감정의 호소로 메시지를 전달할 때가 많다. 그러므로 아더스는 시편의 구조와 이미지 외에 본문에 흐르는 감정 형태(emotional shape)를 구체적으로 파악해 설교에 반영할 것을 제안한다.[86] 실제적인 방법 중 하나는, 청중이 본문의 감정을 잘 느낄 수 있도록 시편 기자의 상황과 유사한 오늘날의 상황을 서로 연결해 설교하는 것이다. 본문에 근거해 이런 감정적 교감을 만들 때 청중의 집중력이 더욱 높아진다.

다음으로 구조에 대해 살펴보자. 아더스에 따르면, 시편에 다음과 같은 다양한 평행법이 나오기 때문에 구조가 복잡할 때가 많다. 설교자는 본문의 의미를 파악하기 위해 다음과 같은 대표적 평행법에 주목해야 한다.[87]

동의적(synonymous) 평행법:
두 번째 행이 첫 행을 재진술(시 114:3-4)
  바다가 보고 도망하며 요단은 물러갔으니,
  산들은 숫양들 같이 뛰놀며 작은 산들은 어린 양들 같이 뛰었도다

대조적(antithetic) 평행법:
두 번째 행이 첫 행과 대조됨(시 10:16)
  여호와께서는 영원무궁하도록 왕이시니,
  이방 나라들이 주의 땅에서 멸망하였나이다

Chapter 10 SEIRA 시편 설교법

종합적(synthetic) 평행법:
두 번째 행이 첫 행을 완성함(시 104:5)
  땅에 기초를 놓으사,
  영원히 흔들리지 아니하게 하셨나이다

아더스에 따르면, 이런 평행법의 수사학적 효과는 메시지를 강화하고, 독자들이 본문을 천천히 읽고 살피게 하여 깊은 묵상에 이르게 한다. 그가 본문의 평행법에 주의를 기울이고 이것을 설교에 반영해야 한다고 말한 것은 롱과 유사하다. 그러나 아더스는 평행법이라는 '미시적 차원'(microscale)뿐 아니라 한 걸음 더 나아가 본문의 '거시적 차원'(macroscale)의 파악 또한 시편 설교를 위한 중요한 단계라고 강조한다.[88] 예를 들어, 비탄시(lament)로 분류된 77편에는 주제 제시, 주제 강화, 깨달음과 반전, 믿음의 확신, 이 네 가지 거시적 구조가 나타난다.[89]

구조 1 주제 제시: 버림받은 감정(1절)
  내가 내 음성으로 하나님께 부르짖으리니

구조 2 주제 강화(2-9절)
  내 손을 들고 거두지 아니하였나니
  내가 하나님을 기억하고 불안하여 근심하니
  내가 괴로워 말할 수 없나이다
  그의 인자하심은 영원히 끝났는가
  그의 약속하심도 영구히 폐하였는가

구조 3 깨달음과 반전: 시의 중심축(10-15절)

    또 내가 말하기를 이는 나의 잘못이라

    곧 여호와의 일들을 기억하며

    주의 팔로 주의 백성 곧 야곱과 요셉의 자손을 속량하셨나이다(셀라)

구조 4 믿음의 확신: 홍해의 역사를 기억함(16-20절)

    하나님이여 물들이 주를 보았나이다

    물들이 주를 보고 두려워하며 깊음도 진동하였고

    주의 백성을 양 떼 같이 모세와 아론의 손으로 인도하셨나이다

아더스는 77편의 이런 거시적 구조를 바탕으로 설교를 구성하면, 세 번째 구조를 통해 메시지의 '극적 반전'(dramatic reversal)이 일어나면서, 청중의 기존 생각을 뒤집을 수 있다고 말한다. 실례로 살펴본 것처럼 그는 평행법을 고려한 소구조 중점의 기존 방법론에 거시적 구조의 중요성을 적절히 추가했다.

한편 아더스는 본문의 구조, 이미지, 감정을 메시지에 반영하는 것 외에 시편 설교를 위해 다음과 같은 것을 시도할 것을 제안한다.[90]

① 설교를 준비하며 묵상하라.
② 구체적인 언어를 사용하라('배'보다는 잠수함, 요트, 예인선 등이 좋다).
③ 은유를 사용하라(사자 같은 왕, 소 같은 농부).
④ 감정선(emotional outline)을 만들라.

⑤ 평행법을 사용하라.

⑥ 음악을 사용하라(설교 시작이나 마무리에 음악 사용, 혹은 중간에 특송).

⑦ 예배와 조화를 이루게 하라.

⑧ 실제적 이미지를 사용하라.

⑨ 표현이 넘치는 목소리와 신체를 사용하라.

아더스가 제시한 이 아홉 가지 방법 중 어떤 것은 시편 설교에만 특별히 적용할 방법은 아니다. 시편 설교뿐 아니라 모든 설교를 위한 제안처럼 들린다. 그럼에도 그의 제안은 시편 설교에서 구조, 이미지, 감정의 사용뿐 아니라 다양한 요소의 활용도 고려하게 만드는 창의적 제안으로 볼 수 있다.

스티븐 스미스(Steven W. Smith)

스미스 또한 위에서 살펴본 두 학자처럼 평행법을 통한 시편 구조의 파악과 활용에 대해 강조한다. 그는 평행법을 하나의 생각이 먼저 제시된 후 그에 대한 주석이 뒤따르는 방법으로 정의한다.[91] 즉, 첫째 행이 뭔가를 말하고, 이어지는 둘째 행이 그에 대한 의견을 추가하는 것이다. 이 둘째 행은 첫째 행을 보강하거나 설명하거나 혹은 대조한다.[92] 기억해야 할 것은 평행법이 단순한 반복이 아니라 '생각의 움직임'이라는 사실이다. 그렇다면 본문의 생각, 의미뿐 아니라 그것이 어떻게 움직이고 있는지를 파악해야 한다.

평행법이 사용된 여러 행은 공통내용으로 묶여 시의 사상의 기본 단위(the basic unit of thought)인 '스트로피'(strophe)가 되는데, 쉽게 말하면 이것은 산문의 단락(paragraph) 같은 것이다.[93] 시편 1편을 예로 생각해 보자. 처음 두 절(1, 2절)은 복 있는 사람의 삶의 방식을 이야기한다. 두 번째 두 절(3, 4절)은 의인과 악인의 대조적 결말을 이야기한다. 마지막 두 절(5, 6절)은 악인의 운명에 관해 이야기한다. 한 편의 시는 연속되는 스트로피를 통해 움직이고 최종 주제를 형성한다. 그러므로 스트로피를 따라 시편을 나누어보면 본문의 전체 구조와 주제를 효과적으로 파악할 수 있다. 다음 장에서 살펴보겠지만, 설교자는 이렇게 파악된 본문의 구조를 설교의 움직임으로 가져오면 된다.

시편의 구조를 파악했다면 이제 이미지와 감정에 주목해야 한다. 스미스에 따르면, 이미지는 큰 신학적 개념에 대한 작고 구체적인 그림이다.[94] 설교자는 이런 이미지를 어떻게 청중이 이해할 수 있는 일반적인 그림으로 바꿀 수 있는지 고민해야 한다. 또 시편에 스며 있는 감정을 파악하는 것도 매우 중요한데, 본문의 감정이 독자의 마음을 움직이기 때문이다. 청중의 마음을 움직이는 것이 청중의 행동을 촉구하는 것보다 선행되어야 한다. 즉, 설교자는 먼저 시편의 이미지를 통해 본문이 말하고 있는 것을 청중이 느낄 수 있도록 '감정적 연결'(emotional connection)을 수행해야 한다. 그런 다음 본문의 교훈을 실천하도록 제시하는 것이 좋다.[95] 예를 들어, 시편 23편을 설교할 때 목자의 이미지를 통해 청중이 먼저 공급자 하나님에 대해 충분히 느낄 수 있도록 펼친 후, 청중에게 평생 그분을 따를 것을 요청하는 것이 훨씬 효과적이다.

마지막으로, 스미스는 시편 설교에서 본문에 나타난 구속의 하나님을 드러내라고 말한다. 시편 저자들은 많은 경우 고통의 상황 속에서 부르짖고 있다. 본문의 시인들은 때로 낙심하고 의심하고 불평하기 때문에 그 모습이 불신앙의 모습처럼 보이지만, 그들은 하나님 앞에 기도하고 있다. 구원자 하나님의 손길과 회복의 은혜를 갈망하고 있다. 그렇다면 이들의 부르짖음에 하나님이 어떻게 역사하시는지 보여주는 것은 시편 설교의 가장 중요한 부분 중 하나가 되어야 한다. 물론 어떤 시편에는 하나님의 역사가 전혀 등장하지 않는다. 그러나 시편 저자들이 절망의 상황 속에서도 여전히 구원자 하나님 앞에서 부르짖으며 그분의 역사를 기대한다는 점에서 시편은 희망의 기도요 소망의 찬송이다.[96]

특별히 스미스는 시편을 신약과 적극적으로 연결하라고 조언한다.[97] 시편은 신약에서 가장 많이 언급된 책이다. 예를 들어, 시편 110편은 마태복음 22장 44절, 사도행전 2장 34-35절, 히브리서 1장 13절에서 인용되고 있다. 요한계시록 19장에 등장하는 극적인 전쟁의 장면은 시편 2편의 성취다. 신약과의 연결점이 가장 강한 것은 시편 2편, 22편, 110편 같은 메시아 시편(messianic psalm)인데, 설교자는 이 시편을 예수 그리스도와 연결해야 한다.

스미스가 시편 설교의 핵심 요소인 구조, 감정, 이미지에 구원자 하나님을 드러내는 것과 신약으로 연결하는 것을 추가한 것은 기존의 방법론을 한층 더 발전시킨 것이다. 시편은 분명 구약에 등장하는 언약 백성이 어떻게 구원자 하나님을 갈망하고 그분의 역사를 경험했는지 말하고 있지만, 동시에 어떤 시편은 궁극적 구원이 그리스도를 통해 이루어질 거라 말하고 있기 때문이다.[98]

기존 시편 설교법의 요약과 보완점

지금까지 롱, 아더스, 스미스가 제시한 시편 설교법에 대해 살펴보았다. 세 명의 학자가 사용한 용어와 설명방식은 약간의 차이를 보이지만 핵심 방법은 거의 동일한 것을 볼 수 있다. 지금까지 살펴본 공통 방법을 요약하면 다음과 같다.

① 시편 설교의 핵심 요소인 본문의 구조, 이미지, 감정을 파악하고 설교에 사용하라.
② 시편의 구조를 파악할 때는 평행법 중심의 미시적 구조와 의미 중심의 거시적 구조를 파악하라.
③ 시편의 구조를 파악했다면 이것을 설교의 구조에 반영하라.
④ 본문의 내용을 시각화하는 이미지를 파악하고 설교에 반영해, 이미지가 청중의 상상력에서 살아 움직이게 하라.
⑤ 본문에 흐르는 감정이 무엇인지 파악하고, 설교에서 청중이 그것을 느낄 수 있도록 감정적 연결을 시도하라.

위에서 요약한 방법은 시편 설교에 기초적이면서도 매우 중요한 것이다. 그러나 두 가지 중요한 보완이 필요하다. 첫째, 이 방법을 더 구체적으로 발전시키는 것이 필요하다. 예를 들어, 시편의 이미지를 설교에 반영하는 것을 생각해 보자. 한 시편에는 여러 가지 이미지가 등장한다. 102편의 경우 시의 전반부인 1-11절에만 약 열 개의 이미지가 등장한다. 이렇게 본문에 드러나는 다양한 이미지를 어떻게 모두 설교에 반영할 수 있는가. 곧 살펴보겠지만, 메시지를 분명하게 드러낼 수 있는 '대표 이미지'(main and representing image)를 선택하여 집중적으로 묘사하고 나머지는 간단하게 언급하거나 생략하면 된다. 둘째, 구조, 감정, 이미지라는 본문의 독특한 요소를 연관성, 적용, 전달이라는 설교의 핵심 요소와 결합하는 작업이 필요하다. 본문의 이미지, 감정을 어떻게 현대 청중의 삶으로 연결할지는 매우 중요한 문제다. 동시에 시편의 고백과 기도와 찬양을 어떻게 현재 삶에 적용할지도 결코 빼놓을 수 없는 주제다. 또 시편 설교에서 전달의 독특성과 중요성은 너무도 크다. 이런 보완의 필요에 따라 기존의 시편 설교 방법을 토대로 삼고, 연관과 적용 및 전달 작업을 추가해 발전시킨 것이 바로 'SEIRA 시편 설교법'이다.

SEIRA 시편 설교법의 철학과 핵심 요소

최상의 설교는 '텍스트가 왕'(Textus Rex-the text is king)이라는 철학을 가지고 본문 내용과 특징을 파악해 오늘날로 연관시키고, 청중이 깨달은 것을 실천할 수 있도록 효과적으로 전달하기 위해 끊임없이 노력한다.[99] 이 철학을 실현하기 위해 최상의 설교는 본문, 연관성, 적용, 전달이라는 네 요소를 설교에 포함한다. SEIRA 시편 설교법은 최상의 설교 철학을 기초로, 설교자들이 시편 설교의 방향을 쉽게 기억함과 동시에 구체적이고 쉽게 설교를 작성할 수 있도록 만든 방법이다. 아래에서 살펴보겠지만, 'SEIRA'라는 이름에는 시편 설교의 핵심 방향과 최상의 설교가 강조하는 네 요소 중 본문, 연관, 적용을 활용해 어떻게 메시지를 작성할지에 대한 방법이 내포되어 있다. 참고로 시편 설교 전달법은 다음 장에서 집중적으로 다룰 것이다.

SEIRA 설교법에서 'S'는 구조(structure)를 말한다. 앞에서 살펴본 것처럼 시편 설교의 가장 첫 단계는, 그 시편이 어떤 종류에 속하는지 확인하고 본문의 구조를 파악하는 것이다. 이 구조를 통해 메시지가 흘러가기 때문이다. 'E'는 감정(emotion)을 말하는데, 설교자는 각 구조 속에 어떤 감정이 흐르고 있는지 확인해야 한다. 시편에 나타난 감정이 결국 청중의 마음을 움직여 정서적 공감을 만들어내기 때문이다. 'I'는 이미지(image)를 말하는데, 각 구조에 나타난 내용과 감정이 본문에서 어떻게 이미지로 나타나는지 파악해야 한다. 이미지는 본문의 내용과 감정을 시각화해 메시지를 강화하고 메시지의 핵심을 청중의 머리에 남긴다.

위에서 살펴본 'S·E·I'는 본문과 관련된 것으로 시편의 내용과 특징을 파악하게 한다. 'R'은 연관성(relevance)을 의미한다. 설교자는 본문에 등장하는 시인의 상황과 하나님의 모습이 청중의 삶과 어떻게 연관되는지 보여주어야 한다. 'A'는 적용(application)을 말하는데, 청중이 시편 메시지에서 깨달은 것을 그들의 삶에 어떻게 실천할 수 있는지 제시하는 것이다.

참고로 SEIRA 설교법에서 SEIRA는 헬라어인데 '사슬'(chain)을 의미한다(벧후 2:4). 시편 본문의 특징인 구조, 감정, 이미지는 서로 분리되지 않고 사슬처럼 함께 묶여 수사학적 효과를 만들어낸다. 그뿐 아니라 시편 본문의 이런 특징은 연관성과 적용이라는 설교학적 핵심 요소와 함께 묶일 때 효과적인 메시지가 되기 때문에 이 용어를 택했다. 지금까지 살펴본 SEIRA 시편 설교법을 정리하면 다음과 같다.

철학		시편의 내용과 특징을 파악해 오늘날로 연관시키고 적용한다
시편 3요소: 본문	Structure 구조	메시지의 흐름 파악
	Emotion 감정	메시지의 공감 요소 파악
	Image 이미지	메시지의 강화 요소(시각화) 파악
연관성	Relevance 연관성	메시지의 연결점 제시
적용	Application 적용	메시지의 실천점 제시

SEIRA 설교법의 철학과 핵심 요소

지금까지 SEIRA 설교법의 철학과 핵심 요소를 살펴보았다. 이제부터 각 요소를 활용해 어떻게 설교를 작성할 수 있는지 배워보자. 명확한 이해를 위해 SEIRA 설교법에서 각 단계의 중점을 따옴표로, 전체 중에 각 단계의 위치는 영문 대문자로 표시했다.

SEIRA 설교법을 통한 시편 설교 작성법

본문의 '구조'를 파악하라(Seira)

시편 설교에서 가장 먼저 해야 할 것은 설교할 시편의 구조를 파악하는 것이다. 시편의 구조를 파악하면 소주제가 어떤 방향으로 움직이는지 알 수 있고, 그것이 모여 만든 최종 주제가 무엇인지 알 수 있다. 이런 중요성을 인식하며 다음과 같은 순서로 본문의 구조를 파악하라.

첫째, 자신이 설교할 시편이 어떤 종류의 시편인지 확인하라. 시편 연구의 선구자라 할 수 있는 궁켈(H. Gunkel)은 내용, 분위기, 배경의 유사점을 기준으로 시편을 찬양시(hymns of praise), 제왕시(royal psalms), 감사시(thanksgiving psalms), 개인 탄원시 및 공동체 탄원시(individual and community laments)로 나누었다.100 일단 자신이 선택한 본문이 어떤 종류의 시편인지 파악하면 큰 주제를 알 수 있고, 그 시가 어떤 구조로 흘러갈지 예측할 수 있다. 예를 들면, 대부분의 찬양시는 하나님을 향한 찬양을 주제로 다룬다. 그 구조는 보통 시인의 찬양 혹은 찬양하라는 외침이 먼저 나온다. 그리고 이어 하나님의 속성이나 사역에 근거한 찬양의 이유가 제시된다. 마지막은 기도, 축복 혹은 찬양으로 마무리된다.101 한편, 102편 같은 비탄시는 주로 시인의 회의와 의심과 고통의 상황 혹은 하나님의 도움을 구하는 부르짖음, 그 후 영적인 깨달음, 결단과 찬양의 구조로 흘러간다.102

둘째, 설교할 시편을 내용에 따라 큰 구조(macrostructure), 즉 몇 개의 내용 단락으로 나누라. 평행법 중심의 작은 구조(microstructure)를 살펴보되, 그것에 너무 매이지 말고 큰 구조를 파악하는 것에 더 중점을 두어야 한다.103 실례로 탄원시인 시편 102편을 내용 기준으로 몇 개의 단락으로 나눌 수 있는지 살펴보자.104 첫 단락인 1-2절은 시인이 하나님께 부르짖는 모습이 나온다. 둘째 단락인 3-11절은 고통받는 시인의 모습이 나타난다. 셋째 단락인 12-22절은 긍휼을 베푸시는 하나님과, 사람들이 그 하나님을 영원히 기억할 것이라는 고백이 나온다. 넷째 단락인 23-24절은 하나님께 자신을 구원해 달라는 요청이 나온다. 다섯째 단락인 25-28절은 하나님의 영원하심과 신실하심에 대한 찬양과 선포가 나온다.

셋째, 여러 단락으로 나뉜 시편이 최종 무엇을 말하는지 중심메시지(CMT: central message of the text)를 발견하라.[105] 시편의 각 단락이 무엇을 말하는지 파악했다면, 그 단락이 모여 어떤 최종 메시지를 전하고 있는지 파악한다. 앞에서 살펴본 시편 102편의 주제는 고난 속에 부르짖는 영혼에게 하나님이 긍휼을 베푸실 것이라는 소망의 메시지를 담고 있다.

위에서 제시한 순서를 따르면, 시편 구조 파악을 통해 본문의 내용이 무엇인지 정확하게 알 수 있다. 또 각각의 내용이 어떻게 연결되어 중심메시지를 형성하는지도 확인할 수 있다. 그뿐 아니라 본문의 단락을 바탕으로 설교를 작성할 때 자연스러운 설교의 움직임(sermonic movement)을 만들어낼 수 있다. 이런 이유로 시편의 구조 파악은 시편 설교의 매우 중요한 첫걸음이다.

본문의 '감정'을 파악하라(sEira)

시편의 구조를 파악했다면 이제 그 구조에 담긴 시인의 감정에 주목할 차례다. 시편은 성경의 어떤 장르보다 풍부한 감정을 품고 있으며, 그것을 통해 독자의 마음에 다가간다. 시편은 의도적으로 감정에 호소하며, 명제적 사고(propositional thinking)보다는 느낌을 불러일으켜서 어떤 사실에 대한 인지적 이해를 넘어 개인적인 측면으로 느끼고 반응하게 한다.[106] 이런 특징을 인식하면서 본문이 이끄는 시편 설교는 본문의 내용뿐 아니라 본문의 감정을 파악하고 설교로 연결하고자 한다.[107] 간단히 말해, 설교할 때 나타나는 감정이 본문의 감정에 기초하도록 하는 것이다. 이렇게 함으로써 본문의 환희가 청중의 기쁨이 되고, 본문의 눈물이 청중의 슬픔이 되며, 본문의 약속이 청중의 소망이 된다.

어떻게 본문의 감정을 파악하고 그것을 설교로 가져올 수 있는지 실례를 통해 알아보자. 첫째, 본문 구조를 파악하기 위해 나눈 각각의 단락에 어떤 감정이 흐르고 있는지 확인해 보라. 앞에서 시편 102편의 단락에 흐르는 감정을 정리해 보면 다음과 같다(큰따옴표로 표시).

첫째 단락(1-2절): 시인이 하나님께 부르짖는 모습 → "간절함"
둘째 단락(3-11절): 시인의 고통 받는 모습 → "슬픔과 두려움"
셋째 단락(12-22절): 긍휼을 베푸시는 하나님과 그분에 대한
　　　　　　　　　영원한 기억 → "소망함"
넷째 단락(23-24절): 하나님께 드리는 구원의 요청 → "애절함"
다섯째 단락(25-28절): 하나님의 영원하심과 신실하심에 대한
　　　　　　　　　　찬양 → "신뢰함"

둘째, 본문의 감정을 기초로 설교를 작성하라. 본문의 각 단락에서 파악한 감정을 어떻게 하면 청중이 생생하게 느낄 수 있는지 고민하는 단계다. 설교자는 크게 두 가지 방법을 사용할 수 있다. 먼저 곧 살펴볼 연관 작업을 통해 시인이 처한 상황을 오늘날 청중의 삶으로 연결하는 것이다. 시인의 상황을 오늘 우리가 동일하게 겪고 있음을 깨닫게 해야 한다. 시인이 경험한 하나님이 우리의 하나님임을 느끼게 해야 한다. 또 다른 방법은 아래에서 살펴볼 이미지를 활용하는

것인데, 시인의 감정을 담고 있는 이미지를 청중의 머리에 그려주는 것이다. 설교자가 이런 방법을 통해 청중이 본문의 내용을 이해할 뿐 아니라 감정까지 느끼게 할 때, 공감이 바탕이 된 메시지의 집중력은 더욱 높아진다.

셋째, 본문의 감정을 반영해 설교를 전달하라. 본문의 감정은 설교 작성뿐 아니라 설교 전달에도 영향을 미친다.[108] 시인의 감정을 무시한 채 냉랭한 방식으로 메시지를 전하거나, 반대로 본문의 감정과는 상관없이 설교자 자신의 감정에 과도하게 몰입해 메시지를 전해서는 안 된다.[109] 본문의 감정을 충실하게 설교에 반영하되, 연습을 통해 미리 준비되고 절제된 방식으로 전하는 것이 가장 효율적이다.[110]

본문의 '이미지'를 파악하라(selra)

설교할 시편의 구조와 감정을 파악했다면 이제 본문의 내용과 감정을 담고 있는 이미지를 발견해야 한다. 시편에서 이미지의 역할은 매우 중요하다. 이미지가 본문의 내용을 시각적으로 요약할 뿐 아니라 청중이 본문의 감정을 머리에 떠올릴 수 있는 구체적인 모습으로 그려주기 때문이다.[111] 아더스의 연구에 따르면, 시편에서 이미지는 추상적인 개념을 구체적인 그림으로 만드는 놀라운 역할을 한다.

시는 추상적인 생각에 대한 그림을 만들어내기 위해 구체적인 명사와 동사를 사용한다. '분노'라는 단어는 우리 마음에 어떤 이미지를 떠올리기가 어렵다. 그러나 시편에서 진노는 '불붙고' '타오르는' 이미지를 떠올린다. 혼란은 우리를 '비틀거리게 하는 것'으로, 문제는 '매일 날아오는 화살'로, 안전함은 태양으로부터 '피할 곳' 혹은 숨을 수 있는 '날개'로, 환희는 '나무들이 손뼉을 치고' '바다가 목소리를 높이는 것'으로 이미지화 되어 나타난다. 강, 들판, 산, 포도원, 문, 성전, 하늘은 시편 기자들의 상상의 영토다. 원숭이, 메뚜기, 사자, 자칼은 그 땅의 길을 걷고 있다. 신부, 농부, 파수꾼, 군대는 그 장소에서 살아 움직인다.[112]

시편의 이미지는 시를 더 선명하고 빛나게 할 뿐 아니라, 독자들이 그가 말하는 것을 더 세밀하게 관찰하고 묵상하게 한다.[113] 그렇다면 본문의 이미지를 파악하고 설교로 가져올 수 있는 구체적인 방법은 무엇인가?

첫째, 본문 각 단락의 내용과 감정을 나타내기 위해 사용된 이미지가 무엇인지 살펴보라. 예를 들어, 시편 102편의 둘째 단락인 3-11절은 고통 받고 있는 시인의 상황과 감정을 다음과 같은 다양한 이미지로 나타내고 있다. 연기같이 소멸되는 자신의 날, 숯같이 탄 자신의 뼈(3절). 풀같이 시들고 마른 마음(4절). 살이 뼈에 붙은 것 같은 탄식(5절). 광야의 올빼미, 황폐한 곳의 부엉이(6절). 지붕 위의 외로운 참새(7절). 미친 듯이 날뛰는 원수(8절). 재를 양식같이 먹고, 눈물 섞인 물을 마심(9절). 주의 진노와 분노(10절). 기울어지는 그림자, 시드는 풀(11절). 이렇게 일단 각 단락에 나타난 이미지를 빠짐없이 살펴보는 것이 첫 단계다.

둘째, 각 단락의 내용과 감정을 가장 잘 드러낼 수 있는 '대표 이미지'를 결정하라. 종종 시편에 너무 많은 이미지가 등장하는데, 모든 이미지를 설교에 가져올 수도 없고 가져올 필요도 없다. 각 단락에서 가장 중요한 대표 이미지 한두 개를 선택하고, 그것을 통해 집중적으로 시의 내용과 감정을 전달하면 된다. 나머지 이미지는 간략하게 언급하거나 과감하게 생략해도 된다. 예를 들면, 시편 102편에서 각 단락의 내용과 감정을 담는 대표 이미지를 다음과 같이 선정할 수 있다(큰따옴표로 표시).

첫째 단락(1-2절): 시인이 하나님께 부르짖는 모습 → 간절함
"부르짖는 시인"

둘째 단락(3-11절): 시인의 고통 받는 모습 → 슬픔과 두려움
"연기처럼 사라지는 날" "지붕 위의 외로운 참새"

셋째 단락(12-22절): 긍휼을 베푸시는 하나님과 그분에 대한
영원한 기억 → 소망함
"영원하신 하나님" "긍휼을 베푸시는 하나님"

넷째 단락(23-24절): 하나님께 드리는 구원의 요청 → 애절함
"살기를 구하는 시인"

다섯째 단락(25-28절): 하나님의 영원하심과 신실하심에 대한
찬양 → 신뢰함
"신뢰와 찬양을 드리는 시인"

셋째, 연관 작업이나 적용을 제시할 때 본문의 이미지를 사용해 시각적 요소가 생생한 메시지가 되게 하라. 예를 들어, 본문에 "연기처럼 사라지는 날"의 이미지를 청중이 고난 속에서 혹은 병을 앓으면서 의미 없이 허비되며 사라지는 날들로 연관하면 시각적 요소가 강조된 메시지를 만들 수 있다. 적용에서도 본문의 이미지를 사용할 때 좋은 효과를 얻을 수 있다. 이미지가 청중에게 적용한 내용을 더 쉽게 기억하도록 하기 때문이다.[114] 예를 들면, 시편 102편을 청중에게 적용할 때 '고난의 때에 간절히 기도하자'라고 적용하기보다 9절과 24절의 이미지를 사용해 '눈물 섞인 물을 마실 때 눈물로 기도하자'라고 시각적으로 그려지게 적용하면 훨씬 더 시편 설교다운 적용이 된다.

본문을 청중의 삶으로 '연관'하라(seiRa)

존 스토트의 말처럼 "설교는 단지 강해(exposition)가 아니라 소통, 커뮤니케이션(communication)이며, 단순한 본문의 주해(exegesis)가 아니라 말씀을 들어야 할 살아있는 사람들에게 하나님께서 주신 메시지를 전달하는 것이다."[115] 그렇다면 설교자는 시편을 단순한 과거의 고백과 기도와 찬양이 아닌 우리를 향한 메시지가 되도록 해야 한다.

연관 작업의 첫 단계로 해야 할 것은, 인간 세상에 만연한 죄와 여러 문제로 고통 받고 있는 본문의 사람과 상황을 오늘날로 연관하는 것이다. 시편 102편에는 악인에게 받는 공격과 그로 인한 시인의 정신적 육체적 고통이 나타난다. 설교자는 고통스러운 상황에 처한 시인의 모습을, 하나님을 따르지만 세상에서 공격받고 신체적 정신적

아픔 속에 살아가는 성도의 모습과 연결할 수 있다. 연관 작업의 두 번째 단계는 본문의 구원자 하나님이 변함없이 우리의 구원자 되심을 드러내는 것이다. 시편 102편에서 하나님은 인간의 유한성과는 대조적으로 영원히 존재하시는 분이다. 그러나 그 영원하신 하나님은 인간 세계를 초월해 아무 관여도 하지 않는 냉정한 존재가 아니다. 그분은 당신의 백성을 돌보시며 기도를 들으시고 긍휼을 베푸신다. 설교자는 이 영원하신 하나님이 변함없이 오늘 우리에게도 긍휼을 베푸시는 분임을 전해야 한다.

이런 일반적인 연관의 단계를 거쳐 시편을 오늘날로 연결하되, 제왕시의 경우는 일반 연관 작업에 앞서 '그리스도 중심적 연관 작업'이 필요하다.[116] 제왕시는 이스라엘의 왕에 대한 시인데, 신약의 그리스도와 연결되는 경우가 많다. 실제로 제임스 메이스(James L. Mays)의 연구에 따르면, 시편은 신약에서 가장 빈번하게 인용되는 구약이며, 특별히 기독론(Christology)에서 핵심적인 역할을 한다.[117] 한 실례로, 복음서에서 예수님이 세례받으실 때 "너는 내 아들"이라는 신적 정체성을 확인시키는 음성이 들리는데, 이는 시편 2편 7절에서 온 것이다. 또 예수님의 수난기사는 시편 22, 31, 69편의 수난 모티브가 반영되거나 인용되었다. 이런 제왕시의 경우, 본문이 어떻게 그리스도와 연결되는지 먼저 설명하고, 그것이 우리 삶에 어떤 관계가 있고 어떻게 영향을 미쳤는지 보여주어야 한다.

본문의 깨달음을 '적용'하라(seirA)

연관 작업을 마쳤다면 설교자는 마지막 단계로 적용을 제시하면 된다. 이 단계에서는 청중이 시편을 통해 깨달은 것을 삶에서 실천할 수 있도록 이끈다. 성경은 말씀을 듣고 깨닫는 것에서 끝나지 말아야 함을 강조한다. "너희는 말씀을 행하는 자가 되고 듣기만 하여 자신을 속이는 자가 되지 말라"(약 1:22). 이 구절에 따르면, 말씀을 듣고 행하지 않는 자는 자신을 속이는 자다. 설교자가 시편의 메시지를 아무리 은혜롭게 전했어도, 성도가 구체적으로 무엇을 해야 할지 적용점을 알려주지 않으면, 성도의 삶에 변화를 기대하기 어렵다.

설교자는 청중에게 시편 본문에서 발견한 성경적 삶의 원칙을 실천하도록 권고하는 '일반적 적용'(general application)을 제시할 수 있다.[118] 때로는 아주 구체적 실천 방법인 '구체적 적용'(specific application)을 제시할 수도 있다. 일반적 적용을 사용할 것인지 구체적 적용을 사용할 것인지 고민하는 것도 중요하다. 그러나 본문에 충실하면서 동시에 삶에서 실천 가능한 것을 어떻게 적용으로 제시할지 고민하는 것이 훨씬 더 중요하다. 참고로 시편은 감정과 이미지가 압축된 형태의 메시지이기 때문에, 너무 세부적이고 긴 구체적 적용보다는 간결하고 시각적인 일반적 적용을 제시하는 것이 효율적일 때가 많다.

SEIRA 설교법을 통한 시편 설교 실례

지금까지 SEIRA 설교법을 통해 어떻게 시편 설교를 작성할 수 있는지 살펴보았다. 이제 마지막으로 SEIRA 시편 설교법으로 작성한 설교문을 살펴보자. 명료한 설교 작성의 과정을 보여주기 위해 먼저 SEIRA 설교법의 각 요소를 표제로 달아두었고, 그것에 따른 작성 방향도 간략히 기록해 두었다. 그 후 이에 따른 설교의 내용을 제시했다.

● 본문: 시편 102편 1-28절

^{1}여호와여 내 기도를 들으시고 나의 부르짖음을 주께 상달하게 하소서 ^{2}나의 괴로운 날에 주의 얼굴을 내게서 숨기지 마소서 주의 귀를 내게 기울이사 내가 부르짖는 날에 속히 내게 응답하소서 ^{3}내 날이 연기 같이 소멸하며 내 뼈가 숯 같이 탔음이니이다 ^{4}내가 음식 먹기도 잊었으므로 내 마음이 풀 같이 시들고 말라 버렸사오며 ^{5}나의 탄식 소리로 말미암아 나의 살이 뼈에 붙었나이다 ^{6}나는 광야의 올빼미 같고 황폐한 곳의 부엉이 같이 되었사오며 ^{7}내가 밤을 새우니 지붕 위의 외로운 참새 같으니이다 ^{8}내 원수들이 종일 나를 비방하며 내게 대항하여 미칠 듯이 날뛰는 자들이 나를 가리켜 맹세하나이다 ^{9}나는 재를 양식 같이 먹으며 나는 눈물 섞인 물을 마셨나이다 ^{10}주의 분노와 진노로 말미암음이라 주께서 나를 들어서 던지셨나이다 ^{11}내 날이 기울어지는 그림자 같고 내가 풀의 시들어짐 같으니이다 ^{12}여호와여 주는 영원히 계시고 주에 대한 기억은 대대에 이르리이다 ^{13}주께서 일어나사 시온을 긍휼히 여기시리니 지금은 그에게 은혜를 베푸실 때라 정한 기한이 다가옴이니이다 ^{14}주의 종들이 시온의 돌들을 즐거워하며 그의 티끌도 은혜를 받나이다 ^{15}이에 뭇 나라가 여호와의 이름을 경외하며 이 땅의 모든 왕들이 주의 영광을 경외하리니 ^{16}여호와께서 시온을 건설하시고 그의 영광 중에 나타나셨음이라 ^{17}여호와께서 빈궁한 자의 기도를 돌아보시며 그들의 기도를 멸시하지 아니하셨도다 ^{18}이 일이 장래 세대를 위하여 기록되리니 창조함을 받을 백성이 여호와를 찬양하리로다 ^{19}여호와께서 그의

높은 성소에서 굽어보시며 하늘에서 땅을 살펴 보셨으니 [20]이는 갇힌 자의 탄식을 들으시며 죽이기로 정한 자를 해방하사 [21]여호와의 이름을 시온에서, 그 영예를 예루살렘에서 선포하게 하려 하심이라 [22]그 때에 민족들과 나라들이 함께 모여 여호와를 섬기리로다 [23]그가 내 힘을 중도에 쇠약하게 하시며 내 날을 짧게 하셨도다 [24]나의 말이 나의 하나님이여 나의 중년에 나를 데려가지 마옵소서 주의 연대는 대대에 무궁하니이다 [25]주께서 옛적에 땅의 기초를 놓으셨사오며 하늘도 주의 손으로 지으신 바니이다 [26]천지는 없어지려니와 주는 영존하시겠고 그것들은 다 옷 같이 낡으리니 의복 같이 바꾸시면 바뀌려니와 [27]주는 한결같으시고 주의 연대는 무궁하리이다 [28]주의 종들의 자손은 항상 안전히 거주하고 그의 후손은 주 앞에 굳게 서리이다 하였도다

● 설교문
연기 같이 사라질 때

본문의 구조 파악(S) 본문을 거시적 구조로 나누고, 각 단락을 설교의 움직임으로 전환

어떤 기도는 간절하다 못해 진한 슬픔이 묻어납니다. 오늘 시편은 그런 기도로 시작됩니다. "여호와여 내 기도를 들으시고 나의 부르짖음을 주께 상달하게 하소서 나의 괴로운 날에 주의 얼굴을 내게서 숨기지 마소서 주의 귀를 내게 기울이사 내가 부르짖는 날에 속히 내게 응답하소서"(1-2절)

본문의 감정 및 이미지 파악(E, I) 본문의 둘째 단락(3-11절)에 나타나는 감정을 파악. 둘째 단락의 내용과 감정을 나타내는 이미지를 메시지에서 시각적으로 설명. 대표 이미지를 '연기처럼 소멸하는 날'로 결정하고 이후 메시지에 지속적으로 사용

시인은 지금 인생의 "괴로운 날"의 한복판에 서 있습니다. 왜입니까? 8절에 나타난 것처럼 시인의 원수들이 날뛰며 저주 섞인 맹세를 쏟아내고 있기 때문입니다. 그래서 시인의 마음은 상해 있습니다. 그의 몸도 꺾여 있습니다. 자신의 처지를 고통 속에 토해내는 시인의 말을 들어보십시오. "내 날이 연기 같이 소멸하며"(3절a), 지금 시인의 소중한 시간은 날아가는 연기처럼 속히 사라지고 있습니다. "내 뼈가 숯 같이 탔음이니이다"(3절b), 몸을 지탱해 주는 강한 뼈마저 타버린 숯처럼 되어 아픈 자가 되었습니다. 그뿐입니까? 지금 시인은 고통으로 음식조차 먹을 수 없습니다. 그 결과 몸은 물론이고 마음까지 풀같이 시들어 말라버렸습니다. "내가 음식 먹기도 잊었으므로 내 마음이 풀 같이 시들고 말라 버렸사오며"(4절).

시인은 소중한 시간과 건강을 잃어버렸을 뿐 아니라, 광야와 황폐한 곳에 있는 올빼미와 부엉이같이 외롭게 홀로 남겨졌습니다. "나는 광야의 올빼미 같고 황폐한 곳의 부엉이 같이 되었사오며"(6절). 이제 그를 도울 사람은 아무도 없습니다. 지붕 위에서 홀로 긴 밤을 새우는 참새 같은 인생이 되어버렸습니다. "내가 밤을 새우니 지붕 위의 외로운 참새 같으니이다"(7절). 그러나 가장 고통스러운 것은 온몸으로 겪고 있는 자신의 고통을 하나님께서 허락하셨다는 사실입니다. "주의 분노와 진노로 말미암음이라 주께서 나를 들어서 던

지쳤나이다"(10절).

본문과 청중의 삶 연관(R) 연관 문장과 연관 예화를 통해 시인이 겪고 있는 상황을 오늘날 청중이 겪고 있는 상황으로 연결. 이미지가 사용된 예화와 정서적 공감을 위한 예화를 통해 본문과 청중을 연결

우리는 시인의 신음 같은 한탄의 소리를 들었습니다. 그런데 지금 이 소리를 들으면서 '시인의 저 모습이 바로 내 모습인데' 하는 분이 있으시지요. '제 삶도 지금 적들에게 둘러싸여 있습니다. 제 몸도 꺾이고 숯처럼 검어졌습니다. 저도 마음이 상해 있어서 음식을 먹을 수 없습니다. 고독 속에 홀로 밤을 새우는 지붕 위의 참새가 바로 저입니다. 하나님이 제게 왜 이런 고통을 주시는지 모르겠습니다.' 사실 고통 받는 시인의 모습이 우리 마음에 생생히 그려지는 이유는, 어쩌면 우리 또한 그런 삶의 한복판에 서 있기 때문이 아닐까요.

지난주에 제가 아끼는 성도를 만났습니다. 이 성도는 자신의 30대 중반의 삶이 연기처럼 사라졌다고 했습니다. 30대 중반에 암에 걸렸기 때문입니다. 그는 인생의 가장 소중한 시간을 무서운 병과 싸우며 보냈습니다. 시인의 말처럼 붙잡고만 싶었던 소중한 시간이 연기처럼 훅 날아갔습니다. 이 성도는 담담히 말하더군요. "제가 죽는 것은 괜찮은데 유치원생 딸을 홀로 남겨두는 것이 너무 슬프고 걱정되었습니다."

이 성도는 연기처럼 날아가는 시간, 그 시간의 끝이 얼마나 무섭고 겁이 났을까요. 시인은 어땠을까요. 연기처럼 소멸되는 시간 속

에, 숯처럼 되어버린 몸을 가지고, 새처럼 홀로 남겨진 시인은 하염없이 울었습니다. 흐르는 눈물이 멈추지 않아 물을 마실 때도 눈물이 입 안으로 들어왔습니다. "나는 눈물 섞인 물을 마셨나이다"(9절).

본문의 구조 및 감정 파악(S, E) 본문의 단락에 따라 설교의 움직임 진행. 셋째 단락(12~22절)의 내용 전환을 메시지의 전환으로 사용. 넷째 단락(23~24절)에 나타난 시인의 애절함을 청중이 느끼고 정서적으로 교감하게 함

이런 시인이 삶에 무슨 희망이 있을까요. 이런 시인이 과연 다시 일어설 수 있을까요? 시인의 절망이 깊어지는 만큼 그의 기도도 깊어집니다. 그리고 자신이 날아가는 연기같이 '소멸되는 존재'임을 깊이 절감한 바로 그 순간, 시인은 영원히 소멸되지 않는 한 존재가 계심을 가슴 깊이 느낍니다. 바로 '영원하신 하나님'입니다. 하나님은 영원 전부터 영원까지 계시는 분입니다. 그 하나님을 가고 오는 모든 세대가 기억할 것입니다. "여호와여 주는 영원히 계시고 주에 대한 기억은 대대에 이르리이다"(12절).

어느 순간 연기같이 사라질 유한한 인생이 영원하신 하나님을 깨닫습니다. 그렇게 하나님의 영원성이 시인의 가슴속에 깊이 들어옵니다. 그런데 시인은 여기서 그치지 않고 또 다른 것을 깨닫습니다. 하나님은 영원한 분이지만 결코 당신의 백성과 분리된 차가운 분이 아니라는 사실입니다. 하나님은 시온, 자기의 백성을 긍휼히 여기시는 분입니다. "주께서 일어나사 시온을 긍휼히 여기시리니"(13절). 그분은 가난한 자의 기도에 귀 기울이시는 분입니다. "여호와께서 빈

궁한 자의 기도를 돌아보시며 그들의 기도를 멸시하지 아니하셨도다"(17절). 그분은 갇힌 자의 탄식을 들어주시고, 죽을 수밖에 없는 자를 풀어 살려주시는 분입니다. "갇힌 자의 탄식을 들으시며 죽이기로 정한 자를 해방하사"(20절).

이제 시인은 깊이 깨달으며 감격합니다. '영원하신 하나님은 멀리 계시는 분이 아니구나. 가까이 계시며 연기처럼 사라질 인생을 돌보는 분이시구나….' 순간 시인은 하나님을 와락 붙잡습니다. 유한한 인간이 영원한 하나님 앞에 다가서는 순간입니다. 그리고 꾸밈없이 솔직하게 애절한 마음으로 부르짖습니다. 영원하신 하나님께 유한한 자신의 목숨을 구해 달라고 외칩니다. "나의 말이 나의 하나님이여 나의 중년에 나를 데려가지 마옵소서"(24절).

본문과 청중의 삶 연관 및 적용 제시(R, A) 본문의 시인처럼 우리도 유한한 인생이지만, 영원하신 하나님께서 살피고 보호하심을 느끼며 간절히 기도하게 함

우리 인생도 유한하고 지극히 작습니다. 우주 속에 떠다니는 먼지와 같습니다. 광활한 사막 속에 한 톨의 모래 같습니다. 보이지 않습니다. 들리지 않습니다. 무가치합니다. 곧 사라지고 잊히는 존재입니다. 이런 우리의 고통을 과연 누가 눈여겨보겠습니까? 이런 우리의 신음 소리를 어느 누가 듣겠습니까? 그런데 오늘 시편 기자는 깊은 깨달음 속에 고백합니다. 영원하신 하나님이 살피시고 들으신다고, 그래서 연기같이 소멸될 인생이지만 그 하나님께 부르짖는다고 말합니다. 시편 기자가 고백했던 하나님이 바로 우리의 하나님입니다.

하나님의 영원하심은 우리를 향한 끊임없는 긍휼로 나타납니다. 그렇다면 이 하나님 품에 안겨 시인처럼 간절히 기도하고 싶지 않으십니까?

본문의 감정 파악과 적용 제시(E, A) 다섯째 단락(25~28절)에 나타난 영원하신 하나님에 대한 신뢰의 감정을 청중이 느끼게 함. 연관 예화를 통해 하나님 앞에 기도하며 그분을 신뢰하여 찬양자로, 증거자로 살도록 함

영원하신 하나님 앞에 간절히 기도한 후 시인은 더 이상 자신의 상한 마음과 몸에 대해 이야기하지 않습니다. 자신을 공격하는 적에 대해서도 말하지 않습니다. 영원하신 하나님의 존재가 자신 안에 너무 크게 자리 잡아서일까요. 그저 기도로 모든 것을 하나님께 맡겨 버립니다. 그러자 시편의 마지막은 하나님을 향한 찬양이 되고 그분에 대한 증거가 됩니다. "주께서 옛적에 땅의 기초를 놓으셨사오며 하늘도 주의 손으로 지으신 바니이다"(25절), "천지는 없어지려니와 주는 영존하시겠고"(26절), "주의 종들의 자손은 항상 안전히 거주하고 그의 후손은 주 앞에 굳게 서리이다 하였도다"(28절). 이제 시인은 더 이상 연기처럼 사라지는 가련한 인생이 아닙니다. 영원하신 하나님을 노래하는 찬양자요, 그분의 긍휼을 전하는 증거자로 당당하게 살아갑니다.

암에 걸렸던 성도가 이야기한 것이 기억납니다. "암에 걸렸을 때 당연히 하나님께 치료해 달라고 간절히 기도했죠. 그런데 어느 순간 이대로 죽어도 괜찮다는 생각이 들었습니다. 하나님께서 저를 천국

으로 인도하실 거니까요."

목사인 저도 이해하기 어려운 말이었습니다. 순간 제 마음이 먹먹해지며 깨달음이 왔습니다. '유한한 인간이 영원하신 하나님을 만나 부르짖을 때 갖게 되는 영적 견고함이 이런 것이구나.' 그 성도는 어떻게 되었을까요? 천국에 가지 않았습니다. 지금도 이 땅에서 영원하신 하나님을 날마다 찬양하고 있습니다. 고통으로 두려워하는 사람들에게 자신이 만난 긍휼의 하나님을 전하고 있습니다. 본문의 시인처럼 찬양자로 증거자로 살고 있습니다.

성도 여러분, 지금 자신이 고난 속에 연기처럼 사라질 '순간의 인생'이라고 생각하십니까? 그때가 바로 '영원하신 하나님'을 만날 기회의 순간입니다. 여러분, 지금 슬픔으로 눈물 섞인 물을 마시고 있습니까? 그때가 눈물로 하나님께 부르짖을 시간입니다. 기억하십시오. 시편 기자가 만난 영원하신 하나님이 지금 우리 앞에 계십니다. "여호와여 주는 영원히 계시고 주의 기념 명칭은 대대에 이르리이다"(12절). 지금 이 시간 내 앞에 계신 하나님을 시인처럼 와락 붙잡으십시오. 정직하고 간절한 마음으로 부르짖으며 기도하십시오. 그때 연기처럼 사라질 우리 인생이 영원하신 하나님을 만나 찬양자로, 증거자로 힘 있게 살아갈 것입니다. 아멘.

포기할 수 없는 시편 설교

시편 설교는 성경 장르를 반영한 설교 중 가장 어려운 분야다. 시편의 다양성과 깊이를 반영한 최상의 시편 설교를 만들어내는 것은 결코 쉽지 않은 일이다. 그러나 시편 메시지가 이 시대를 향한 울림으로 전해질 수 있다면 그 영적인 파급력은 대단할 것이다. 구약학의 대가요, 시대의 통찰을 던지는 설교로 유명한 월터 부르그만(Walter Brueggemann)은 예일대학 라이먼 비처 강좌(Lyman Beecher Lectures)에서 이 사실을 보여주었다. 그는 구약의 시가서가 품고 있는 이미지가 얼마나 우리의 상상력을 자극하고, 시에 나타난 인간의 절망이라는 부정적 감정이 구원자 하나님을 향한 기도와 찬송을 통해 어떻게 희망의 감정으로 승화될 수 있는지 보여주었다.[119] 그러면서 설교자에게 너무도 밋밋하고 틀에 박힌 이 시대에 시적 상상력과 감수성을 품고 구원자 하나님을 세상에 대담하게 전할 것을 제안한다.

이런 제안을 자신의 것으로 받아들이는 설교자에게는 그것을 실천할 수 있는 구체적인 방법이 필요하다. 지금까지 발표된 이론을 정리하고 발전시킨 SEIRA 시편 설교법이 하나의 선택이 될 수 있을 것이다. 최상의 설교를 추구하는 설교자에게 시편 설교는 어렵지만 포기할 수 없는 분야다. 시편 속에 놀라운 하나님의 메시지가 담겨 있기 때문이다. 시편 설교의 깊은 세계로 빠져든 설교자들이 땀과 눈물을 흘리다가, 어느 순간 영혼을 깨우고 세상을 놀라게 할 시적 메시지를 전할 수 있기를 기대한다.

Chapter 11
시편 설교 형태와 전달

감성이 살아있는 구조와 전달로 시편을 설교하라

임도균

성경에 충실한 설교는 성경 본문을 충실하게 전달한다. 강해설교는 성경 본문을 기록한 원저자의 의도를 충실히 전달하려는 설교다. 지금까지 강해설교는 본문에 담겨 있는 교훈과 교리적인 가르침을 파악하고 전달하는 데 더 집중했다. 설교 중 본문이 담고 있는 메시지에 집중해 성경 지식 전달에 좀더 치우치기도 했다.[120]

그러나 본문에 충실하게 설교하기 위해서는 본문이 담고 있는 이성적인 영역뿐 아니라 본문에 담겨 있는 감성적인 영역에도 관심을 기울여야 한다. 성경 본문에는 이성적인 교훈과 함께 감동과 감흥을 주는 감성적인 영역도 함께 있기 때문이다. 따라서 영적 교훈(spiritual message)뿐 아니라 본문이 담고 있는 감성적인 영역(emotional impact)까지 포함할 때, 비로소 성경 본문과 성경에 충실하면서도 균형 잡힌 설교라 할 수 있다.

성경은 감성적 효과를 어떤 방법으로 전달하는가? 여러 요소가 있지만 그중 하나가 바로 문학 장르다. 성경은 여러 문학 장르로 기록되어 있다. 성경학자와 설교학자 간에는 성경 본문의 대표적인 장르를 어떻게 나눌지에 대해 견해가 다양하다.[121] 그러나 일반적으로 성경 장르 분류에서 공통적으로 등장하는 장르가 있다. 바로 시 장르다. 시 장르의 독특성으로 성경 장르에 관심을 두고 연구하는 대부분의 설교학자들은 시를 독립적인 장르로 분류한다.

성경에서 시로 기록된 대표적인 장르의 책이 시편이다. 그렇다면 시편은 어떤 특징이 있는가? 히브리어 제목 *Tehillim*에는 '찬양'이라는 의미가 있다. 70인역 헬라어 사본을 보면 *Psalterion*은 '노래 모음'이라는 의미다. 시편은 일반적으로 기도문같이 고백적인 성격을 갖는다. 특히 시편은 영적 공동체에서 개인이나 공적 예배에 낭독되었다. 지혜문학에 속한 시편은 이처럼 고백적인 성격이 있으면서도, 하나님이 인정하시는 복의 길로 안내하는 지혜와 교훈도 들어 있다.[122]

시편 장르는 간결성과 반복성을 통해 생각을 표현한다. 평행법(동의적, 반의적, 종합적)에 의한 생각의 반복, 반전, 발전을 통해 시편 저자의 심정을 전달한다.[123] 특히 시편에는 시편 기자가 여러 환경에서 주님을 만난 깊은 경험과 진한 감정의 변화가 고백적 형식으로 기록되어 있다.[124]

그렇다면 시편 본문에 담긴 교훈적 메시지와 시편 저자의 심정을 동시에 균형 있게 설교하는 것이 가능한가? 만약 가능하다면 시편 본문이 담고 있는 감성을 설교에 반영하기 위해 알아야 하는 시편 설교 요소는 무엇일까? 본문의 감성을 살려낼 수 있는 설교 형태는 무엇일까? 또 시편 설교에서 감성을 전달하기 위해 고려해야 하는 부분은 무엇일까?

  이번 장에서는 본문의 메시지와 본문의 감성을 균형 있게 전달하는 시편 설교 방법을 제안하고자 한다. 먼저 성경 장르의 특성을 고려한 시편 장르의 메시지와 시편 설교에서, 시편 본문의 감성을 전달하기 위한 주요 설교 요소를 소개하려 한다. 또 본문의 감성이 살아날 수 있는 시편 설교의 형태와 전달을 위해 고려할 부분을 간략히 제시하려 한다.

본문의 감성을 전달하는 시편 설교 작성의 7요소

  시편 설교에서는 교훈적이고 신학적인 메시지와 감성적인 요소가 적절하게 균형을 유지해야 한다. 설교학자마다 설교에 대한 일반적인 정의를 소개하지만, 시편 설교에 대한 정의를 소개하는 경우는 그리 많지 않다. 그렇다면 본문의 감성을 전달하는 시편 설교는 무엇일까?

> 본문의 감성을 전달하는 시편 설교는 시편 본문을 주해적이고 신학적으로 연구하고, 적용할 본문의 중심생각, 주된 감성적 움직임, 주된 이미지를 반영해 본문에 나타난 하나님의 뜻을 고백적 노래로 청중이 이해하고 느끼고 따르게 하는 영적인 소통이다.

  위의 정의를 좀 더 설명하면, 시편 본문을 연구하는 방법으로 주해적이고 신학적인 연구 방법을 제안한다. 주해적인 연구는 본문을 역사적 문학적 문법적 수사적으로 파악하는 것을 의미한다. 이러한 본문 분석을 통해 시편 저자가 본문에 의도한 메시지와 감성이 무엇인지 파악한다. 신학적인 연구는 본문의 메시지를 성경 전체의 신학적 메시지의 관점에서 검증하고 보완하는 과정이다. 본문의 감성적인 부분을 설교에 반영하기 위해 본문의 주된 감성적인 움직임과 흐름을 파악하고, 본문의 주된 이미지를 설교에 반영한다. 시편은 다른 성경에 비해 인간의 고백을 하나님께 올리는 독특성이 있다.

따라서 시편 설교는 고백적인 노래와 같이 설교자가 진솔하게 소통하는 형식으로 전달하는 것이 더욱 시편다운 설교라 할 수 있다. 마치 오페라 가수가 자신의 감정을 고백적 형식으로 진솔하게 표현해 진한 감동을 전달하듯, 시편 설교에서도 이러한 고백적 감동의 요소가 있을 때 더욱 시편다운 설교가 될 수 있다. 시편 설교는 본문에 나타난 하나님의 뜻을 청중이 이성적으로 이해하고, 감성적으로 느끼며, 의지적으로 따라 실천하게 하는 영적 행위라 할 수 있다.

그렇다면 본문의 메시지와 감성이 적절하게 조화를 이루는 시편 설교에 필요한 기본적인 요소는 무엇일까? 시편 설교를 작성하는 세부적인 요소 중 특히 일곱 가지 핵심 요소를 제안하고자 한다. 본문의 감성이 살아나는 시편 설교를 위해서는 다음의 일곱 가지 요소를 설교에 반영해야 한다. 시편 3편을 예로 간략하게 설명하겠다.

1. 시편 본문의 중심메시지

시편마다 절수가 다양하다. 이때 설교자의 고민은 '30-40분 설교에 20-30절의 시편 본문을 모두 설교해야 하는가' 하는 것이다. 이러한 의문에 본문의 중심메시지로 묶인 설교 단위를 제안한다. 정해진 시간 안에 설교해야 하므로, 본문의 중심메시지와 설교 시간을 고려해 본문 단위를 나눌 필요가 있다.[125] 시편 설교를 준비하는 데 있어 중심메시지를 찾고 정하는 것은 설교의 시작점이자 마지막 확인이다. 본문의 중심생각은 본문 나눔의 길이를 결정하는 데 중요한 잣대다. 본문이 전달하고자 하는 메시지가 명확해야 설교가 명료해진다. 시편 본문의 중심메시지를 찾기 위해 본문에서 반복되는 단어와 구, 절, 이미지를 주의 깊게 보면, 본문이 스스로 강조하고자 하는 부분을 알 수 있다.

시편 3편의 예

중심메시지: 절망 가운데서도 하나님께 눈을 돌리면 용기와 평강이 회복된다.

2. 시편 본문의 주된 감성

시편은 고백적인 형식으로 기록되어 감성적인 요소가 본문에 깊이 스며 있다. 본문 안에 내재되어 있는 감정을 파악하기 위해 시편의 양식(form)을 파악하는 것이 좋다.[126] 시편은 비탄시, 감사시, 지혜시, 저주시, 제왕시 등으로 분류된다. 이러한 내용에 따른 분류는 본문의 감성적 어조를 파악하는 데 도움이 된다.

시편의 양식	주요 내용	주된 정서
비탄시	고난 중에 하나님께 감정적으로 부르짖음	비통함, 간절함
감사시	하나님을 향한 깊은 감사	찬양, 기쁨
지혜시	하나님께 순종하거나 불순종하는 자에 대한 가르침	놀라움, 경외
저주시	악을 행하는 자에 대한 하나님의 심판을 구함	애통함, 분노
순례시	예루살렘을 향하는 절기에 거행되는 찬양	설레임, 신뢰
제왕시	하나님의 왕 되심을 나타내는 시	존중, 숭엄

시편 양식에 따른 주된 감정

 마치 본문의 주된 메시지를 정하듯 본문의 대표적인 감정을 정할 필요가 있다. 시편 본문 안에 여러 감정이 혼재되어 나타날 경우, 설교 작성에서 본문의 감성을 더 명확히 전달하기 위해 시편 본문의 대표적인 감성을 파악해야 한다. 시편의 대표적인 감정은 기쁨, 희망, 믿음, 사랑, 감사, 찬양, 평강, 죄책감, 슬픔, 창피함, 분노로 요약된다. 이외에도 시편을 주해하면서 다른 감성을 주된 감정으로 정할 수 있다.

 이러한 시편 저자의 감성이 우주적이고 보편적으로 인간이 느낄 수 있는 감성인지 점검할 필요가 있다. 만약 본문의 감성이 보편적 인류가 공유하는 감성이라면, 현대의 청중에게도 충분히 연결할 수 있다. 이러한 주된 감성에 대한 분석은 이후 설교를 작성하는 데 있어 본문의 중심메시지뿐 아니라 감성을 살리는 설교를 할 때 참조할 수 있는 요소다. 특히 설교자는 본문의 주된 감성을 참조해 예화 선정과 전달의 어조 선택에 반영할 수 있다.

시편 3편의 예

비탄시로서 절망 가운데 하나님에 대한 확신으로 평강을 얻는 과정을 보여준다. 비통함에서 시작했지만 평강으로 종결된다. 본문의 전체적인 구성에서 확신과 평강의 어조가 더욱 많은 분량을 차지한다. 따라서 주된 감성은 평강이다.

3. 시편 본문의 주된 감성 흐름

시편은 논리적인 흐름이나 장면 이동을 통한 움직임보다 시편 기자의 감성적 움직임에 따라 본문의 움직임이 진행된다. 시편에는 감성의 오르내리는 흐름이 있다. 이러한 특성이 다른 장르와 비교해 더욱 두드러진다. 그러나 설교를 위한 시편 본문의 감성의 흐름을 파악할 때 주의할 점이 있다. 본문 안에는 여러 가지 다양하고 복잡한 감성의 흐름이 있다. 그러나 분명한 설교를 위해 먼저 본문의 주된 감정의 흐름이 무엇인지 집중해서 이해하고 파악해야 한다. 지나치게 세세한 감정 분석은 설교 작성 및 전달에서 오히려 본문의 주된 감성 파악을 방해하는 요인이 된다. 그러므로 본문을 먼저 의미 단락으로 나누고, 본문의 감정적인 흐름을 표시해 본문의 감성적 흐름을 정리하면서 본문의 주된 감성을 파악하는 것이 좋다.

시편 3편의 예

본문의 감성 흐름은 다음과 같이 도표로 정리할 수 있다. 마치 바다 위의 배가 파도에 따라 높이 올라가다 내려가듯, 시편 본문에도 오르락내리락하는 감성의 흐름이 있다. 본문 감성의 높낮이와 주된 감정의 흐름을 파악해 다음과 같이 정리할 수 있다.

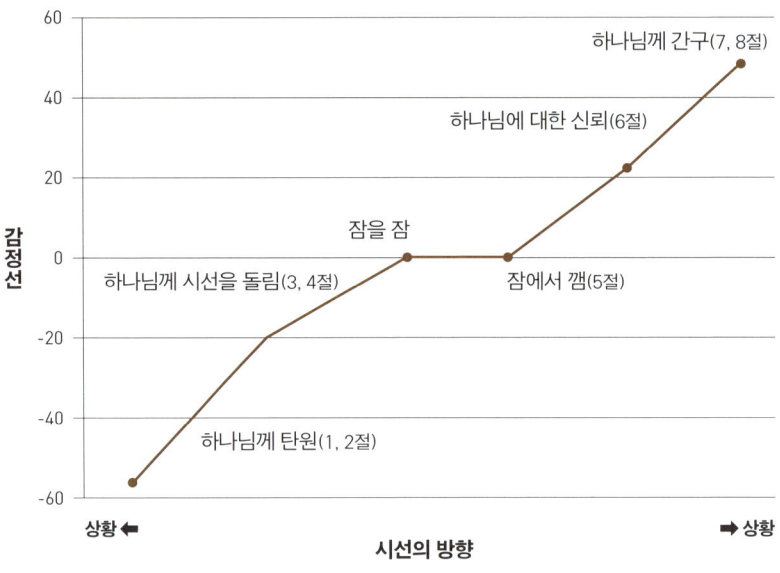

시편 3편의 주된 감성 흐름

① 시편 3편 본문의 주된 감성 흐름(mainline emotion of text)

[ET1] 시편 저자의 실패와 좌절(1-2절) → **침울함**
[ET2] 하나님을 향한 소망(3-4절) → **소망**
[ET3] 시편 저자의 평강과 용기(5-8절) → **평강**
 • 믿음의 기도를 통한 용기와 평강(5-6절)
 • 시편 저자의 간구와 자유함(7-8절)

시편 3편의 본문 감성(ET) 요약

시편 저자는 실패와 좌절의 감정적인 상태에서 하나님께 시선을 돌려 소망을 갖는다. 또 하나님께 간구함으로 믿음을 통해 평강을 경험하고, 하나님을 향한 간구를 통해 자유를 누린다.

② 시편 3편 설교의 주된 감성 흐름(mainline emotion of sermon)

[ES1] 성도의 삶의 힘듦(1-2절) → 침울함
- 삶의 실패와 좌절

[ES2] 성도의 삶에 소망(3-4절) → 소망
- 하나님을 향한 소망

[ES3] 성도의 삶에 평강과 용기(5-8절) → 평강
- 하나님의 평강과 용기(5-6절)
- 간구와 자유(7-8절)

시편 3편 설교 감성(ES) 요약

시편의 감정적인 흐름을 반영하는 시편 설교를 위해 세 가지 주된 감성의 흐름을 반영해 설교의 감성 라인을 작성하면, 본문의 감성이 반영되는 아웃라인이 된다. 저자는 실패와 좌절의 감정적인 상태에서 하나님께 시선을 돌림으로 소망을 갖는다. 하나님께 간구함으로 믿음을 통한 평강을 경험하고, 하나님을 향한 간구를 통해 자유함을 누린다. 이렇게 시편 저자가 느끼는 감성은 현대의 성도도 충분히 공감할 수 있는 부분이다.

설교는 본문의 연결과 적용으로 [ES1]에서는 본문의 설명과 함께 성도의 삶에서 실패와 좌절의 감정적인 상태를 공감한다. [ES2]에서 하나님께 시선을 돌리므로 소망을 갖게 한다. [ES3]에서는 하나님께 간구하므로 믿음을 통한 평강을 경험하고, 하나님을 향한 간구를 통해 자유함을 경험하게 한다. 이처럼 시편 본문의 감성을 살려 설교에 반영한다.

4. 본문의 주된 이미지

이미지는 시 장르의 가장 기초적이고 특징적인 요소다.[127] 이미지에는 여러 가지 효과가 있다. 이미지는 시편 저자가 자신의 감정을 그림처럼 구체적인 형상을 연상하도록 청중에게 전달하는 효과가 있다.[128] 설교자는 본문의 주된 감성을 전달하는 데 필요한 본문의 이미지를 발견하고, 설교 시 청중도 본문의 이미지를 상상력을 통해 그려볼 수 있도록 감각적인 언어로 묘사한다. 시편 본문에는 여러 이미지가 있다. 그러므로 본문의 주된 이미지를 선정해 설교 시 감정이 산만해지지 않게 주된 감정을 드러내어, 청중이 충분히 감정이 입할 수 있도록 해야 한다.

시편 3편의 예

시편 3편에는 여러 이미지가 있다. '죽음' '군인' '절망의 칼' '머리' '두려움의 화살' '뚫을 수 없는 주님의 방패'의 이미지가 있다. 그런데 본 시편에서는 인간의 절망과 어려움 가운데서 인간을 방어하고 도우시는 '주님의 방패'가 확신을 얻고 평강을 얻어가는 과정을 보여준다. 따라서 주된 감성은 평강이다.

5. 본문의 주요 성경 구절

설교 중 본문 인용은 설교자가 주장하는 내용을 증명하는 이상의 효과가 있다. 설교자가 본문의 감성을 파악하고 감정을 이입하여 본문을 읽을 때, 청중은 본문 안에 있는 감성을 더 순전하게 경험할 수 있다. 설교 중 본문 인용은 본문이 스스로 말하고 본문이 담고 있는 감성을 순전하게 전달할 수 있는 가장 좋은 방법이다. 설교자는 본문의 감성을 반영해 해당 본문을 낭독하거나 청중이 함께 읽게 하여, 본문이 담고 있는 감성을 순전히 경험하게 할 수 있다.

- 시편 3:3 여호와여 주는 나의 방패시요 나의 영광이시요 나의 머리를 드시는 자이시니이다
- 시편 3:6 천만인이 나를 에워싸 진친다 하여도 나는 두려워하지 아니하리이다
- 시편 3:7 여호와여 일어나소서 나의 하나님이여 나를 구원하소서 주께서 나의 모든 원수의 뺨을 치시며 악인의 이를 꺾으셨나이다
- 시편 3:8 구원은 여호와께 있사오니 주의 복을 주의 백성에게 내리소서

시편 3편 설교 중 인용될 주요 성경 구절

6. 설교의 기본 요소

성경 본문을 충실히 설교하는 강해설교에는 세 가지 중요한 기본 요소(본문 설명, 예화, 적용)가 있다. 시편 설교에도 이러한 기본 요소가 포함되어야 한다. 본문 설명은 시편 본문의 내용을 설명하는 것으

로, 시편 본문의 내용을 청중이 이성적으로 이해하고 납득할 수 있도록 소통하는 것이다. 예화는 본문의 내용을 감성적으로 느끼게 하는 소통의 요소다. 적용은 성경의 진리를 청중이 의지적으로 결단하고 구체적으로 살아갈 수 있도록 돕는다.

7. 설교의 시작과 끝

설교의 서론과 결론은 설교의 시작과 끝으로 청중이 설교를 잘 들을 수 있도록 돕고, 청중이 삶의 자리에서도 성경의 진리를 기억하고 살아갈 수 있도록 안내하는 역할을 한다. 서론은 청중과의 첫 만남으로, 청중과 본문이 서로 연결되어 소통할 수 있도록 마음의 준비를 하게 한다. 시편 설교의 서론에서는 본문의 감정적인 어조에 따라 청중이 시편의 감성과 소통할 수 있도록 준비하는 것이 가장 중요하다. 결론에서는 설교의 내용을 정리하고 행복을 촉구한다. 이때 감성적인 촉구가 필요하다. 본문의 주된 이미지를 결론에서 사용하는 것도 바람직한 방법이다.

본문의 감성을 전달하는 시편 설교의 형태

본문의 감성을 전달하는 바람직한 시편 설교의 특징은 무엇일까? 시편 저자가 의도한 메시지를 잘 전달하고, 시편 안에서 하나님이 하나님의 사람을 움직이시는 방식을 잘 보여주어야 한다. 또 시편 본문의 감성적 움직임이 설교에 반영되어야 한다. 본문 안의 긴장감과 회복도 적절히 반영해야 한다. 그렇다면 시 장르를 현대 설교에서 구두의 언어로 감성이 살아 움직이게 하려면 어떤 형태로 나타내야 하는가? 본문의 감성을 전달하는 세 가지 시편 설교 형태(pattern)를 제안하려 한다.

고백형 설교(P-ME-P-WE)

시편에 고백적 성격이 있으므로 설교자의 개인 간증과 신앙고백을 함께 넣고, 이후 시편 저자가 하나님과의 관계에서 문제가 해결되거나 문제를 다루는 부분을 고백적으로 설명하는 것이다. 이를 청중의 삶에 적용해 청중 또한 시편 저자와 같이 자신의 문제를 하나님과의 관계에서 돌아보며 이겨낼 수 있음을 보여준다. 결론에서는 예화와 함께 설교의 진리를 정리한다. 일반적으로 비탄시의 경우 다음 같은 구조를 통해 고백적 형식으로 설교를 작성할 수 있다. 찬양/감사의 내용도 다음과 같이 감사의 고백 형식을 통해 전달할 수 있다. 이때 시편의 특성상 본문의 이미지를 설교 중 적절한 위치에 사용해 감성적으로 전달한다.

① 비탄시(type)

서론	중심 주제/중점 감성/문제점 제시
Pains in Psalms	시편 저자의 고백(고통)
Me	내 삶의 고백(설교자의 예를 통한 연결)
Peace in Psalms	시편 저자의 해결(평안)
We	청중의 삶에 적용
결론	예화/요약 및 강조

*본문의 이미지를 적절한 위치에 사용함

② 찬양/감사시(type)

서론	중심 주제/중점 감성/문제점 제시
Praise in Psalms	시편 저자의 찬양(감사)
Me	내 삶의 고백(설교자의 예를 통한 연결)
Praise in Psalms	시편 저자의 찬양(감사)
We	청중의 삶에 적용
결론	예화/요약 및 강조

*본문의 이미지를 적절한 위치에 사용함

시편 낭송형 설교(Psalms Recite)

설교 시작 또는 마지막에 시편을 시낭송 기법으로 낭독한다. 감정을 이입한 시낭송 방법으로 시편 본문을 감성을 살려 낭송하기만 해도, 청중은 설명하고 서술할 때의 감성과 다른 경험을 하게 된다. 설교 전 청중이 감성적인 느낌을 먼저 느끼게 한 후 설교가 진행되므로 감성적인 공감에 큰 도움이 된다. 또 시편을 설교한 후 마지막 결론에서 본문의 감성을 살려 재낭송하면, 청중의 마음에 시편의 감성적인 감동이 각인될 수 있다.

① 서론에서 '시편 낭송'(type)

서론	감성을 살린 '시편 낭송'
	문제점 제기/예화
본론	본문 감성의 흐름을 반영한 절별 설명/예화/적용

결론	예화/요약 및 강조

*본문의 이미지를 적절한 위치에 사용함

② 결론에서 '시편 낭송'(type)

서론	문제점 제기/예화
본론	본문 감성의 흐름을 반영한 절별 설명/예화/적용
결론	예화/요약 및 강조
	감성을 살린 '시편 낭송'

*본문의 이미지를 적절한 위치에 사용함

시편 찬양형 설교(Psalms Praise Approach)

세 번째 유형은 시편 설교에서 감성을 살려내기 위해 설교 처음이나 중간 또는 마지막에 찬양을 사용하는 것이다. 특히 설교 본문이 가사인 곡을 찬양하면 감성적인 감동과 효과가 더욱 두드러진다. 따라서 설교자는 설교자 개인, 특송 또는 찬양팀과 협의하여 설교 중에 찬양함으로써 시편의 감성적인 효과를 더욱 살려낼 수 있다.

① 서론에서 '시편 찬양'(type)

서론	감성을 살린 '시편 찬양'
	주제 소개/예화
본론	본문 감성의 흐름을 반영한 절별 설명/예화/적용

결론	예화/요약 및 강조

*본문의 이미지를 적절한 위치에 사용함

② 본론에서 '시편 찬양'(type)

서론	서론: 주제 소개/예화
본론	본문 감성의 흐름을 반영한 절별 설명/예화/적용
	감성을 살린 '시편 찬양'
결론	예화/요약 및 강조

*본문의 이미지를 적절한 위치에 사용함

③ 결론에서 '시편 찬양'(type)

서론	서론: 주제 소개/예화
본론	본문 감성의 흐름을 반영한 절별 설명/예화/적용
결론	예화/요약 및 강조
	감성을 살린 '시편 찬양'

*본문의 이미지를 적절한 위치에 사용함

본 장에서 본문의 감성이 전달되는 세 가지 시편 설교 형태(고백형 설교, 시편 낭송형 설교, 시편 찬양형 설교)를 제안했다. 각 시편의 특성과 청중의 상황에 따라 본문의 메시지와 감성이 조화를 이루는 설교 유형을 선택하고 이외의 방법도 발전시킬 수 있다.

본문의 감성을 전달하는 시편 설교의 전달

설교는 설교문으로 전달하는 것이 아니라 설교자의 말과 행동과 눈빛으로 전달한다. 그러면 시편 설교에서 감성을 잘 전달하기 위한 전달법은 무엇일까? 여러 영역이 있지만 세 가지 영역으로 설명하고자 한다.

1. 시편 감성의 내면화

시편을 설교할 때는 먼저 설교자가 본문을 내면화하는 것이 중요하다. 본문의 메시지를 이해하고 먼저 설교자 자신이 온 인격으로 받아들이는 내적 고백의 메시지가 되어야 한다. 이처럼 설교자가 시편 본문의 감성을 내면화하는 과정이 매우 필요하다. 시편 메시지와 함께 본문의 감성이 내면화 될 때, 설교자의 말과 행동과 표정을 통해 본문의 감성이 자연스럽게 청중에게 전달된다.

이러한 감성의 몰입을 위해 설교자는 시편이 쓰일 때의 상황을 상상하고 그려보면서, 시편 저자의 입장에 자신을 이입해 생각하고 느껴보는 것이 필요하다. 이러한 과정은 감정 전달이 설교 전반에 자연스러우면서도 깊이 있고 일관성 있게 드러나게 하는 데 필수적인 요소다.

2. 음악적 언어 감성 전달

설교는 언어적 전달과 비언어적 전달이 있다. 언어적 전달은 말의 발음, 속도, 강세, 볼륨, 중지의 변화를 통해 소리로 전달된다. 먼저 시편의 메시지와 감성이 전달되려면 본문의 감성에 따른 음색과 어조의 조정이 필요하다. 설교자는 단순히 말로 정보를 전달하는 전달자로 접근하기보다, 음악을 연주하거나 노래하는 음악인처럼 음악적으로 접근하는 것이 좋다. 감사와 찬양의 시편을 설교할 때는 밝은 톤과 밝은 음색, 경쾌한 언어로 전달하는 것이 효과적이다. 반면, 애통과 고난의 시편에서는 감성을 이입하여 차분하면서도 느린 어조로 상처 입은 마음이 전달되도록 하는 것이 효과적이다.

억양과 속도와 리듬으로도 감성적인 전달을 할 수 있다. 일반적으로 말의 속도가 빠를 때 감성적인 자극도 빠르다. 말의 속도가 느리고 약한 리듬감으로 말할 때는 감정적으로도 차분해진다. 시편 설교는 음악적인 요소가 있으므로 시편의 감성을 잘 전달하기 위해 감성적인 배경음악, 찬양, 시낭송 같은 것으로 감성을 표현하고 전달하면 본문의 감성 전달 효과가 극대화된다.

3. 보이는 감성 전달

보이는 전달에는 크게 다섯 영역(걸음, 시선, 표정, 자세, 제스처)이 있다. 단순히 걸음걸이만으로도 설교자가 누구인지, 무엇을 생각하는지, 어떤 느낌인지 청중에게 자연스레 전달된다. 그러므로 설교자는 그날 시편의 감성적인 어조에 따라 등장부터 걸음의 속도 등을 고려하는 것이 좋다.

시선으로도 많은 메시지가 전달된다. 연기자가 눈빛 연기로 메시지를 전달하듯 설교자도 눈빛으로 시편의 감성을 전달할 수 있다. 이는 설교자가 먼저 시편 본문의 감성에 깊이 몰입해야 가능하다. 설교자의 표정으로도 많은 메시지를 전달할 수 있다. 설교자가 본문의 내용과 감성의 변화에 따라 다양한 표정의 변화가 있을 때 더욱 효과적으로 메시지를 전달할 수 있다. 청중은 설교자의 다양한 표정 변화로도 메시지를 강하게 전달받을 수 있다.

반면, 설교자의 자세가 좋지 않으면 설교를 듣는 청중의 감성 몰입을 방해할 수 있다. 몸이나 다리가 흔들리지 않도록 조심해야 한다. 설교 자세는 어깨를 펴고 자연스러운 것이 좋다. 또 제스처로 메시지를 강화하고 자세히 묘사할 수 있다. 제스처를 사용할 기관(손, 팔, 머리, 다리)은 최대한 자연스럽고 감정을 잘 표현할 수 있는 동작과 일치되는 것이 바람직하다. 제스처가 너무 산만하거나 남발되지 않고, 본문의 감정에 따라 표현하도록 연습하는 것도 필요하다.

성경에 충실하려는 설교일수록 교훈과 교리적 가르침에 치우치는 경향이 있었다. 성경 본문에는 이성적인 교훈과 함께 본문 특유의 감성적인 영역도 들어 있다. 따라서 본문에 충실한 균형 잡힌 설교를 하려면 이성적인 성경적 가르침과 함께 감성적인 영역도 다루어야 한다. 본문의 감성을 이해하고 설교에 적절히 반영하려면 본문의 장르를 먼저 이해해야 한다.

시편은 시의 장르에 속하면서 감성적인 풍부함을 담고 있다. 이번 장에서는 본문의 감성을 전달하는 시편 설교의 형태와 전달법을 제안했다. 좀 더 성경적인 설교가 되려면 성경적 메시지(biblical message)뿐 아니라 처음 말씀이 기록된 때의 감정적 효과(emotional impact)에도 충실한 설교가 되어야 한다.

• 최상의 시편 설교를 위한 발걸음 •

나의 시편 설교 형태

형태 구분	나의 시편 설교는?
① SEIRA형 설교	
② 고백형 설교(P-ME-P-WE)	
③ 시편 낭송형 설교(Psalms Recite)	
④ 시편 찬양형 설교(Psalms Praise Approach)	

나의 시편 전달

감성 전달	나의 시편 설교 전달은?
① 시편 감성의 내면화	
② 음악적 언어 감성 전달	
③ 보이는 감성 전달	

여호와여 나의 대적이 어찌 그리 많은지요 일어나 나를 치는 자가 많으니이다
많은 사람이 나를 대적하여 말하기를 그는 하나님께 구원을 받지 못한다 하나이다 (셀라)
여호와여 주는 나의 방패시요 나의 영광이시요 나의 머리를 드시는 자이시니이다
내가 나의 목소리로 여호와께 부르짖으니 그의 성산에서 응답하시는도다 (셀라)
내가 누워 자고 깨었으니 여호와께서 나를 붙드심이로다
천만인이 나를 에워싸 진 친다 하여도 나는 두려워하지 아니하리이다
여호와여 일어나소서 나의 하나님이여 나를 구원하소서
주께서 나의 모든 원수의 뺨을 치시며 악인의 이를 꺾으셨나이다
구원은 여호와께 있사오니 주의 복을 주의 백성에게 내리소서 (셀라)

_ 시편 3편 1-8절

Part 6

최상의 전달과 하나님 중심적 설교

"최고의 전달과 최종의 목표에 이르는 길"

Chapter 12
최상의 설교 전달

설교가 말과 몸으로
전달되게 하라

임도균

미국 워싱턴에서 목회한 적이 있다. 미국 정계와 학계와 법조계 등 다양한 영역에서 활동하는 한국인들을 만나 미국 사회의 생생한 이야기를 들었다. 이중 워싱턴 근교의 국가연구소에서 활동하는 자랑스러운 성도들을 목양했다. 한번은 국가연구소를 심방했는데 놀라운 이야기를 듣게 되었다. 그곳은 미국 내에서도 최고의 과학자들이 모인 곳이다. 그곳에서 한국인 과학자들은 특유의 근면 성실로 열심히 연구활동을 하고 있었다. 한국인 과학자들은 연구와 실험에 있어 미국인 과학자보다 뛰어나다고 한다. 그러나 많은 한국인 과학자에게 부족한 면이 있는데, 바로 발표 능력이라는 것이다. 다른 말로 하면 전달기술(delivery skill)이다. 자신이 연구한 부분을 효과적으로 발표해야 다른 과학자나 학회/기업에게 가치를 인정받고 협력을 이끌어낼 수 있다.

그동안 한국 교육은 일방적으로 듣고 외워서 푸는 주입식과 문제

풀이식 교육이었다. 그런데 미주에서는 어려서부터 자신의 의견을 발표하는 것을 훈련한다. 여러 사람 앞에서 자신의 생각을 표현하는 능력이 자연스럽게 발달하게 된다.

설교 사역에 있어, 하나님께 기도하며 맡겨진 공동체에 필요한 말씀을 묵상하고 연구하는 것은 매우 중요하다. 그러나 그에 못지않게 받은 말씀을 성도들과 소통하기 위한 효과적인 전달 기술도 매우 중요하다. 최상의 설교가 되려면 최상의 전달이 동반되어야 한다. 이번 장에서는 최상의 설교 전달이 되기 위해 점검해야 할 여러 요소를 제시하고, 실제로 전달을 발전시킬 방법을 소개하고자 한다.

커뮤니케이션으로서 설교

미국 박사 세미나에서 수사학에 대해 연구할 기회가 있었다. 두 학기 동안 고대수사학에서부터 현대수사학과 커뮤니케이션 이론에 이르기까지 다양한 책과 이론을 접할 수 있었다. 이 연구로 소통이 잘되는 설교를 위한 네 가지 요소를 발견하게 되었다.

설교자

설교자는 물을 담는 유리병과 같다. 설교자에 대한 신뢰도가 메시지 전달에서 매우 중요하다. 설교자는 먼저 하나님의 사람이어야 한다. 중생의 체험과 하나님의 부르심에 대한 분명한 소명감이 있어야 한다. 동시에 설교자는 실력을 갖추어야 한다. 설교자에게 실력은 성경 말씀을 잘 해석하는 능력, 청중이 살고 있는 삶과 시대를 잘 분석하는 능력이다.

설교 내용

설교 내용은 설교문 작성이라고 할 수 있다. 본문 주해부터 설교의 각 구성 요소를 적절히 조합해 설교문을 작성한다. 설교문은 구성 요소의 균형 잡힌 배합뿐 아니라 문장도 잘 다듬어 최대한 좋은 원고로 작성해야 한다. 원고는 최상의 설교가 되기 위한 기초다. 청중과 소통하는 데 있어 매우 중요하다.

청중

설교를 야구에 비유하면, 설교자는 투수이고 청중은 포수다. 투수가 아무리 광속구와 현란한 변화구를 던지더라도 포수가 제대로 받을 수 없다면 아무 소용이 없다. 따라서 청중의 상태와 위치를 잘 파악해야 말씀을 받는 성도에 맞게 효과적으로 말씀을 전할 수 있다.

설교 실제(전달)

설교는 커뮤니케이션으로서 반드시 고려해야 하는 부분이 바로 전달이다. 수필작가는 글과 책으로 자신의 독자와 소통한다. 그러나 설교는 청중과 원고로 소통하지 않는다. 설교자는 말과 보이는 행동으로 청중과 소통한다. 따라서 원고를 열심히 준비하는 노력만큼 필요한 과정이 설교 전달에 대한 철저한 준비다. 그렇다면 설교 전달이 잘 진행되기 위해 알아야 하는 핵심 요소는 무엇일까?

설교 전달의 핵심 요소

설교는 하나님의 말씀을 청중에게 전달하는 것이다. 설교자가 설교 현장에서 크게 부딪히는 부분이 바로 설교 전달이다. 그래서 설교 전달을 이해하는 것이 필요한데, 막상 설교 전달을 생각하면 막연하기만 하다. 이번에는 설교 전달의 핵심 요소 세 가지을 알아보겠다. 바로 명료성(clarity), 열정(energy), 우아함(elegance)이다. 이 세 요소는 각각의 설교자에게 나타나는 전달 유형 또는 스타일이라고 할 수 있다.

명료성

설교의 전달이 명료하다는 것은 무엇인가? 쉽게 설명하면, 설교자가 말할 때 무슨 말을 하는지 이해가 되는가 하는 것이다. 깊이 연구하여 유익한 성경 메시지를 전달한다고 해도 발음과 억양, 쉼 등이 명확하지 않으면, 청중은 설교자가 무슨 말을 하는지 이해하지 못한다. 설교자의 전달 유형 중 교사나 설명형 강연자처럼 정보 전달에 강점이 있는 설교자는 명료성이 강한 경향이 있다.

열정

정도의 차이는 있지만 설교자에게 필요한 영역이다. 열정적으로 전달하려면 전하는 메시지에 대한 분명한 확신이 있어야 한다. 설교자가 열정이 있으면 청중에게 그 열정이 고스란히 전달된다. 메시지를 전하는 자가 열정이 없으면 청중이 메시지에 집중할 수 없고 감성적인 영향이 감소된다. 따라서 설교자는 메시지를 전하고자 하는 뜨거운 의지와 분명한 확신을 갖는 것이 중요하다.

우아함

지금까지 한국 교회에 많은 영향을 미친 전달 요소가 '명료성'과 '열정'이다. 학자 같은 명료성을 가진 설교자나 부흥사 같은 열정을 지닌 설교 스타일이 그동안 영향력 있는 설교 유형이었다. 그러나 앞으로는 우아한 설교자가 주목받는 시대가 될 것이다. 우아한 설교 전달은 기품 있고 매력적으로 전달하는 것을 말한다. 이러한 설교 전달이 더욱 주목받는 이유는 무엇일까? 바로 방송과 미디어 설교의 보편화다. 많은 사람 앞에서 설교하는 현장 설교와 달리 방송이나 인터넷 설교에서는 목소리가 큰 전달보다 듣는 이에게 부담 없는 목소리와 표정과 제스처의 조화가 더욱 요구되기 때문이다.

설교 전달의 종류

그러면 설교 전달에는 어떤 종류가 있는가? 설교 전달 시 원고를 어떻게 사용하는지에 따라 크게 세 가지 유형이 있다.[129]

원고 낭독형 설교 전달

원고 낭독형 설교는 원고에 많이 의존하여 전달하는 방법이다. 성경 봉독처럼 원고에서 거의 눈을 떼지 않고 원고에 의존해 설교하는 것이다. 과거에 조나단 에드워즈가 이런 유형의 설교를 했다. 예배 의식을 강조하는 교단에서 설교자가 종종 이런 유형의 설교를 한다. 이 설교 전달의 강점은 설교자가 원고만 주의하여 보기 때문에 크게 부담되지 않는다는 것이다. 단점은 청중과 시선 접촉이 원활하지 않고, 손 제스처 같은 비언어적 영역의 전달 효과가 줄어들 수 있다는 것이다.

무원고 즉흥 설교 전달

급하게 설교해야 하는 목양적 상황에서 준비된 원고 없이 설교하는 것을 말한다. 물론 지속적으로 원고 준비 없이 무원고 즉흥 설교를 하는 것은 바람직하지 않다. 그러나 목회 현장에서는 예상치 못한 설교를 해야 하는 상황이 종종 발생한다. 이때 설교자는 주님의 인도하심을 구하며 평소 묵상했던 본문으로 설교한다. 즉석 음식의 맛이 독특하듯 즉흥 설교 전달도 전하는 자나 듣는 자에게 긴장과 새로운 즐거움을 준다.

그러나 일반적으로 이러한 유형의 설교는 특별한 경우에 한한다. 계속해서 즉흥적으로 설교한다면 잃는 부분이 매우 많다. 이러한 유형의 전달은 설교 중 불필요한 말을 하거나 논쟁을 불러일으킬 만한 말로 실수할 수 있다. 설교자의 말에는 영향력이 있다. 교회를 세우는 힘도 있지만, 교회에 안 좋은 영향을 줄 수도 있다. 따라서 이러한 즉흥적 설교는 항상 해야 하는 설교라고 할 수 없다.

자연스러운 원고 설교 전달

원고를 철저하게 준비해 잘 숙지하여 설교자가 청중과 최대한 시선을 접촉하면서 자연스럽게 전달하는 설교다. 원고를 미리 준비하므로 설교자의 언어 표현이나 설교 진행을 잘 준비할 수 있다. 설교자가 원고를 가지고 강대상에 올라, 설교 전달 중에 원고를 보고 읽기도 한다. 그러나 원고에 지나치게 의지하지는 않는다. 원고를 숙지하고 시선 접촉과 표정과 제스처를 자연스럽게 구사하며 설교한다. 최상의 설교 전달을 위해서는 자연스러운 설교 전달이 가장 바람직한 방법이다.

설교 전달 준비

현장에서 청중과 소통하며 하나님의 말씀을 역동적으로 전달하기 위해 준비 과정을 발전시킬 필요가 있다. 주일 설교 준비를 기준으로, 설교자는 가능한 한 금요일까지는 설교원고 작성을 마치는 것이 좋다. 토요일에는 주일 사역을 준비하면서 설교 전달에 집중해야 한다. 최상의 설교를 위한 설교 전달 준비는 어떻게 하는 것이 좋을까?

설교 전 전달의 발전을 위한 준비

❶ **기도로 준비함** 설교는 영적인 행위다. 성령의 인도하심과 도우심 없이는 말씀을 온전히 선포할 수 없다. 말씀을 연구하고 작성하는 과정에서 기도하며 준비하듯, 설교자는 전달 준비도 성도에게 온전히 전달될 수 있도록 기도로 준비해야 한다.

❷ **4-5회 리허설로 설교문에 친숙해짐** 일반적으로 주일 설교문 작성은 금요일까지 마무리할 것을 권한다. 물론 한국 교회 목회자들의 설교 횟수는 상대적으로 많다. 그러나 주일 설교의 완성도를 높이기 위해서는 금요일까지 원고를 작성하고, 토요일에는 원고의 표현을 수정하고 말로 전달하는 것을 연습해 보는 것이 좋다. 최소한 4-5회 이상 연습하여 설교원고에 친숙해지도록 한다.

❸ **리허설 때 소리 내어 준비함** 일단 금요일까지 설교문 작성하는 것을 목표로 한다. 토요일에 설교문을 소리 내어 연습한다. 이때 자신의 발음이 정확한지 확인할 필요가 있다. 리허설을 하다 보면 글로 쓴 원고를 소리 내어 말로 표현했을 때 자연스럽지 않은 부분이 있다. 이때 부자연스럽거나 분명하지 않은 표현은 더 정확하게 들리도록 수정해야 한다. 말로 표현할 때 부자연스럽거나 불분명한 표현은 설교를 듣는 청중 입장에서 좀 더 명확하고 자연스럽게 들리도록 다듬을 필요가 있다.

❹ 설교노트는 눈에 잘 보이게 함 강대상에 가지고 가는 설교원고는 눈에 잘 보이는 크기여야 한다. 글씨가 너무 작으면 설교자 자신도 모르게 표정을 찡그릴 수 있다. 따라서 자신의 시력 등을 고려해 글씨 크기를 조정하되, 일반적으로 적절한 글씨체와 크기(고딕체, 진하게, 12포인트, 줄 간격은 180)를 정하면 더욱 효과적이다. 경험이 많지 않은 설교자일 경우, 설교원고가 잘 보이면 더 자신 있게 설교하게 된다. 종이 원고를 넘길 때는 작은 행동으로 넘기는 것이 설교의 집중을 방해하지 않는다. 태블릿은 글씨 크기 등의 조정이 용이하고 편리하다. 그러나 태블릿을 사용할 경우에는 성경을 가지고 올라간다.

❺ 거울 앞에서 연습함 설교는 글이 아닌 말과 몸으로 전달된다. 말로 분명하게 전달하는 것 못지않게 표정과 제스처, 자세에서 나오는 메시지도 매우 중요하다. 자신의 설교가 말뿐 아니라 시각적으로도 전달되는 메시지 영역임을 생각하며, 거울 앞에서 먼저 설교를 연습하는 것이 좋다. 이때 설교원고에 자신이 표현할 제스처나 표정 등을 기입해 두는 것도 좋다.

❻ 설교 전 리허설 실시 설교피드백은 최상의 설교 전달에 매우 중요한 과정이다. 보통 예배 설교 후 믿을 수 있는 대상에게 설교피드백을 들으며 발전시킨다. 그러나 설교 후의 피드백은 설교가 끝난 후 듣는 것이므로 실수를 미연에 방지하는 데 수동적이다. 반면, 사전 설교피드백은 예배 전에 미리 설교 리허설을 하고 피드백을 듣는 것이므로 설교 실습에 도움이 되고, 피드백을 들은 후 교정할 수 있다. 본인이 혼자 준비하고 연습할 때와 실제처럼 설교 사전 리허설을 할 때는 차이가 있을 수 있으므로, 최상의 설교를 위해서는 설교

피드백을 미리 듣는 것이 훨씬 좋다. 단, 악기 레슨도 믿을 만한 사람에게 받듯이 설교 전 피드백도 신학적으로나 목회 경험 등에서 신뢰할 수 있는 대상에게 받는 것이 좋다. 설교 사역을 함께하고 발전적으로 조언해 줄 수 있는 동역자 그룹을 만드는 것이 필요하다.

❼ 설교 준비는 토요일 저녁에 마침 설교문을 토요일 밤 늦게까지 작성하고 심지어 자정을 넘기게 되면, 일단 설교자가 피곤을 느낀다. 충분히 쉬지 못한 채 주일에 교회에 오면, 표정과 말투에서 피곤함이 무의식적으로 전달될 수 있다. 여기서 생각해야 하는 중요한 점이 있다. 현실적으로 대부분의 성도들은 주일 아침 목회자를 한 번 만난다. 그런데 설교자가 피곤한 표정으로 설교를 전달하면 가장 중요한 시간에 비언어적으로 부담과 피곤함이라는 메시지가 고스란히 전달된다. 목회자가 일주일 중 최고의 컨디션이어야 할 때는 바로 주일 아침이다. 그렇게 하려면 설교자는 토요일 오후까지 설교 작성과 전달 연습을 마쳐야 한다. 그리고 토요일 저녁부터는 쉴 수 있는 여유시간을 만들어야 한다. 헌신된 주의 종들은 자신의 몸과 마음을 혹사하는 것이 헌신이라고 생각한다. 그러나 주의 사역을 효과적으로 감당하기 위해서는 쉼과 휴식의 사역도 균형을 이루어야 한다. 토요일은 밤 10-11시에는 잠자리에 드는 것이 좋다. 오랫동안 목회한 목회자들이 신체적 정신적으로 건강에 이상이 생기는 가장 큰 이유가 수면 부족이다. 따라서 최상의 설교자가 되기 위해서는 주일 예배를 위한 최상의 컨디션을 만들기 위해 토요일 저녁 최선의 휴식을 취해야 한다.

❽ 주일 아침에는 가볍게 연습함 설교자는 주일 아침 예배 전에 설교문을 미리 읽을 시간이 필요하다. 이때는 큰 소리보다는 작은 목

소리로 연습하면서 틀릴 수 있는 발음을 체크하고 강조할 부분을 점검하는 것이 좋다. 이때 필요한 것이 상상력이다. 청중 앞에서 설교하는 것을 상상하면서 제스처, 표정 등을 연습한다. 청중이 어떻게 반응할지에 대해서도 예측해 본다. 마지막 점검에서는 큰 소리로 연습하지 않도록 주의한다. 모든 힘과 성량은 실전 설교에서 쏟아 부어야 한다.

❾ **담대한 마음가짐** 하나님의 말씀을 선포하는 것은 누구에게나 두렵고 부담스럽다. 설교자는 자신이 전하는 메시지가 자신의 메시지가 아니므로 하나님의 부르심에 확신을 가져야 한다. 또 함께하시는 하나님을 신뢰하며 설교해야 한다. 그러면서도 설교자가 해야 하는 영역을 소홀히 하면 안 된다. 최선을 다해 준비할 때 더 큰 담대함을 얻을 수 있다. 설교는 하나님과 설교자의 협력 사역이다.

❿ **긴장감을 즐기라** 설교하기 전 긴장되는 것은 자연스러운 현상이다. 긴장을 당연하게 생각해야 한다. 긴장의 강도가 심할 때는 크게 심호흡하거나 두 손을 꽉 쥐었다 풀었다 하면서 긴장을 완화한다. 오히려 설교를 많이 할수록 긴장되지 않는 것이 문제다. 절대자 하나님의 말씀을 대언할 때는 적절한 긴장감이 있어야 실수를 줄일 수 있다. 적절한 긴장감은 설교자의 동반자다.

⓫ **주일 설교 중 수정** 주일 예배가 한 번일 경우는 한 번의 설교로 주일 설교 사역이 끝나지만, 주일에 2-5회 설교하는 교회도 있다. 동일한 설교를 여러 번 해야 하는 경우, 설교자는 예배 설교를 마치고 주어지는 30-60분의 시간을 잘 활용해야 한다. 이 시간이 다음 설교를 발전시킬 수 있는 절호의 기회다. 토요일 설교 리허설 때 상상력을 최대한 동원하여 설교를 준비했지만, 막상 현장에서 설교하

면 다른 결과를 만나는 경우가 종종 있다. 청중이 예화를 이해하지 못하거나, 설교 중 어떤 단어의 발음을 계속해서 실수하는 것 같은 어려움이 있을 수 있다. 이때는 설교 중간에 수정 보완하여 다음 설교를 준비한다.

설교 후 전달 향상을 위한 준비

최상의 설교를 위해서는 끊임없는 자아성찰이 필요하다. 설교 전달의 발전을 위해 다음과 같은 과정을 거치는 것이 좋다.

❶ **설교 후 피드백을 듣고 기록해 둠** 설교 후에 성도나 교역자 또는 배우자에게 듣는 피드백이 있다. 이러한 부분을 설교원고와 함께 기록해 두고, 자신의 설교 현장에서 전달이 잘되는 부분과 어려운 부분을 파악해 두면 도움이 된다.

❷ **설교 후 자신의 설교를 다시 듣거나 보고 점검함** 설교자가 자신의 설교를 다시 듣는 경우는 의외로 많지 않다. 그러나 자신의 설교 흐름이나 전달에서 강점과 발전해야 하는 부분을 알려면, 먼저 설교자가 스스로 자기 설교를 파악할 필요가 있다. 설교하는 경험이 쌓이고 나이가 들어가면서 설교의 전달 스타일에도 변화가 생긴다. 자신도 모르게 좋지 않은 설교 습관이 생기기도 한다. 따라서 자신이 먼저 자기 설교를 지속적으로 모니터링 할 필요가 있다.

❸ **설교문을 정리(성경책별/연도별)하여 보관함** 한 교회에서 장기적으로 목회할 경우 똑같은 본문으로 다시 설교하는 경우가 있다. 이전에 했던 설교를 잘 정리해 두면 다시 동일한 본문으로 설교할 때 도움이 된다. 이전 설교문과 함께 피드백을 정리해 두고 다시 참조하는 것이 좋다. 설교문은 성경책별 또는 연도별로 정리해 두어 다

음 설교를 대비한다.

최상의 설교 전달 형태

설교 전달은 형태에 따라 두 가지로 분류할 수 있다. 첫째는 언어적 전달(verbal delivery)이다. 말로 설교자의 메시지가 전달되는 형태다. 둘째는 보이는 전달(visual delivery)이다. 보이는 전달은 복장, 표정, 제스처, 자세 등 언어가 아닌 눈으로 보이는 영역에서 전달하는 것을 말한다.

언어적 전달

최상의 언어적 전달을 위해 점검할 영역이 있다. 자신이 낼 수 있는 최상의 소리가 무엇인지 파악하고, 각 메시지에 따라 다양한 소리를 낼 필요가 있다. 설교자와 설교자 후보생이 언어적 전달에 대해 가장 궁금해하고 많이 질문하는 네 가지에 답하는 형식으로 설명하겠다.

Q1. 내 음색은 무엇인가?

사람의 얼굴과 성격이 다르듯 각 사람의 목소리도 다르다. 음색은 고음, 맑은 소리(중간음), 중저음으로 나눌 수 있다.

❶ **고음** 주로 혓소리(설치음-고음), 목구멍소리(후두음)로 높고 가는 음을 낸다. 고음은 잘 들리는 톤이고 흥이 나는 음이다. 그러나 날

카로운 소리는 오히려 거부감을 줄 수 있다. 고음을 많이 사용하는 설교자의 경우 목의 피로도가 누적되어 성대가 상할 수 있다. 따라서 다양한 톤을 연습해 사용하여 목을 보호할 필요가 있다.

❷ **맑은 소리** 주로 아나운서 목소리로 가슴(흉부음)에서 나오는 소리다. 한때 카리스마 있고 남성적인 설교 유형이 강세일 때가 있었다. 그러나 현대 사회는 부드럽고 우아하며 부담 없는 목소리를 선호한다. 특히 요즘같이 유튜브 영상설교가 많은 경우 맑은 소리의 사용이 더 중요하다.

❸ **중저음** 신뢰감을 주는 목소리로 감성을 움직이는 소리다. 성악에서는 주로 바리톤이나 베이스에 해당한다. 흔히 복부음(아랫배소리)이라 한다. 이러한 중저음을 내기 위해서는 복식호흡으로 아랫배에서 소리가 나도록 연습해야 한다. 목소리의 음색은 고음, 맑은 소리, 중저음처럼 다양하다. 설교자는 설교의 주제와 청중과 상황에 따라 다양한 목소리를 냄으로써, 청중에게 하나님의 말씀이 새롭고 다양하게 들리도록 힘써야 한다.

Q2. 설교 당일 목소리를 보호하는 방법은 무엇인가?

CCM 가수나 성우는 목소리를 관리하기 위해 음식, 습도, 생활습관 등 여러 면에서 노력한다. 설교자도 목소리로 사명을 감당하는 사람이므로 목소리 관리에 힘써야 한다.

❶ **피할 음식** 설교 당일 최상의 목 컨디션을 유지하기 위해 피할 음식이 몇 가지 있다. 찬 음료, 뜨거운 국, 소다, 카페인, 초콜릿, 커피, 홍차, 녹차, 견과류, 기름진 음식, 유제품, 매운 음식, 튀긴 음식,

에너지음료 등은 피하는 것이 좋다.

❷ **피할 약품** 설교 전 섭취할 경우 목이 건조해지고 침이 말라 목소리에 부담을 주는 약이 있다. 목 스프레이, 코감기 약, 신경안정제, 일부 고혈압 약 등이 해당하므로 피하는 것이 좋다.

❸ **피할 행동** 설교자는 목소리를 관리하기 위해 좋은 습관을 들여야 한다. 잘못된 습관으로 성대에 피로감이 누적되면 목이 상한다. 특히 과도한 고함은 성대결절을 유발할 수도 있다. 설교자는 정기적으로 목소리를 사용해야 하므로 과한 기침, 목을 상하게 할 정도의 목소리 정리, 큰 고함, 누적된 피로, 과식, 과도한 통성기도, 배와 목이 꽉 조이는 옷, 몸을 구부린 자세, 잠들기 3시간 전 음식 섭취는 피하는 것이 좋다.

❹ **평상시 발성 연습** 설교자는 발음과 공명(울리는 소리)을 잘 이용해 듣기 좋고 매력적인 최상의 소리를 만들어야 한다. 운동선수가 기본 체력운동을 하듯 설교자는 좋은 목소리를 유지하기 위해 복식호흡 같은 호흡운동을 하면 좋다. 발음과 성량을 향상시키기 위해서는 예배 찬양 시에도 복식호흡으로 노래하며 발성 연습을 하는 등 이 부분에 좀 더 신경 써서 훈련의 기회로 활용하는 것이 좋다.

❺ **목소리에 도움 되는 음식과 음료** 음식과 음료가 목소리 상태를 좋게 하는 데 도움을 준다. 특히 주일에 여러 차례 설교할 때는 목소리를 잘 관리하는 지혜가 필요하다. 설교 전에 너무 많은 음식을 섭취하면 설교할 때 호흡에 부담을 준다. 한 번에 많은 음식을 섭취하기보다는 나눠서 먹는 것이 좋다. 또 일반적으로 물을 마셔 성대를 촉촉하게 유지하는 것이 좋다. 그러나 설교자가 중년을 넘어 노년으로 갈 경우 신체에 변화가 생겨 이전보다 더 자주 화장실에 가게 된

다. 물 마시는 것도 자신의 신체적 특징을 고려해야 한다. 꿀차, 생강차, 모과차, 유자차, 레몬차, 매실, 도라지, 무즙, 호박즙, 감, 따뜻한 물, 사탕 같은 음식과 음료는 목소리를 보호하는 데 도움을 준다.

❻ 수면실 또는 목양실 환경 설교에서 최상의 목소리 컨디션을 유지하려면 최상의 환경을 조성하는 것이 좋다. 특히 목이 건조할 경우 좋은 소리를 낼 수 없다. 적정한 습도를 유지하고, 감기기운이 있거나 목 상태가 좋지 않을 때는 목을 따뜻하게 한다. 또 먼지에 민감한 설교자는 공기청정기를 설치해 쾌적한 환경을 조성하는 것이 좋다. 목도리나 목폴라로 목을 따뜻하게 하고, 세균감염 방지를 위해 구강 청결을 유지하며, 가습기와 공기청정기를 이용한다.

❼ 자세 교정 소리를 내는 것은 관현악기로 연주하는 것과 같다. 관현악기의 소리가 잘 나도록 바르게 자세를 유지하듯 바른 자세를 취해야 한다. 어깨를 펴서 허파에 많은 공기를 들이마시고 숨을 내쉴 때 소리가 나지 않는 자세를 만드는 것이 필요하다. 어깨를 벽에 대고 펴는 연습을 하거나, 자연스럽게 많이 호흡할 수 있는 안정적인 자세를 연습한다.

Q3. 최상의 구두 언어 전달을 위한 5요소는 무엇인가?

소통의 가장 기본은 말을 통한 전달이다. 그러나 쉽지 않다. 설교자의 습관으로 고착된 말의 유형이 있기 때문이다. 항상 다니는 길을 다니듯 자신도 모르는 자기만의 말의 습관과 패턴이 있다. 자신의 구두 언어를 잘 알기 위해서는 구분점이 필요하다. 다음과 같이 다섯 가지 요소를 분류해 세부적으로 분석하고 발전시키면 도움이 된다.[130]

❶ **발음** 발음은 듣는 사람이 설교자의 말을 잘 알아듣고 이해하면 된다. 잘 들리는 발음이 되려면 기본적으로 입을 크게 벌리고 분명하게 발음하는 훈련을 해야 한다.

❷ **속도** 말의 속도는 설교의 심장박동과 같다. 말을 너무 빨리하면 흥은 나지만, 빠른 말에 익숙하지 않은 청중은 이해하기 힘들다. 반면, 천천히 말하면 차분할 수 있지만 듣는 사람이 지루해질 수 있다. 내용과 상황에 따라 다양한 변화를 주는 것이 바람직하다.

❸ **강세** 말의 강세는 흥미를 돋운다. 특히 유아부, 유초등부, 중고등부 같은 주일학교 부서에서 설교할 때는 말의 강세에 변화를 주어 연령대에 맞게 흥미롭게 전달해야 한다.

❹ **볼륨** 목소리 크기는 모든 청중에게 잘 들리면 된다. 설교를 듣는 청중의 맨 마지막 자리에 앉아 있는 사람에게까지 소리가 잘 들리면 된다.

❺ **중지** 설교 중 말을 쉬지 않고 연달아 한다고 잘 들리는 것은 아니다. 중간에 쉼이 있어야 한다. 설교 중 잠시 말을 하지 않는 중지는 설교하는 자나 듣는 자에게 쉼을 준다. 설교의 대가들은 설교 중 중지의 기술을 적절히 사용해 설교의 몰입도를 극대화한다.

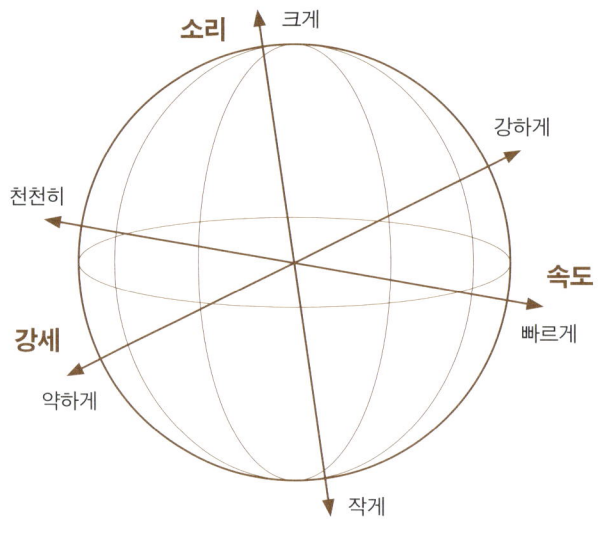

전달 구(delivery sphere)

이러한 말의 속도와 빠르기와 강세는 설교의 내용과 상황에 따라 변화를 주는 것이 가장 좋다. 변화가 있을 때 청중은 지루함을 느끼지 않고 설교자의 말에 더욱 집중하게 된다. 이렇게 다양한 변화를 끌어내려면 설교자는 끊임없이 자신의 언어적 전달을 모니터링해야 한다. 설교 연습 시 말의 빠르기나 강세 등을 원고에 표시해 연습함으로써 언어적 전달의 변화를 훈련할 수 있다.

Q4. 효율적인 마이크 사용법은 무엇인가?

현대 설교에서 마이크 사용은 매우 중요하다. 마이크로 설교자의 언어적 전달의 강점은 더욱 부각시키고 약점은 기술적으로 보완할 수 있다. 그러면 마이크를 잘 사용하는 방법은 무엇일까?

❶ **마이크는 적이 아니라 친구** 마이크를 어떻게 사용하는지에 따라 자신의 강점을 극대화할 수 있고 약점을 보완할 수도 있다. 따라서 마이크 특성을 숙지하고 마이크를 적극적으로 사용해야 한다.

❷ **설교 당일 마이크 상태 확인** 교회에 숙련된 미디어/영상 팀이 있다면 크게 문제가 없다. 그러나 소규모 교회에서는 설교자가 설교 당일에 직접 마이크를 확인해야 한다. 설교 중 마이크 상태가 좋지 않을 때 설교에 직접적인 영향을 줄 수 있다.

❸ **마이크 머리를 치거나 불지 말 것** 마이크 머리는 민감한 전자부품으로 조립되어 있다. 입으로 불거나 손으로 치면 성능이 좋은 마이크일수록 더 손상된다. 또 좋은 음량을 유지하며 오래 사용하는데 문제가 생길 수 있다.

❹ **음향기술자와 협의** 설교자는 자신만의 음색이 있다. 음향기술자와 협의하여 듣기 좋은 음색으로 조정할 수 있다. 가령 중저음이 강한 설교자는 소리가 탁하게 들릴 수 있다. 이때 음향 믹서로 고음을 강화하면 음향을 좀 더 분명하고 맑고 듣기 좋게 조절할 수 있다. 반대로 고음이 강한 설교자는 믹서로 중저음을 강화해 전체적으로 부드럽고 부담 없게 들리도록 조정할 수 있다.

❺ **설교자 모니터의 중요성** 예배당의 스피커 중 가장 중요한 부분이 설교자 모니터 스피커라고 생각한다. 설교자가 자신의 설교를 잘 들어야 효과적으로 전달할 수 있다. 더 나아가 설교자가 자신의 설교에 자신이 먼저 은혜를 받아야 더욱 역동적인 설교가 될 수 있다.

❻ **마이크 종류 확인** 마이크에는 여러 종류(유선 마이크, 무선 핸드 마이크, 핀 마이크, 무선 귀걸이형 마이크)가 있다. 설교자는 각각의 마이크 특성을 알고 사용해야 한다. 줄이 있는 마이크는 청중석에서 선

이 최대한 보이지 않도록 정리하고, 이동 중에 선이 발에 걸리지 않게 한다. 무선 핸드마이크의 경우에는 마이크와 일정 거리를 유지하는 파지법을 연습해야 한다. 핀 마이크는 설교자가 많이 보는 방향에 마이크를 핀으로 고정하는 것이 좋다. 설교자가 청중을 5대5로 번갈아 볼 것 같지만, 설교자를 잘 관찰해 보면 습관적으로 더 많이 보는 방향이 있다. 자신의 경향성을 파악해 자주 보는 방향에 핀 마이크를 고정한다. 무선 귀걸이형 마이크의 경우에는 선이 보이지 않게 하고, 고정 테이프가 떨어지지 않도록 수시로 점검한다.

보이는 전달

Q1. 보이는 전달이 왜 중요한가?

의사소통 전문가들은 설교가 언어적인 영역보다 보이는 비언어적 영역에서 더 메시지의 파급력이 있다고 한다. 특히 사람은 상대방을 파악할 때 말보다는 행동과 태도와 표정을 보고 직관적으로 신뢰도를 정한다. 다시 말하면, 보이는 부분이 메시지를 받아들이는 수용에 큰 영향을 준다는 것이다. 한국은 유교문화여서 선비처럼 조용하고 학자 이미지를 가진 설교자가 한동안 강세였다. 그러나 현대 청중은 TV나 여러 소셜 미디어를 통해 다양한 토크 프로그램과 강연과 쇼를 자주 접한다. 그들의 눈에 가만히 서 있는 설교자는 고리타분한 사람이라는 느낌을 줄 수 있다. 따라서 변하는 시대에 다양한 미디어를 접하는 현대 청중과 소통하려면 언어적 전달 못지않게 보이는 메시지 전달에 힘을 쏟아야 한다.

Q2. 최상의 보이는 전달을 위한 다섯 영역은 무엇인가?

설교가 보이도록 전달하려면 여러 영역을 살펴야 한다. 보이는 전달은 걸음, 시선, 표정, 자세/복장, 제스처를 통해 전달된다.[131]

❶ **걸음걸이** 걸음은 설교자를 보여주는 첫 메시지다. 청중은 설교자가 걸어 나올 때 설교자가 누구인지 보게 된다. 설교자는 보내신 이의 전령으로, 확신 있고 당당하며 씩씩하게 걸어 나와야 한다. 너무 느리게 걸어 나오면 답답하고, 너무 빨리 걸어 나오면 가벼워 보인다. 따라서 청중과 상황에 따라 속도를 조정해 걸어 나올 필요가 있다.

❷ **시선** 시선 접촉은 많은 메시지를 전달한다. 청중과 시선이 마주치지 않을 경우, 청중은 자신이 무시당하거나 설교자가 뭔가를 솔직하게 말하지 않는다고 오해할 수 있다. 따라서 시선을 접촉하되 청중을 친근하게 볼 필요가 있다. 청중 가운데 거점이 되는 몇 군데를 정하고, 순차적으로 전체를 돌아가며 보면 좋다. 헤어스타일은 개인의 개성에 따라 다양하게 할 수 있다. 그러나 일반적으로 머리카락이 설교자의 이마나 눈을 가리지 않는 것이 좋다. 눈이 청중과 자주 마주칠 때 메시지가 깊이 있게 청중에게 전달된다.

❸ **표정** 표정은 메시지의 내용에 따라 다양하게 변해야 한다. 요즘은 교회마다 대형 화면이 설치되어 있어 설교자의 얼굴 표정이 그대로 노출된다. 영상 설교에서는 표정을 통한 메시지 전달이 현장 설교보다 더 중요하다. 한국인 설교자들은 서구의 설교자들에 비해 표정 변화가 적고 무뚝뚝해 보이는 경향이 있다. 표정으로 많은 메시지를 전달할 수 있으므로, 거울을 보면서 자신의 메시지가 표정으

로도 보이게 연습할 필요가 있다.

❹ **자세/복장**   자세는 최대한 자연스럽게 취하는 것이 좋다. 어깨를 펴고 말씀의 대언자로 당당하게 서야 한다. 설교자가 경직되어 있으면 청중 또한 경직된다. 설교자의 복장은 예배의 분위기와 절기에 맞게 입으면 된다. 가장 단정하고 품위 있게 입는 것이 보이는 전달에 맞게 좋은 메시지를 전달할 수 있다.[132]

❺ **제스처**   제스처는 메시지와 조화를 이루어야 한다. 습관적이고 반복적인 제스처를 사용하기보다 다양한 제스처를 연습해 사용하는 것이 역동적이고 신선한 설교 전달에 효과적이다. 설교원고를 완성도 있게 작성하는 것 못지않게 설교의 전달이 매우 중요하다. 최상의 설교가 되기 위해서는 최상의 설교 전달이 함께 수반되어야 한다.

• 최상의 전달을 위한 발걸음 •

나의 언어적 전달

① 발음:

② 속도:

③ 강세:

④ 볼륨:

⑤ 중지:

나의 보이는 전달

① 걸음걸이:

② 시선:

③ 표정:

④ 자세/복장:

⑤ 제스처:

나의 전달 발전 계획

□ 강점

-
-
-

□ 발전시켜야 할 부분

-
-
-

Chapter 13
하나님 중심적 설교

본문에 나타난
삼위 하나님을 설교하라

권호

안타까운 오해와 혼란

최상의 설교는 하나님 중심적 설교를 추구한다.[133] 본문에서 성부 성자 성령께서 어떻게 놀라운 구속의 역사를 행하시는지 청중에게 분명히 보여준다. 그런데 안타깝게도 이런 성경적이면서도 균형 잡힌 하나님 중심적 설교를 두고 치우친 '그리스도 일원적 설교'만을 고집하는 설교자들이 있다. 곧 살펴보겠지만, 그리스도 일원적 설교는 성경적이지도 않고 설교학적으로 볼 때도 여러 문제점을 일으킨다. 최상의 설교를 원한다면 그리스도 일원적 설교가 아니라 하나님 중심적 설교를 추구하라. 본격적으로 하나님 중심적 설교가 무엇이며, 그것을 위한 실제적 기법에는 어떤 것이 있는지 살펴보기 전에, 오해와 혼란을 일으키고 있는 그리스도 일원적 설교가 무엇인지 잠시 살펴보자.

최근 한국 설교학과 강단에 그리스도 중심적 설교(Christocentric

preaching)에 대한 관심이 다시 높아지고 있다. 분명 반가운 일이다. 문제는 그리스도 중심적 설교를 지나치게 강조하다가 설교자의 의도와 달리 그리스도 일원적 설교(Christomonic preaching)의 위험성에 빠질 수 있다는 것이다. 이런 위험은 '모든' 성경의 본문을 '반드시' 그리스도와 연결해서 설교해야 한다고 주장할 때 종종 나타난다. 그리스도 중심적 설교를 추구하자는 주장은 궁극적으로 당연하고 바람직해 보인다. 그러나 모든 본문을 그리스도와 반드시 연결해서 설교해야 한다는 주장은 여러 의문과 논쟁을 일으킨다. 사실 켄 랭글리(Ken Langley)의 지적처럼, 그리스도 일원적 설교가 그리스도 중심적 설교를 주창한 학자들에 의해 생겨난 것은 아니다. 오히려 "그들의 제자들 중 부주의한 설교자들과 그리스도 중심적 설교에 대해 잘못 인식한 사람들에 의해 초래된 것이다."[134] 어떻게 이런 안타까운 혼란이 벌어진 것일까?

그리스도 중심적 설교의 뿌리

그리스도 중심적 설교를 영미 설교학 학자들은 'Christocentric preaching' 혹은 'Christ-centered preaching'이라고 부른다. 그리스도 중심적 설교에 대해 알고자 한다면, 먼저 그와 관련된 좀 더 넓은 범위의 설교학적 논쟁의 역사를 살펴보아야 한다.

20세기 초 네덜란드 개혁교회는 '구속사적 설교'(Redemptive-historical preaching)라는 명칭을 사용하며 '하나님 중심적 설교'를 발전시킨다.[135] 구속사적 설교는 성경 전체를 삼위 하나님의 구속 사역이라는 틀에서 해석하고, 그것이 역사에서 어떻게 인간의 구원이라는 결과로 나타났는지 강조한다.[136] 구속사적 설교는 구원자 하나님, 특별히 예수 그리스도의 구속과 관련된 주요 사건의 의미를 드러내는 것이 1차 목표다. 구속사적 설교는 당대의 중요한 설교학적 흐름 중 하나였던 '모범적 설교'(Exemplary preaching)가 성경 인물을 통해 실천적 교훈을 제시하려는 것을 비판하며, 모든 설교의 초점을 삼위 하나님께 맞추었다.

이런 구속사적 설교는 신구약을 하나님 중심적 해석틀로 통합하고, 구원의 주체로서 하나님을 높이는 긍정적 측면을 갖는다. 반면, 삼위 하나님에 의해 진행되는 구원 역사에 강조점이 있으므로, 인간의 역할은 설교에서 잘 드러나지 않는다. 이런 구속사적 설교의 경향은 자연히 적용의 부재나 최소의 적용만을 제시하는 결과를 낳았다. 이 같은 문제점 때문에 구속사적 설교는 교훈과 실천을 강조하는 모범적 설교와 계속해서 논쟁하게 되었다. 이 둘 간의 논쟁은 20세기 개혁교회 설교학의 주요 이슈로 기억된다.[137]

그리스도 중심적에서 그리스도 일원적으로

과거 네덜란드 개혁교회의 논쟁을 북미 설교학에 소개한 인물이 그레이다누스다.[138] 그는 모든 역사가 하나님의 구속사와 연관되며, 그분의 구속 활동은 과거를 넘어 현 시대의 청중에게 향한다는 점을 강조한다. 그레이다누스는 그의 초기 출판물에서, 설교자는 구속사적 설교를 위해 '하나님 중심적 접근'(theocentric approach)으로 본문을 해석하고 메시지를 구성해야 한다는 점을 강조한다.[139] 이후 그는 구약에서 어떻게 그리스도 중심의 메시지를 전할 것인지에 관해 여러 권의 저서를 계속 출판하고 있다. 그레이다누스의 학문적 시도는 비록 그가 명확히 밝히지는 않지만, 언제부터인가 삼위 하나님에 초점을 맞춘 하나님 중심적 설교로부터 모든 본문에서 그리스도를 설교하려는 것으로 바뀐 듯하다.

사실 그레이다누스가 성경의 모든 본문, 특별히 구약의 모든 본문까지 반드시 그리스도와 연결해야 한다고 단정적으로 주장하지는 않는다.[140] 그는 의도적으로 전략적 모호성을 유지하고 있는 듯하다. 현재 북미 설교학회는, 그레이다누스가 구약의 본문을 그리스도와 연결할 때 구약의 역사적 문맥과 하나님의 구속사적 계획을 비교적 충실히 드러내려 하지만, 종종 무리하게 구약의 모든 본문을 그리스도와 연결하는 점에 대해서는 비판하고 있다.[141] 비판의 목소리를 높이고 있는 대표적 학자 중 주요 인물이 랭글리와 아브라함 쿠루빌라(Abraham Kuruvilla)다.

부족한 성경적 근거

성경의 모든 부분을 반드시 그리스도와 연결해야 한다는 주장을 펼치기 위해 항상 사용되는 구절이 있다. "그리스도가 이런 고난을 받고 자기의 영광에 들어가야 할 것이 아니냐 하시고 이에 모세와 모든 선지자의 글로 시작하여 모든 성경에 쓴 바 자기에 관한 것을 자세히 설명하시니라 … 또 이르시되 내가 너희와 함께 있을 때에 너희에게 말한 바 곧 모세의 율법과 선지자의 글과 시편에 나를 가리켜 기록된 모든 것이 이루어져야 하리라 한 말이 이것이라 하시고"(눅 24:26-27, 44). 이 구절에서 예수님은 엠마오로 가는 제자들에게 자신의 죽음과 부활이 구약에 약속된 예언의 성취임을 말씀해 주신다. 이 구절을 근거로 모든 구약 본문이 그리스도와 연결되어 있다고 주장하는 것에 대해, 쿠루빌라는 치우친 해석이라고 지적한다. 쿠루빌라에 따르면, 예수님의 말씀은 분명 구약의 '주요 부분'이 그리스도의 구속과 연결된다는 것이지 '모든 부분'이 문자적 기계적으로 연결될 수 있다는 뜻이 아니다.[142] 또 그는 제자들의 눈이 열려 예수님을 알아본 것은 그분께 구약에서 그리스도로 이어지는 강의를 들었을 때가 아니고 식사하시며 떡을 떼어 그들에게 주신 순간이었다고 말한다.[143] "그들과 함께 음식 잡수실 때에 떡을 가지사 축사하시고 떼어 그들에게 주시니 그들의 눈이 밝아져 그인 줄 알아 보더니…"(눅 24:30-31).

쿠루빌라는 획일적인 그리스도 중심적 설교의 옹호자들이 근거로 사용하는 "십자가에 못 박힌 그리스도"만을 전했다는 바울의 고백이 담긴 구절(고전 1:22-23; 2:2)에 대해서도 부적절한 인용이라고 비판한다.[144] 그에 따르면, 바울의 모든 메시지가 그리스도에 관한 것은 아니다. 예를 들어, 바울이 서신서에서 성도를 향한 적용점을 제시할 때는 복음에 합당한 생활에 관해 이야기한다. 즉, 세상 성도가 일상에서 어떻게 경건한 삶을 살 수 있는지 구체적으로 말할 때가 많다. 그러므로 바울의 모든 메시지가 그리스도와만 연결된다는 주장은 치우친 성경해석의 결과다. 이렇게 볼 때 설교자의 모든 메시지가 바울처럼 그리스도에 관한 것이어야 한다는 주장은 지나친 것이다.

획일적 설교의 결과, 지루함

모든 본문을 반드시 그리스도와 연결하려는 그리스도 일원적 설교의 또 다른 문제는 '주제 중복으로 인한 지루함'이다. 특별히 구약을 설교할 때 본문을 간단히 설명하고 설교자 자신이 가진 그리스도 중심적 틀로 매번 이동하기 때문에, 거의 같은 메시지가 반복되는 느낌을 줄 수 있다. 여러 경우 중 하나가 반복되는 '율법-복음 구도의 설교틀'이다. 리처드 리셔(Richard Lischer)는 성급하고 획일적인 그리스도 중심적 설교가 구약을 단순히 율법적인 것처럼 취급하면서, 신약의 복음만이 은혜의 해결점을 준다는 경직된 방식을 사용할 때 벌어질 수 있는 일에 대해 다음과 같이 경고한다. "우리는 하나님이 그의 백성에게 무엇을 말씀하고 있는지에 관한 질문 대신에, 마치 똑같은 무늬를 찍어내는 것처럼 모든 본문에서 어디에 율법이 있고 어디에 복음이 있는지 계속 질문하게 된다. 이러한 경직된 접근은 회중에게 특정 본문이 무엇을 말하는지에 관계없이, 심판과 은혜에 대한 설명만을 확인시키려 한다."[145] 이렇게 되면 결국 본문의 풍성한 메시지가 틀 안에 갇힌 지루함으로 변질된다.

물론 잘 훈련된 설교자가 구약에서 그리스도에 대한 메시지를 주의 깊게 드러낸다면, 획일성에서 오는 지루함의 위험성을 피할 수 있다. 그러나 전문적으로 해석학을 전공한 학자들도 모든 구약의 본문을 매번 그리스도와 연결할 때 동일한 메시지의 반복으로 발생하는 지루함의 문제를 피하기 어렵다. 실례로 쿠루빌라가 그레이다누스의 책 『창세기에서 그리스도 설교하기』(*Preaching Christ from Genesis*)를 분석한 것을 참고하면 이런 사실이 확인된다. 쿠루빌라는 그레이다누스의 학문적 노력을 인정하지만, 매번 반복되는 주제를 다음과 같이 '지루한 반복'(tedious repetition)으로 지적한다.

그레이다누스는 어느 정도 그의 노력대로 창세기 본문에서 그리스도를 드러내고 있다. 그러나 예상대로 설교의 목표(sermon goals)가 상당히 중복되어 나타난다. 몇 가지 예는 다음과 같다. 창세기 28장 10-22절의 설교 목표는 '하나님의 백성이 어디로 가든지 그의 백성과 함께하실 것이라는 약속으로 그들을 위로하는 것'인데, 창세기 46장 1절부터 47장 31절의 목표인 '하나님의 백성이 어디로 가든지 그들과 함께하신다'와 다르지 않다. 또 창세기 39장 1-23절의 '하나님의 백성이 번영할 때나 역경을 당할 때나 그들과 함께하신다'는 것과도 유사하다. 창세기 37장 2-36절의 설교 목표는 '하나님은 인간의 악한 행위도 하나님의 구원 계획을 이루기 위해 사용하실 수 있다'는 내용으로 위로를 전하는 것인데, 창세기 29장 1-35절에서 이미 나타난 것이다. 또 이 메시지는 창세기 38장 1-30절에서 그의 백성의 확신을 위해 '하나님이 인간의 불순종과 속임수를 통해서도 그의 구원 계획을 성취하실 수 있다'로 다시 나타난다. 그리고 창세기 43장 1절부터 45장 28절에서 '주권자이신 하나님은 인간의 악한 행위도 구원에 이르게 하실 수 있다'는 위로의 메시지로 또다시 등장한다. 매주 창세기를 설교하면서 그레이다누스의 설교 목표를 사용하는 설

교자는 지루한 반복에 갇힐 위험에 처한다.[146]

모든 본문에서 그리스도에 관한 메시지를 전하려는 시도는 설교자에게 무리한 성경해석의 가능성을 줄뿐 아니라, 그것을 듣는 청중에게도 지루함과 단조로움의 고통을 줄 수 있다. 설교자가 자신의 틀로 모든 본문을 획일적인 메시지로 만들기보다, 그 본문이 가지고 있는 고유의 메시지를 드러낼 때 성경에 더 충실하면서도 다양한 설교의 감동을 청중에게 줄 수 있다.

하나님 중심적 설교를 위한 방법

지금까지 그리스도 일원적 설교가 무엇이고, 그것이 가질 수 있는 위험에는 어떤 것이 있는지 간략하게 살펴보았다. 이런 위험에 빠지지 않고 최상의 설교를 하기 원한다면 성부 성자 성령 하나님을 균형 있게 전하는 하나님 중심적 설교를 해야 한다. 그렇다면 구체적으로 어떻게 하나님 중심적 설교를 할 수 있을까?

1. 본문을 기준으로 삼위 하나님을 설교하라

본문에서 삼위 하나님 중 어떤 하나님을 설교해야 하는지는 설교자의 신학적 혹은 설교학적 틀이 아니라 본문을 기준으로 결정해야 한다. 이것이 설교자가 꼭 기억해야 할 첫 원칙이다. 무조건 획일적으로 모든 본문에서 그리스도에 관해 설교하지 말라. 본문이 성부 하나님에 관해 말하고 있으면 성부 하나님을 설교하라. 본문이 성자 하나님에 관해 분명하게 말하고 있다면 그리스도를 설교하라. 한편 본문이 성령 하나님에 관해 말하고 있다면 성령님을 설교하면 된다. 만약 성자 하나님에 관해 더 자주 설교하기 원한다면 가장 쉬운 방법은 신약 본문을 많이 설교하는 것이다. 만약 구약에서 성자 하나님에 관해 설교하기 원한하면 모든 구약 본문을 무조건 그리스도와 연결하기보다, 예언과 성취 혹은 모형론 등의 내용이 있어 신약으로 분명히 연결되는 구약 본문을 택해 설교하면 된다.[147]

2. 성부 하나님이 어떤 분인지 설교하라

그리스도 일원적 설교는 성경에서 특히 구약 본문에서 하나님에 관한 메시지를 축소하거나 형식적으로 다룬 후 매우 급하게 그리스도의 사역으로 연결한다. 그 결과 구약 본문에 나타난 하나님의 구속 사역, 그분의 놀라운 섭리, 우리를 향한 사랑을 그저 그리스도에 관한 메시지 속으로 뛰어들기 위한 징검다리같이 취급한다. 이 과정에서 성부 하나님께 돌려야 할 영광이 크게 축소된다. 어떻게 이런 위험을 피할 수 있을까?

무엇보다 앞에서 제시한 첫 원칙을 지켜야 한다. 본문이 성부 하나님에 관해 말하고 있다면 성부 하나님에 관해서만 설교하면 된다. 후에 살펴보겠지만, 성부 하나님의 사역이 성자 하나님과 연결되는 본문이라면 당연히 그리스도와 연결해야 한다. 본문이 어떤 하나님에 관해 말하고 있는지 정직하게 보고 결정하면 된다. 한편, 본문에 나타난 성부 하나님에 초점을 맞추어 설교하려고 할 때 가장 쉬우면서도 효과적인 방법은, 본문에서 하나님은 어떤 분인지를 드러내는 것이다. 이때 기억해야 할 것이 있다. 청중이 무엇을 해야 하는지 적용을 제시하기 전에, 반드시 하나님이 어떤 분인지 먼저 알려주는 것이다. 하나님의 모습이 반영되지 않은 설교의 적용은 율법주의로 끝난다. 이제 사사기의 한 본문에서 성부 하나님을 어떻게 드러내는지 살펴보자.

● 본문: 사사기 15장 14-19절

^{14}삼손이 레히에 이르매 블레셋 사람들이 그에게로 마주 나가며 소리 지를 때 여호와의 영이 삼손에게 갑자기 임하시매 그의 팔 위의 밧줄이 불탄 삼과 같이 그의 결박되었던 손에서 떨어진지라 ^{15}삼손이 나귀의 새 턱뼈를 보고 손을 내밀어 집어들고 그것으로 천 명을 죽이고 ^{16}이르되 나귀의 턱뼈로 한 더미, 두 더미를 쌓았음이여 나귀의 턱뼈로 내가 천 명을 죽였도다 하니라 ^{17}그가 말을 마치고 턱뼈를 자기 손에서 내던지고 그 곳을 라맛 레히라 이름하였더라 ^{18}삼손이 심히 목이 말라 여호와께 부르짖어 이르되 주께서 종의 손을 통하여 이 큰 구원을 베푸셨사오나 내가 이제 목말라 죽어서 할례 받지 못한 자들의 손에 떨어지겠나이다 하니 ^{19}하나님이 레히에서 한 우묵한 곳을 터뜨리시니 거기서 물이 솟아나오는지라 삼손이 그것을 마시고 정신이 회복되어 소생하니 그러므로 그 샘 이름을 엔학고레라 불렀으며 그 샘이 오늘까지 레히에 있더라

본문에서 하나님은 어떤 분인가? 최상의 설교는 본문에 나타난 하나님을 선명하게 보여주는 것에 초점을 맞춘다. 그러나 보통 설교자들은 이 본문을 적용 중심의 메시지로 풀어간다. 즉, 설교할 때 삼손이 여호와께 간절히 부르짖어 생명을 구했다는 것에 초점을 맞

춘다. 그래서 삼손처럼 우리도 간절히 하나님 앞에 기도할 때 응답해 주시고 구해 주신다는 것을 강조한다. 이런 적용 중심의 메시지가 틀린 것은 아니다. 그러나 적용 전에 먼저 본문에서 하나님이 어떤 분인지 드러내야 한다. 그런 후 그 하나님 앞에 우리가 어떤 믿음의 반응을 보여야 하는지를 적용으로 제시해야 한다. 아래 실제 설교문의 예를 살펴보자. 하나님이 어떤 분인지 나타내는 부분은 밑줄로 표시했다.

● 설교문

하나님의 은혜를 경험한 이 순간에 삼손은 다시 이상한 행동을 합니다. 분명 하나님이 하셨는데, 삼손은 자기가 했다고 생각합니다. 자기를 내세웁니다. 하나님이 하셨다고 고백하지 않습니다. 감사하지 않습니다. 은혜에 대한 배신 아닙니까? 삼손은 그저 '내가' 했다고 합니다. 그는 천 명을 죽인 후 자화자찬하는 것입니다. 바로 그때 삼손이 힘을 너무 썼는지 목마름을 느낍니다. 죽을 것 같은 목마름입니다. 그때 삼손이 처음으로 하나님을 찾습니다. 처음으로 하나님께 부르짖습니다. 자신이 급해지자 처음으로 간절히 하나님을 찾습니다. 그리고 그분께 도움을 청합니다. 늘 사명을 등지고, 경건을 버리고, 자기중심적으로 행동하는 삼손을 이제 하나님은 어떻게 대하실까요? … 〈중략〉

삼손이야기에는 배신당하고 배신하는 사건이 계속 됩니다. 삼손, 그는 계속 배신당합니다. 얼마 전에 죽은 블레셋 아내와 장인이 삼손을 속이고 배신했습니다(14:14-17; 15:1-2). 본문에서 자신의 민족인 유다에게 배신당해 블레셋에게 넘겨졌습니다. 그런데 사실 생각해 보면 삼손도 하나님을 계속 배신합니다. 음주와 살인과 이방여인과의 결혼으로 하나님이 주신 나실인의 소명을 저버립니다. 배임, 사명에 대한 배신 아닙니까? 본문에서도 하나님이 성령을 통해 자신의 목숨을 구해 주셨는데, 감사하지 않고 자신을 내세웁니다. 은혜에 대한 배신 아닙니까? 삼손이 은혜를 아는 자였다면 그는 블레셋을 죽인 턱뼈를 내려놓고 무릎을 꿇고 감사기도를 드려야 했습니다. 지명도 '턱뼈의 산'이 아니라 '은혜의 산' 같은 식으로 지어 자신을 구해 주신 하나님을 높여야 했습니다. 그런데 결국 삼손은 자신을 높입니다.

그러나 신기하게 배신이 꿈틀거리는 본문에서 우리는 희망을 봅니다. 결코 배신하지 않는 한 분이 계시기 때문입니다. 바로 우리 하나님이십니다. 사명을 잊고 방종의 삶을 살다 배신당해 죽음의 위험에 빠진 삼손, 자신을 구해 주신 하나님께 감사하지도 않고 그분을 높이지도 않는 삼손이 부르짖습니다. 목이 말라 죽을 지경이 되자 그제야 처음으로 하나님을 찾습니다. 그런 삼손에게 하나님은 등을 돌리시지 않습니다. 그의 기도를 들어주십니다. 다시 살려주십니다. 우리가 믿는 하나님이 이런 분입니다.

본문을 보며 우리는 용기를 얻습니다. 늘 배신하는 우리지만 배신하지 않는 하나님께 나아가기만 하면 그분이 받아주십니다. 그렇다면 비록 염치없는 배신자지만 우리도 삼손처럼 은혜를 베푸시는 하나님께 부르짖어야 합니다. 하나님 앞에서 무슨 자존심을 찾겠습니까? 그저 불쌍히 여겨달라고 살려달라고 부르짖어야 합니다. 그때 내 삶의 우묵한 곳에서도 은혜가 터져 나올 것입니다. 그 흐르는 은혜로 나와 우리 가정과 공동체가 회복되는 놀라운 엔학고레를 경험할 수 있기를 기대해 봅니다.

위의 설교문에는 인간은 늘 배신해도 하나님은 결코 배신하지 않는 분이라는 메시지가 드러난다. 그 후 그런 하나님이기에 우리가 은혜를 베풀어달라고 기도해야 한다는 적용점을 제시한다. 무조건 본문을 그리스도로 연결하지 말고 자신이 선택한 본문에 나타난 하나님을 설교하라. 그 하나님이 어떤 분인지 청중에게 알려주라. 하나님의 모습이 얼마나 선명하게 드러나는지가 최상의 설교의 수준을 결정한다.

3. 성령 하나님도 설교하라

성령 하나님도 설교하라는 말이 이상하게 들린다. 이런 표현을 쓴 이유가 있다. 안타깝게도 많은 교단, 특별히 개혁주의를 추구하는 교단에서 성령 설교의 부재 혹은 미비 현상이 나타난다. 유럽 개혁교회 안에 있었던 구속사적 설교와 모범적 설교의 논쟁을 객관적으로 평가한 C. 트림프(Cornelis Tripm)는, 구속사적 설교가 구약에서까지도 그리스도를 드러내려고 노력했지만 "성령의 사역과 구약 성경 이야기 안에 담긴 영적인(spiritual) 측면에 대해 거의 부재한 상황"이었다고 솔직히 인정한다.[148] 그는 이어 구속사적 설교, 그리스도에 집중된 설교의 거장이었던 홀베르다(B. Holwerda)의 설교에 성령에 대한 메시지가 없는 것에 대해 다음과 같이 안타까움을 표한다. "이 약점에 우리는 완전히 노출되어 있다. … 구약의 성령에 대한 가르침을 염두에 두었더라면 홀베르다는 이런 식으로 [글과 설교를] 쓰지 않았을 것이다. 그래서 우리는 탄식할 수밖에 없다."[149]

그리스도 일원적 설교로 인해 지금도 이런 탄식은 계속된다. 모든 본문을 그리스도와 연결하려는 그리스도 일원적 입장을 취하는 사람들은 사실 자신의 글과 설교에 성령에 대한 메시지가 극히 적거나 부재된 것을 이미 인식하고 있다. 예를 들면, 그레이다누스는 성령에 대한 설교가 부족하다는 비판에 방어적인 자세를 취하며, 본인도 성령의 역할이 얼마나 중요한지 잘 알고 있다고 말한다. 그렇지만 본문에서 임의로 성령에 대한 메시지를 끌어낼 수 없고, 본문이 분명하게 성령을 말할 때만 성령에 대해 설교해야 한다고 주장한다.

> 우리는 성령의 결정적인 역할을 인정해야 한다. 또 구원에 있어서 성령의 역할, 즉 중생, 회심, 믿음, 성화에서의 역할을 인정해야 한다. 그러나 성령의 중요한 역할이든 삼위 하나님께 대한 우리의 믿음이든 그 어떤 것도 모든 설교가 세 위에 대해 어느 정도 같은 시간을 배분해야 한다고 요구하지 않는다. 설교의 초점을 결정하는 것은 조직신학이 아니라 설교 본문이다. … 따라서 만약 회중이 성령의 사역에 대해 더 많이 듣고 싶어한다면, 설교자는 주로 성령에 초점을 맞춘 설교 본문을 택해야 한다. '모든 본문에서 성부 성자 성령에 대해 증거해야 한다는 주장'은 설교자에게 불필요한 부담을 줄 수 있다.[150]

그레이다누스의 말처럼 모든 본문에서 성부 성자 성령을 반드시 설교해야 한다는 주장은 분명 설교자에게 부담이다. 그런데 이 주장에서 성부와 성령 하나님을 빼도 결과는 마찬가지다. 즉, 모든 본문에서 반드시 그리스도를 설교해야 한다는 것도 분명 설교자에게 부담이다. 다시 첫 원칙을 기억해야 한다. 본문이 말하고 있는 하나님에 관해 설교하면 된다. 본문이 성령 하나님에 관해 말하고 있으면 성령을 설교하면 된다. 이때 구약 본문에 나타난 성령이 신약과 연결될 수 있다면 신약의 성령과 연결해 설교하는 것도 매우 좋은 시도다. 잠시 잠언 본문의 실례를 살펴보자.

● 본문: 잠언 1장 23-33절

²³나의 책망을 듣고 돌이키라 보라 내가 나의 영을 너희에게 부어 주며 내 말을 너희에게 보이리라 ²⁴내가 불렀으나 너희가 듣기 싫어 하였고 내가 손을 폈으나 돌아보는 자가 없었고 ²⁵도리어 나의 모든 교훈을 멸시하며 나의 책망을 받지 아니하였은즉 ²⁶너희가 재앙을 만날 때에 내가 웃을 것이며 너희에게 두려움이 임할 때에 내가 비웃으리라 ²⁷너희의 두려움이 광풍 같이 임하겠고 너희의 재앙이 폭풍 같이 이르겠고 너희에게 근심과 슬픔이 임하리니 ²⁸그 때에 너희가 나를 부르리라 그래도 내가 대답하지 아니하겠고 부지런히 나를 찾으리라 그래도 나를 만나지 못하리니 ²⁹대저 너희가 지식을 미워하며 여호와 경외하기를 즐거워하지 아니하며 ³⁰나의 교훈을 받지 아니하고 나의 모든 책망을 업신여겼음이니라 ³¹그러므로 자기 행위의 열매를 먹으며 자기 꾀에 배부르리라 ³²어리석은 자의 퇴보는 자기를 죽이며 미련한 자의 안일은 자기를 멸망시키려니와 ³³오직 내 말을 듣는 자는 평안히 살며 재앙의 두려움이 없이 안전하리라

이 잠언 말씀은 지혜의 부름과 가르침에 어떻게 응답하는지가 삶의 결과로 나타난다는 내용이다. 어리석은 자는 지혜를 거부하고 그

교훈을 멸시한다. 그 결과 그의 삶은 폭풍같이 두려움에 빠지며 재앙을 만난다. 그때 비로소 어리석은 자는 지혜를 부르며 찾지만, 지혜를 만나지도 그의 소리를 듣지도 못할 것이다.

그러나 하나님의 사람에게는 늘 돌이킬 기회가 주어진다. 그 이유와 결과가 본문의 앞뒤에 나타난다. 돌이킬 수 있는 이유는 하나님께서 '하나님의 영'을 부어주셔서 말씀을 깨닫게 하시기 때문이다(23절). 그 결과는 재앙과 두려움이 없는 안전한 삶이다(33절). 설교자는 먼저 주어진 구약 본문에 집중해야 한다. 하나님의 영이 무엇이며, 이 영이 부어졌을 때 말씀을 깨닫지 못하는 어리석은 자들과 어떻게 대조적인 삶의 결과를 얻게 되는지 설명하면 된다. 그 후 이 하나님의 영이 어떻게 신약 시대의 성령 사역으로 이어지는지 설명한다. 신약의 오순절 사건 이후 우리 안에 하나님의 영, 즉 성령이 거하신다. 우리 안에 내주하시는 이 성령께서 우리가 깨닫도록 탄식하며 기도하신다. "이와 같이 성령도 우리의 연약함을 도우시나니 우리는 마땅히 기도할 바를 알지 못하나 오직 성령이 말할 수 없는 탄식으로 우리를 위하여 친히 간구하시느니라 마음을 살피시는 이가 성령의 생각을 아시나니 이는 성령이 하나님의 뜻대로 성도를 위하여 간구하심이니라"(롬 8:26-27). 설교자는 이렇게 구약 본문과 신약을 연결하면서 동일하게 우리 안에 계시며 인도하시는 성령님에 대해 설교해야 한다. 그 후 성령께서 지금 깨닫게 하시는 것이 무엇이며, 그 깨달은 것을 어떻게 실천할 것인지를 적용으로 제시하면 된다.

4. 구약에서 바르게 그리스도를 설교하라

피해야 할 원 의미 축소

모든 본문을 그리스도와 연결하려는 성급하고 획일적 시도는 성경 본문의 원 의미(original meaning)를 약화시킨다.[151] 특히 구약을 그리스도와 연결하려는 시도에서 이런 문제가 흔히 발생하는데, 본문의 역사적 문맥을 무시하거나 간략하게만 다루고 너무 급히 그리스도와 연결하려 하기 때문이다. 이런 역사적 문맥의 이해 부재나 소홀은 필연적으로 구약 본문의 원 의미를 감소시키는 결과를 낳는다. 그리스도 중심적 설교를 지향하는 학자들은 이런 위험에 빠지지 않기 위해, 설교자가 반드시 본문의 역사적 문맥을 연구해야 한다고 강조한다.

예를 들면, 그레이다누스는 구약 본문의 역사적 문맥 연구를 통해 원 의미를 발견한 후, 다음과 같은 일곱 가지 방법을 사용해 그리스도에 대해 설교할 것을 제안한다. 그가 제시한 방식은 ① 점진적 구속사(redemptive-historical progression)의 길, ② 약속-성취(promise-fulfillment)의 길, ③ 모형론(typology)의 길, ④ 유비(analogy)의 길, ⑤ 통시적 주제(longitudinal theme)의 길, ⑥ 신약 관련 구절(NT references)의 길, ⑦ 대조(contrast)의 길이다.[152] 흥미로운 것은 그레이다누스가 구약 본문의 원 의미를 발견하려고 노력한 후에 일곱 가지 방식으로 그리스도에 관한 메시지를 찾으려 하였으나, 그 역시도 종종 역사적 문맥과 원 의미를 소홀히 한다는 평가를 받는다. 그 이유를 창세기 22장에 대한 그레이다누스의 그리스도 중심적 해석과 설교의 예에서 찾아보자.

치우친 창세기 22장의 접근

그레이다누스는 지금까지 전통적으로 창세기 22장의 내용을 '하나님께서 아브라함을 시험하심'이라고 보는 견해가 잘못된 것이라고 주장한다. 그에 따르면, 이런 전통적 견해는 메시지를 듣는 이스라엘이 자신들을 '아브라함'과 동일시한다는 가정에서 이루어진 해석이다. 그러면서 그레이다누스는 이스라엘이 자신들을 아브라함이 아니라 '이삭'과 동일시할 것이라는 '가정'을 다음과 같이 펼친다. "이스라엘은 분명 자신들을 이삭과 동일시하고자 했을 것이다. 제단 위에 놓여 있는 이삭의 이야기를 들을 때 이스라엘은 마치 자신들이 저울 위에 달려 있는 존재 같다고 느꼈을 것이다. 이삭이 사느냐 죽느냐가 본문 이야기의 핵심인 것이다."[153]

그레이다누스의 이런 주장은, 창세기 22장의 내용이 이스라엘의 존재가 자신들을 살리신 하나님의 은혜에 근거하고 있다는 전제 위에 나온 것이다. 그러나 사실은 그 전제가 자신의 그리스도 중심적 접근을 위한 것임을 알 수 있다. 그레이다누스는 이스라엘이 자신들을 이삭과 동일시하고 그 이삭을 살리기 위해 하나님이 양을 준비했다면, 본문은 '대체를 통한 구속이라는 주제'(the theme of substitutionary atonement)를 가지고 있으며, 이삭 대신 준비된 양을 모형론적으로 접근할 때 결국 그리스도와 연결된다고 주장한다.[154] 그러면서 이런 연결점을 지지하는 신약의 구절로 요한복음 3장 16절과 로마서 8장 32절을 제시한다.[155]

구약 본문에서 그리스도에 대한 메시지를 도출해내려는 그레이다누스의 노력은 긍정적 평가를 받아야 한다. 본문에서 원 의미를 발견하려는 노력이 깃들어 있는 부분도 분명히 있다. 그럼에도 그의 방법론이 구약 본문의 원래 의미를 정말 충실하게 다루었는지에 대해서는 의문이 든다.

이미 살펴본 것처럼 그레이다누스는 창세기 22장에서 이스라엘이 자신들과 이삭을 동일화했을 것이라 가정한다. 그 결과 창세기 22장의 핵심 내용은 하나님께서 미리 양을 준비하셔서 이삭을 살리시는 것이라고 말한다. 그러나 창세기 22장을 정직하게 있는 그대로 살펴보면, 분명 하나님은 아브라함의 '믿음을 시험'하고 계신다.[156] "그 일 후에 하나님이 아브라함을 시험하시려고 그를 부르시되…"(1절). 그렇다면 아브라함에게 주어진 믿음의 시험은 구체적으로 무엇인가? 그것은 하나님을 경외하는지에 대한 시험으로써, 하나님께서 아브라함에게 주신 이삭보다 그 이삭을 주신 하나님을 더 사랑하는 믿음을 가졌는지의 여부를 확인하는 것이다. 아브라함이 이삭을 드리려 함으로 이 믿음의 시험을 통과했을 때, 여호와의 사자의 말을 통해 이 사실이 확인된다. "네 아들 네 독자까지도 내게 아끼지 아니하였으니 내가 이제야 네가 하나님을 경외하는 줄을 아노라"(12절).

쿠루빌라가 잘 지적한 것처럼 이러한 시험의 성격과 아브라함이 그것을 통과했다는 사실은 본문의 앞뒤 구절 비교를 통해서도 확인된다.[157] 이 믿음의 시험 전에 하나님은 2절에서 이삭을 "네 아들 네 사랑하는 독자 이삭"이라고 표현하신다. 그러나 시험의 통과를 알리는 12절에서 여호와의 사자는 이삭을 "네 아들 네 독자"라고만 말한다. "네 사랑하는"이 빠져 있다. 결국 아브라함은 이삭을 아끼지 않고 드리려 함으로 자신의 아들보다 하나님을 더욱 사랑한다는 것을 증명했다. 이 믿음의 시험을 통과하자 하나님께서 다시 아브라함에게 말씀하신 구절을 통해서도 이 사실이 증명된다. "이르시되 여호와께서 이르시기를 내가 나를 가리켜 맹세하노니 네가 이같이 행하여 네 아들 네 독자도 아끼지 아니하였은즉"(16절). 이 구절에서도 다시 "네 사랑하는"이 빠진 상태로 이삭은 "네 아들 네 독자"로 표현된다. 하나님께서 아브라함이 이삭보다 자신을 더 사랑한다는 것을 인정해 주신 것이다. 이후 믿음의 시험을 통과한 아브라함에게 하나님은 그를 향한 당신의 약속이 성취될 것을 확언하신다. "내가 네게 큰 복을 주고 네 씨가 크게 번성하여 하늘의 별과 같고 바닷가의 모래와 같게 하리니 네 씨가 그 대적의 성문을 차지하리라 또 네 씨로 말미암아 천하 만민이 복을 받으리니 이는 네가 나의 말을 준행하였음이니라 하셨다 하니라"(17-18절).

지금까지 살펴본 내용으로 볼 때, 창세기 22장은 그레이다누스의 주장처럼 이삭을 살리는 이야기가 아니라 아브라함의 믿음을 시험하는 이야기다. 그레이다누스의 창세기 22장의 접근에 등장하는 가정은 본문 자체의 원 의미라기보다 그리스도 중심적 설교를 위해 중간 과정으로 설정한 것으로 판단된다. 그 결과 본문의 원래 문맥과 성경 저자의 의도와 관계없는 구속사적 해석을 시도하면서 '주관적 주입'(eisegesis)이 일어났다.[158] 신구약의 연속성을 확보하고 예수님의 구원 사역을 강조하기 위해 구약에서 그리스도의 메시지를 전하는 것은 바람직한 시도이자 설교자가 해야 할 일이다. 그러나 본문의 역사성을 무시한 채 모든 본문에서 그리스도를 전하려는 시도는 탈문맥적이고 비논리적이며 부자연스러운 설교를 만들어낼 수 있다.

구속사적 틀로 신구약 연결하기

구약의 사건을 단순히 과거 시점으로 종결하지 않고, 신약의 구속사와 연결해 해석하고 적용해야 할 때가 있다. 구약의 모든 부분을 신약으로 연결할 필요는 없다. 그러나 구약의 어떤 사건을 신약에서 언급할 때, 본문의 이야기를 구속사적 관점에서 해석하고 설교에 적용해야 한다.[159] 예를 들면, 신약에서 언급하고 있는 구약의 요나이야기(마 12:39-41; 눅 11:29-32), 홍수이야기(마 24:37-39; 히 11:7; 벧전 3:20; 벧후 2:5), 사라와 하갈의 이야기(갈 4:24-31) 등의 경우, 구약의 역사적 의미를 기초로 구속사적으로 해석하고 적용해 설교해야 할 본문이다. 신약 본문에 구약의 이야기가 포함된 경우, 먼저 구약의 사건에 대해 설명하고 그것이 구속사적으로 어떻게 확대되었는지 혹은 어떻게 성취되었는지 설명하면 된다.

구약의 이야기를 신약으로 연결할 때는 좀 더 신중한 접근이 필요하다. 먼저 구약 본문에서 그 이야기가 당시 어떤 역사적 의미를 갖는지 설명해야 한다.[160] 구약의 역사적 맥락을 성급하게 뛰어넘어서는 안 된다. 본래의 역사적 맥락에서 이야기를 서술하고 영적 교훈을 도출했다면, 이제 그것이 신약에서 어떻게 구속사적 의미를 갖는지 설명하라. 즉, 구약에 뿌리를 둔 사건이 어떻게 구속사적 사건으로 확대되고 성취되는지를 보여주는 것이다. 실례를 살펴보기 전에 구속사적 관점으로 구약을 신약으로 연결하는 과정을 그림으로 정리해 보자.

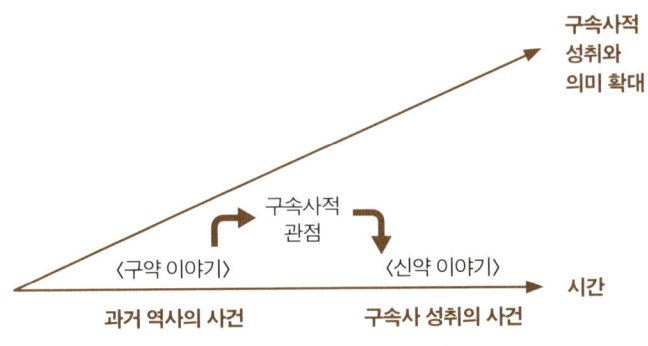

구속사적 관점으로 구약과 신약 연결

구속사로 창세기 22장 연결하기

이제 구속사적 관점으로 어떻게 구약을 신약으로 연결해 해석하고 적용하는지 창세기 22장의 설교 실례를 통해 잠시 살펴보자. 설교 작성의 중점을 꺾쇠괄호로 표시해 어떻게 설교의 내용을 구성하는지 쉽게 파악할 수 있도록 했다.[161]

[구약 본문의 역사적 의미와 메시지 제시]

어느 날 하나님이 아브라함에게 백 세에 얻은 이삭을 요구하십니다. 모리아 산에서 이삭을 번제로 드리라 하십니다. 우리는 의아합니다. 하나님은 이삭이 아브라함에게 얼마나 소중한 존재인지 매우 잘 아시기 때문입니다. 본문 2절이 이것을 잘 보여줍니다. "네 아들"이라고 하십니다. 하나님은 이삭이 아브라함의 아들이라는 것을 아십니다. "네 사랑하는"이라고 말씀하십니다. 하나님은 아브라함이 아들을 사랑한다는 것을 알고 계십니다. "독자"라고 말씀하심으로 보아, 하나님은 아브라함에게 단 한 명의 아들이 있다는 것을 아십니다. 이를 모두 아시는 하나님이 아들을 번제로 바치라 하십니다. 이름까지 정확히 말씀하시면서요. "이삭!"

지금 여러분이 가장 소중하게 생각하는 것을 하나님이 콕 집어서 달라 하시면 어떤 기분이 들까요? 그것도 아주 오래 기다려서 힘들게 얻은 것을 달라 하시면요. 그런데 우리가 아는 것처럼 아브라함은 순종해 이삭과 함께 모리아 산으로 갑니다.

본문에서 하나님은 우리의 믿음을 보시는 분입니다. 어떤 믿음입니까? 오스 기니스(Os Guinness)의 표현대로 '주신 것'(the gift)보다 '주신 분'(the giver)을 더 소중히 여기는 믿음입니다. 아브라함에게 하나님이 주신 이삭은 분명 소중합니다. 그러나 그것을 주신 하나님을 더 소중한 분으로 모시는 믿음을 요구하십니다.

아브라함의 하나님이 우리의 하나님입니다. 그분이 우리의 믿음을 보십니다. 하나님이 우리에게 주신 것보다 그것을 주신 하나님을 가장 소중한 분으로 모시는 믿음이 우리에게 필요합니다. 여러분의 이삭은 무엇인가요? 내 자녀, 내 계획, 내 미래, 하나님께서 주신 내 이삭을 그분께서 달라 하시면 드릴 수 있는 믿음이 있어야 합니다. …〈중략〉

[신약 시대의 구속사적 성취와 의미 확대의 메시지]

한편 본문을 아무리 봐도 쉽게 풀리지 않는 의문이 있습니다. 아무리 하나님이 믿음을 본다고 하시지만, 어떻게 이삭을 번제로 드리라고 하실까요? 번제는 제물을 불에 태워드리는 것입니다. 이삭은 약속의 씨앗입니다. 이 씨앗이 타버리면 미래 약속의 열매를 기대할 수 없습니다. 또 자녀를 태워 죽이는 것은 이방신 몰렉을 섬기는 이방 족속의 미신적이고 무자비한 행동이었습니다. 이런 것을 아브라함에게 요구하시다니요. 단지 그의 믿음만을 보기 위해서가 아닌 듯합니다. 하나님의 어떤 큰 뜻이 있는 것 같습니다.

하나님의 뜻을 알기 위해 시기별로 이 장소에서 일어난 일을 살피는 것이 도움이 됩니다. 본문의 말씀처럼 약 주전 2천 년 전에 아브라함이 이 모리아 산에서 아들을 제물로 삼으려 합니다. 약 천 년 후 다윗이 인구조사로 하나님께 벌을 받을 때 모리아 산, 오르난의 타작마당에서 번제와 화목제를 드리고 용서받습니다(대상 21:26-28). 그 후 솔로몬이 이 오르난의 타작마당, 예루살렘에 성전을 건축합니다. "솔로몬이 예루살렘 모리아 산에 여호와의 전 건축하기를 시작하니 그 곳은 전에 여호와께서 그의 아버지 다윗에게 나타나신 곳이요 여부스 사람 오르난의 타작 마당에 다윗이 정한 곳이라"(대하 3:1). 그 성전에 하나님의 영광이 임했습니다. 지금까지 살펴본 것을 정리해 보면 모리아 산, 예루살렘은 역사적으로 볼 때 한 아버지가 아들을 제물로 바친 곳입니다. 죄 용서가 이루어진 곳입니다. 또 하나님의 영광이 임한 곳입니다.

다시 약 천 년이 흐른 뒤에 한 아버지가 자기 아들을 모리아 산, 예루살렘에 오르게 합니다. 아브라함이 이삭에게 나무를 지운 것처럼, 다른 한 아버지는 그 아들에게 나무를 지게 하셨습니다. 그 아버지가 누구입니까? 하나님 아버지입니다. 아들은 예수님입니다. 나무를 진 아들을 모리아 산, 예루살렘에 오르게 하는 상황은 아브라함의 상황과 비슷해 보입니다. 그러나 결정적인 차이가 있습니다. 아브라함은 이삭을 죽이지 않았습니다. 그러나 하나님은 그 아들을 끝내 죽이셨습니다. 하나님은 이삭을 대신할 양을 준비하셨습니다. 그러나 하나님은 그의 아들 예수를 위해 양을 준비하지 않으셨습니다. 예수님을 유월절 어린 양으로 죽게 하셨습니다.

본문에 등장하는 약속도 우리를 생각하게 만듭니다. 사람들은 아브라함의 이 사건 후에 하나님을 "여호와 이레"라고 고백했습니다. "오늘날까지 사람들이 이르기를 여호와의 산에서 준비되리라 하더라"(창 22:14). 우리가 아는 것처럼 하나님께서 아브라함을 위해 양을 준비하셨습니다. 이미 일어난 과거의 사건입니다. 그런데 신기하게 사람들은 미래형으로 약속을 기다리는 것처럼 말합니다. "여호와의 산에서 준비되리라." 이제 우리는 압니다. 아브라함 이후 약 천 년 후에 하나님이 우리를 위해 소중한 양을 준비하셨습니다. 하나님의 아들, 어린양 예수님입니다. 놀랍습니다. 하나님은 자기 아들까지 희생시키며 우리에게 영생을 주셨습니다. 어찌 찬양하지 않을 수 있을까요. … 〈중략〉

구속사적인 관점으로 구약의 이야기를 신약에 연결해 설교를 작성하는 것은 적지 않은 노력이 필요하다. 그러나 이런 과정을 통해 청중이 구약 시대를 지나 신약으로, 신약 시대를 지나 지금도 구원의 이야기를 만들어가시는 하나님을 볼 수 있기에, 설교자가 충분히 땀 흘릴 만한 가치 있는 노력이다.

5. 적극적으로 적용점을 제시하라

성급하고 획일적인 그리스도 중심적 설교를 주장하는 교과서나 설교를 살펴보면, 본문의 메시지를 듣고 성도가 무엇을 해야 하는지에 대한 적용은 거의 나타나지 않는다. 그리스도가 주도하고 진행하는 구원 역사에 강조점이 있으므로 인간의 역할과 그에 따른 적용이 잘 드러나지 않는 것이다. 적용이 부족한 또 한 가지 이유는, 그리스도 중심적 설교가 성경의 인물을 통해 구체적인 적용점을 찾으려는 모범적 설교를 비판하는 입장에 서 있기 때문이다.[162] 한 실례로 그레이다누스는, 창세기 22장에서 설교자가 아브라함을 따라야 할 순종의 모범으로 보고 청중에게 순종에 대해 적용한다면 도덕주의와 율법주의에 빠지는 것이라 주장한다.[163]

그레이다누스의 주장처럼 창세기 22장의 사건을 이끌어가는 주체는 분명 하나님이다. 하나님이 아브라함을 시험하시고, 이삭을 살리시며, 약속 성취를 확언하신다. 그러나 동시에 신약성경이 아브라함을 순종의 모범적 인물로 우리에게 제시하고 있는 점도 주목해야 한다. 예를 들어, 히브리서 11장 17, 19절은 "아브라함은 시험을 받을 때에 믿음으로 이삭을 드렸으니 그는 약속들을 받은 자로되 그 외아들을 드렸느니라 … 그가 하나님이 능히 이삭을 죽은 자 가운데서 다시 살리실 줄로 생각한지라"라고 말하며, 아브라함을 우리가 따라야 할 모범으로 제시한다. 또 야고보도 아브라함을 믿음을 구체적으로 행한 좋은 예로 제시한다. "우리 조상 아브라함이 그 아들 이삭을 제단에 바칠 때에 행함으로 의롭다 하심을 받은 것이 아니냐"(약 2:21).

사실 적용이 없거나 미비한 설교는 변화의 동력을 잃어버린 메시지다. 이런 이유로 존 브로더스(John A. Broadus)는 "설교에서 적용은 단지 토론을 위한 부속물이나 일부분이 아니라 반드시 행해야 할 중요 부분"이라고 말하며 그 중요성을 강조한다.[164] 말씀을 들음이 말씀을 행함으로까지 이어져야 한다고 강조한 것이다. 예수님의 삶과 가르침을 보면 이 점이 더욱 분명해진다. 예수님의 삶과 가르침은 자신이 하나님의 아들이며 구원을 성취할 메시아임을 알리는 것에 집중되어 있다. 동시에 구원을 얻기 위해, 믿음을 지키기 위해, 무엇을 구체적으로 해야 하는지도 말씀하셨다. 한 예로, 예수님은 부자 청년에게 영생을 얻고 온전한 믿음이 되기 위한 행동을 말씀하셨다. "가서 네 소유를 팔아 가난한 자들에게 주라 그리하면 하늘에서 보화가 네게 있으리라 그리고 와서 나를 따르라 하시니"(마 19:21). 예수님은 십자가를 지시기 전 끝까지 섬김의 본을 보이시며 제자들에게도 서로 섬기라 말씀하셨다. "내가 주와 또는 선생이 되어 너희 발을 씻었으니 너희도 서로 발을 씻어 주는 것이 옳으니라 내가 너희에게 행한 것 같이 너희도 행하게 하려 하여 본을 보였노라"(요 13:14-15). 한편 부활하신 예수님은 모든 민족을 제자로 삼고 자신이 분부한 모든 것을 가르치고 행함으로 "지키게 하라"고 말씀하셨다(마 28:19-20).

의심의 여지없이 성경은 분명 삼위 하나님의 구속 사역에 초점을 맞추고 있다. 동시에 성경은 하나님 앞에서 우리가 무엇을 해야 할지도 분명히 제시한다. 야고보는 우리가 말씀을 듣고 깨닫는 것에만 머문다면 자신을 속이는 것이라 말하며 실천의 중요성을 강조한다. "너희는 말씀을 행하는 자가 되고 듣기만 하여 자신을 속이는 자가 되지 말라"(약 1:22). 설교자는 청중이 삼위 하나님이 행하신 일을 듣게 하는 것에만 그치지 말고, 한 걸음 더 나아가 본문에서 성도가 행하라고 말하는 것을 적용해야 한다. 하나님의 구원 역사에 대한 믿음의 반응으로서 적용 제시는 설교의 필수 요소다. 적용이 빠진 설교는 청중의 삶에 결코 변화를 일으킬 수 없기 때문이다.

본문 앞에 정직할 때 얻는 자유

모든 본문을 그리스도로 연결하는 성급하고 획일적인 시도는 설교자에게 불필요한 압박이 되고, 그 방법을 따르지 않는 사람들과 갈등을 일으키는 요소가 될 수 있다. 예를 들면, 골즈워디는 "구약 자체로만 설교한다면 그것은 기독교적 설교가 아니다"라고 단언하며, 모든 본문을 그리스도와 연결하지 않는 설교자들이 잘못됐다는 성급한 판단을 내린다.[165] 현재뿐 아니라 과거 역사를 살펴볼 때도, 획일적인 그리스도 일원적 설교의 주장과 판단은 교회 분쟁과 분열의 한 이유가 되었다. 1930년에서 1940년대 초반까지 유럽 개혁교회 안에 극심했던 모범적 설교와 구속사적 설교의 논쟁이 교회의 불화와 분열의 한 요소였음을 기억해야 한다.[166]

잘 알려진 대로 칼빈(John Calvin)은 하나님의 주권과 영광에 강조점을 두며 성경을 해석하고 설교했다. 그 결과 칼빈은 구약을 해석하고 설교할 때 대부분 그리스도가 아니라 하나님에 관한 메시지로 한정했다.[167] 성급하고 획일적인 그리스도 일원적 설교의 입장에 따르면, 모든 본문을 그리스도로 연결하지 않은 칼빈 또한 잘못된 설교자가 되고 만다. 얼마나 독단적이고 좁은 생각인가. 칼빈의 경우처럼 본문을 기준으로 하나님 중심적 설교를 하면 된다. 모든 구약의 본문을 반드시 그리스도와 연결할 필요는 없다. 본문이 나타내고 있는 대로 성부 성자 성령 하나님을 설교하면 된다. 어떤 신학적 전제나 설교학적 틀에 갇히지 않는 자유를 누려야 한다. 성경을 정직하게 보고 그 기준에 따라 삼위 하나님을 설교하면 된다.

하나님 중심적 설교에 힘쓰라

그리스도 중심적 설교가 아니라 그리스도 일원적 설교가 잘못된 것이다. 구약 본문에서 그리스도의 구원 사역에 대한 메시지를 찾으려는 노력은 바람직한 것이며, 앞으로도 계속 발전시켜야 할 영역이다. 그러나 모든 구약의 본문에서 매번 그리스도에 대한 메시지를 전하려고 한다면 성급하고 획일적인 설교의 틀에 갇히게 된다. 성경은 그리스도 일원적 설교를 지지하지 않는다. 성경에서 성부 성령 하나님과 분리된 그리스도 유일의 구원 사역은 없다. 그러므로 설교자가 굳이 그리스도 일원적 설교의 길을 갈 필요가 없다.

예수님은 하나님 아버지의 뜻을 따라 십자가를 지시고 구원을 이루시며 그분께만 영광을 돌리기 원하셨다. 예수님을 진정 사랑하는 설교자라면, 그분처럼 하나님의 계획을 선포하고 그분을 높이는 메시지를 전할 것이다.

예수님은 불안에 떠는 제자들에게, 자신이 떠난 후에 성령께서 오셔서 그들을 진리로 인도하실 것이라는 약속의 말씀을 주셨다. 예수님을 진정 사랑하는 설교자라면, 세상에서 불안과 좌절 속에 살아가는 사람들에게 약속대로 오셔서 우리 안에 거하시고 역사하시는 성령에 대해 설교할 것이다. 분명 우리의 구원자 되신 예수님을 설교해야 한다. 동시에 예수님과 함께 존재하고 사역하시며 그분 자체이신 성부 성령 하나님에 대한 메시지를 전해야 한다.

가장 안전하고 효과적인 방법은 하나님 중심적 설교를 하는 것이다. 어떤 하나님을 설교해야 하는지는 고정된 신학적 틀 혹은 설교학적 틀이 아니라 성경 본문의 기준에 따르면 된다. 성경 본문에 따라 삼위 하나님을 선포할 때 구속의 놀라운 역사와 여전히 우리를 향한 놀라운 은혜가 선명하게 드러날 것이라 기대해 본다.

에 필 로 그 Epilogue

꿈은 이루어진다

2007년 5월 영국 캠브리지에서 국제설교컨퍼런스(ICOP)가 열렸다. 우리는 당시 설교전공 박사과정 학생으로 국제설교컨퍼런스에 참석해 미주와 유럽의 대표적인 설교학자와 설교자들을 만났다. 좋은 설교에 대해 진지하게 논의했다. 우리는 이렇게 유익한 컨퍼런스가 있다는 것을 보는 것에 감격했다. 그리고 한국에서 고군분투하는 설교자들을 도우면 좋겠다는 꿈을 함께 꾸게 되었다. 무명의 두 신학생이 소중한 주의 종들을 섬기겠다는 꿈을 꾸고 달리기 시작했다. 그리고 2017년 영국 캠브리지의 동일한 국제설교컨퍼런스에 다시 참석하게 되었다. 이제는 참여자가 아니라 한인 최초로 우리 모두 강사로 섬기게 되었다. 거룩한 꿈이 이루어지는 것을 목격하는 순간이었다!

내가 미국에서 설교학을 막 가르치기 시작했을 때, 보스턴에서 열린 복음주의 설교학회(EHS, Evangelical Homiletics Society) 컨퍼런스에 참석한 적이 있다. 주제는 "어떻게 설교를 가르칠 것인가?"였다. 해돈 로빈슨, 도널드 스누키안, 마이클 두두잇, 스콧 깁슨, 켄트 앤더슨, 제프리 아더스, 켄트 에드워드, 캘빈 피어슨 등과 같은 미국 주요 신학교에서 영향력 있게 설교를 가르치는 교수들이 한자리에 모였다. 이들이 한자리에 있는 것을 보는 것만으로도 멋진 일이었다. 이들은 각자 토의하며 자유롭게 자신이 경험하여 알게 된 효율적인 설교자 양성 비법을 나누었다. 다시 볼 수 없는 멋진 장면이었다. 흥미진지하게 이들의 경험에서 나온 조언을 마음에 새기며 들었다.

그런데 설교자를 오랫동안 양성하고, 자신의 제자들의 현장 사역을 지켜보던 경험 많은 설교 선생들이 하나같이 다음과 같이 말하는 것을 보고 깜짝 놀랐다. 설교를 배울 수 있는 가장 좋은 방법은 "본이 되는 설교자를 따라 하는 것"이라고 말하는 것이었다. 개인의 개성과 창의성을 중시 여기는 미국에서 다양한 신학 배경과 경험을 가진 설교학 교수들이 모두 격하게 동의하는 모습을 보는 것도 놀라웠다!

설교자는 태어날 뿐 아니라 만들어진다

우리는 꿈을 가지고 15년 이상을 한국과 미국, 전 세계를 다니며 여러 설교자를 만나고 배우고 습득했다. 또 현장 설교자들과 미래 말씀의 종들에게 설교를 가르치는 값진 기회를 얻었다. 그리고 강대상에서 말씀을 선포하여 우리가 고민하고 습득한 설교 방법을 검증하는 과정도 있었다.

좋은 설교자가 되기 위해서는 타고난 자질도 필요하다. 그러나 좋은 설교자는 태어나기보다는 고된 훈련을 통해 만들어진다. 본이 되는 설교의 거인들에게 본문연구, 설교문 작성, 전달기술을 배울 때 빠르게 성장할 수 있다. 이 책에서 소개한 내용은 이러한 거장들이 현장에서 하나님의 말씀을 능력 있게 선포하는 기술을 파악해, 주의 종들을 사랑하는 마음으로 정리하여 소개했다.

그러나 좋은 설교자를 넘어 '최상의 설교자'가 되기 위해서는 최상으로 쓰임받은 설교자들이 의지한 하나님을 볼 수 있어야 한다. 그들이 목숨을 걸고 사랑한 예수 그리스도의 십자가를 느낄 수 있어야 한다. 그들이 그토록 소망했던 성령의 도우심과 기름 부으심을 경험해야 한다. 나는 글을 마치며 이렇게 고백하고 싶다.

최상의 설교는 우리가 최고이기에 가능한 것이 아니라,
최고의 하나님이 계시기에 가능하다!
하나님, 우리가 여기 있나이다.

_ 임도균

미주

프롤로그

01 John Piper, *The Supremacy of God in Preaching* (Grand Rapids, Baker Books, 2005), 21-29.

02 Tony Merida, *Faithful Preaching: Declaring Scripture with Responsibility, Passion, and Authenticity* (Nashville: B&H Publication, 2009), 21. 『설교다운 설교』, 김대혁 역(서울: 기독교문서선교회, 2016).

1장

03 이어지는 내용은 다음의 글을 간단히 정리하고 발전시킨 것이다. 권호, 『본문이 살아있는 설교: Text-Driven Preaching』 (서울: 아가페, 2018), 34-35.

04 John Stott, Between *Two Worlds: The Art of Preaching in the Twentieth Century* (Grand Rapids: Eerdmans, 1982), 137.

05 Bryan Chapell, *Christ-Centered Preaching: Redeeming the Expository Sermon*, 2nd ed. (Grand Rapids: Baker, 2005), 147. 『그리스도 중심의 설교』, 엄성옥 역(서울: 은성출판사, 2016).

06 다음의 실례는 다음 책의 내용을 수정 및 보완한 것이다. 권호, 『본문 중심의 말씀 묵상』 (서울: 두란노, 2022), 130-137.

2장

07 본 장은 본 저자가 쓴 "본문이 이끄는 설교와 본문 설명," 「복음과 실천」 62집 (2018 가을): 337-366을 수정/보완하여 작성했다. Gary L. McIntosh, *Biblical Church Growth: How Yon Can Work with God to Build a Faithful Church* (Grand Rapids: Baker, 2003), 47.

08 Jim Shaddix, *The Passion Driven Sermon* (Nashville: Broadman & Holman, 2003), 65.

09 R. Albert Mohler, Jr., *He is not Silent: Preaching in a Postmodern World* (Chicago: Moody, 2008), 49. 『말씀하시는 하나님』, 김병하 역(서울: 부흥과개혁사, 2010).

10 John MacArthur, "말씀을 전파하라," 『목회자는 설교자다』, 이대은 역(서울: 생명의말씀사, 2015), 13.

11 Mark Dever, *Nine Marks of a Healthy Church* (Wheaton: Crossway Books, 2013), 44. 『건강한 교회의 9가지 특징』, 이용중 역(서울: 부흥과개혁사, 2007).

12 John A. Broadus, *A Treatise on the Preparation and Delivery of Sermons* (Philadelphia: Smith, 1979), 128-97.

13 Haddon W. Robinson, *Biblical Preaching* (Grand Rapids: Baker, 2001), 139-64.

14 John A. Broadus, *A Treatise on the Preparation and Delivery of Sermons* (Philadelphia: Smith, 1979), 128-9.

15 Harold T. Bryson, *Expository Preaching* (Nashville: Broadman & Holman, 1995), 35.

16 설교 구성요소의 도표는 웨인 맥딜 박사의 구조를 참조하여 최상의 설교에 맞도록 정리했다. Wayne McDill, *12 Essential Skills for Great Preaching* (Nashville: B&H Publishing, 2006), 127. 『강해설교를 위한 12가지 필수기술』, 최용수 역(서울: 기독교문서선교회, 2014).

17 Shaddix, *The Passion Driven Sermon*, 72.

18 David L. Allen, "Feed the Flock," in *Pastoral Ministry*, ed. Deron J. Biles (Nashville: B&H Academic, 2017), 37.

19 스티븐 스미스, 『본문이 이끄는 장르별 설교』, 김대혁 임도균 역(서울: 아가페, 2016), 60.

20   같은 책, 62.

21   같은 책, 324-326.

22   같은 책, 234-235.

23   아담 둘리 & 제리 바인즈, "본문이 이끄는 설교의 전달," 『본문이 이끄는 설교』, 김대혁 임도균 역(서울: 아가페, 2020), 292.

24   Hamilton, "본문이 이끄는 성경신학," 245-7.

25   Tony Merida, *Faithful Preaching* (Nashville: B&H Publishing, 2009), 100. 『설교다운 설교』.

26   같은 책.

27   Allen, "Feed the Flock," 32.

28   Broadus, *A Treatise on the Preparation and Delivery of Sermons*, 139.

29   Donald R. Sunukian, *Invitation to Biblical Preaching* (Grand Rapids: Kregel, 2007), 271. 『성경적 설교의 초대』, 채경락 역(서울: 기독교문서선교회, 2009).

3장

30   권호, 『본문이 살아있는 설교: Text-Driven Preaching』 (서울: 아가페, 2018), 86-87.

31   아래 내용은 다음의 글을 간단히 정리하고 발전시킨 것이다. 권호, 『본문이 살아있는 설교 작성법』 (서울: 아가페, 2021), 36-38.

4장

32   본 장은 본 저자가 쓴 "본문이 이끄는 설교와 6단계 청중 분석," 「복음과 실천」 60집 (2017 가을): 369-402을 수정/보완하여 작성했다. 클라우스

슈밥, 「클라우스 슈밥의 제4차 산업 혁명」, 송경진 역(서울: 메가스터디, 2016), 6.

33 G. Gampbel Morgan, *Preaching* (Grand Rapids: Baker, 1974), 11.

34 Sidney Greidanus, *Sola Scriptura: Problems and Principles in Preaching Historical Texts* (Toronto: Wedge, 1970), 158.

35 Clyde F. Fant, Jr. and William M. Pinson Jr., *20 Centuries of Great Preaching* (Waco, TX: Word Books, 1971), 1:v.

36 John R. W. Stott, *Between Two Worlds: The Art of Preaching in the Twentieth Century* (Grand Rapids: William B. Eerdmans, 1982), 138.

37 허셀 요크, "소통되는 설교," 『본문이 이끄는 설교』, 김대혁 임도균 역(서울: 아가페, 2020), 284.

38 Greg L. Hawkins, Cally Parkinson, *Reveal: Where are you?* (Chicago: Wilowcreek Church, 2007), 38-9.

39 테리 G. 카터, J. 스콧 듀발, J. 다니엘 헤이즈, 『성경 설교』, 김창훈 역(서울: 한국성서유니온, 2009), 94.

40 David Zarefsky, *Public Speaking: Strategies for Success* (Boston: Pearson Press, 2008), 72.

41 Sherry D. Ferguson, *Public Speaking: Building Competency in Stages* (New York: Oxford University Press, 2008), 123.

42 같은 책, 124.

43 Zarefsky, *Public Speaking*, 79.

44 Steven A. Beebee, Susan J. Beebe, *Public Speaking: An Audience-centered Approach* (Boston: Pearson Education, 2005), 92.

45 같은 책.

46 같은 책.

47 같은 책.

48 Stephen Lucas, *The Art of Public Speaking* (New York: McGraw-Hill Higher Education, 2001), 108.

5장

49 이어질 내용은 다음의 글을 간단히 정리하고 발전시킨 것이다. 권호, 『본문이 살아있는 설교: Text-Driven Preaching』 (서울: 아가페, 2018), 103-107.

50 John Stott, *Between Two Worlds: The Art of Preaching in the Twentieth Century* (Grand Rapids: Eerdmans, 1982), 137.

51 David Veerman, 'Apply Within' in *The Art and Craft Biblical Preaching*, eds. Haddon W. Robinson and Craig B. Larson (Grand Rapids: Zondervan, 2005), 285.

52 이어질 내용은 다음의 글을 간단히 정리하고 발전시킨 것이다. 권호, 『보이는 내러티브 설교법』 (서울: 생명의말씀사, 2021), 93-99.

53 아래 내용은 다음의 글을 간단히 정리하고 발전시킨 것이다. 권호, 『본문이 살아있는 설교 작성법』 (서울: 아가페, 2021), 27-28, 38-43 .

6장

54 Jerry Vines, Jim Shaddix, *Power in the Pulpit* (Chicago: Moody Publishers, 2017), 227-8. 『설교의 능력』, 유희덕 신희광 역(서울: 서로사랑, 2019).

55 본 장은 본 저자가 썼던 "본문이 이끄는 설교와 본문 설명," 「복음과 실천」 62집 (2018 가을): 337-366을 수정/보완하여 작성했다. C. H. Spurgeon, *Lectures to My Students* (Peabody: Hendrickson, 2014), 74.

56 Daniel L. Akin, Bill Curtis, Stephen Rummage, *Engaging Exposition* (Nashville: B&H, 2011), 163. 『(매력적인) 강해설교』, 권호 김대혁 임도균 역(서

울: 기독교문서선교회), 2019.

57 Haddon W. Robinson, *Biblical Preaching: The Development and Delivery of Expository Message* (Grand Rapids: Baker Academic, 2002), 156.

7장

58 Harper Lee, *To Kill A Mockingbird* (London: Arrow Books, 2010) ch.7에서 인용.

59 Haddon W. Robinson, *Biblical Preaching: The Development and Delivery of Expository Message*, 2nd ed. (Grand Rapids: Backer, 2001), 103-04.

60 이어지는 내용은 다음의 글을 수정 및 발전시킨 것이다. 권호, 『본문이 살아있는 설교: Text-Driven Preaching』 (서울: 아가페, 2018), 229-235.

61 이어지는 내용은 다음의 글을 간단히 정리하고 발전시킨 것이다. 권호, 『본문이 살아있는 설교: Text-Driven Preaching』 (서울: 아가페, 2018), 186-188.

62 Bryan Chapell, *Christ-Centered Preaching: Redeeming the Expository Sermon*, 2nd ed. (Grand Rapids: Baker, 2005), 346-47. 『그리스도 중심의 설교』.

8장

63 이어지는 내용은 다음의 글을 수정하고 발전시킨 것이다. 권호, 『보이는 내 러티브 설교법』 (서울: 생명의말씀사, 2021), 159-168.

64 이어지는 글은 다음 책의 내용을 수정 및 보완한 것이다. 권호, 『보이는 내 러티브 설교법』 (서울: 생명의말씀사, 2021), 159-168.

65 Leland Ryken, *The Christian Imagination: Essays on Literature and the Arts*, ed Leland Ryken (Grand Rapids: Baker 1981), 37.

66 Warren W. Wiersbe, *Preaching and Teaching with Imagination* (Grand Rapids: Baker Books, 1994), 45.『상상이 담긴 설교』, 이장우 역(서울: 요단출판사, 1997).

67 Calvin Miller, *Preaching: The Art of Narrative Exposition* (Grand Rapids: Baker, 2006), 156-57.

68 Douglas Sturat, *Exodus*, NAC (Nashville: B&H Publishing, 2006), 88-90.

69 David L. Larsen, *Telling Old, Old Story: The Art of Narrative Preaching* (Grand Rapids: Kregel Publications, 1995), 241-254.

9장

70 본 장은 본 저자가 썼던 "살아있는 설교적용," 「목회와 신학」 (2023 9월호)를 수정/보완하여 작성했다.

71 Daniel L. Akin, Bill Curtis, Stephen Rummage, *Engaging Exposition* (Nashville: B&H, 2011), 183.『(매력적인) 강해설교』.

72 Bryan Chapell, *Christ-centered Preaching* (Grand Rapids: Bakers books, 1979), 222.『그리스도 중심의 설교』.

73 Tony Merida, *Faithful Preaching* (Nashville: B&H, 2009), 105.『설교다운 설교』.

74 리처드 라메쉬,『7단계 강해설교준비』, 정현 역(서울: 디모데, 1996), 162.

10장

75 이에 관해서는 다음의 소논문을 참고하라. 권호, "현대 강해설교의 장르 이해와 적용", 「신학정론」 36/2 (2018. 12): 327-51.

76 스티븐 스미스,『본문이 이끄는 장르별 설교』, 김대혁 임도균 역(서울: 아가페, 2016), 18, 72.

77 이어지는 글은 다음의 글을 수정 및 발전시킨 것이다. 권호, "본문이 이끄는 시편 설교법: 'SEIRA' 시편 설교 작성법을 중심으로",「신학정론」39/2 (2021. 12): 441-78.

78 Jeffrey D. Arthurs, *Preaching with Variety: How to Re-create the Dynamics of Biblical Genres* (Grand Rapids: Kregel, 2007), 28.

79 Long, *Preaching and the Literary Forms of the Bible* (Philadelphia: Fortress Press, 1989), 24-29, 30-33.『성서의 문학 유형과 설교』, 박영미 역(서울: 대한기독교서회, 1995).

80 Arthurs, *Preaching with Variety*, 28.

81 Long, *Preaching and the Literary Forms*, 33.『성서의 문학 유형과 설교』.

82 Long, *Preaching and the Literary Forms*, 47.『성서의 문학 유형과 설교』.

83 Long, *Preaching and the Literary Forms*, 49.『성서의 문학 유형과 설교』.

84 Long, *Preaching and the Literary Forms*, 50-52.『성서의 문학 유형과 설교』.

85 Arthurs, *Preaching with Variety*, 41.

86 Arthurs, *Preaching with Variety*, 48, 53-54.

87 Arthurs, *Preaching with Variety*, 42-43.

88 히브리 시에 고정된 평행법이 나타나는지에 대한 논란이 있다. 사실 히브리 시는 독특한 흐름과 구조가 있어 일정한 방식의 평행법으로 그 패턴을 나누기가 쉽지 않다. 그러나 한 편의 시를 내용에 따라 분석해 거시적 구조로 나눌 수 있다는 것은 분명한 사실이다. 설교자는 이 거시적 구조를 기초로 설교의 구조(sermon structure)를 만들면 된다.

89 Arthurs, *Preaching with Variety*, 44-45.

90 Arthurs, *Preaching with Variety*, 49-60.

91 스티븐 스미스,『본문이 이끄는 장르별 설교』, 227-230.

92　스티븐 스미스, 『본문이 이끄는 장르별 설교』, 228-230.

93　행이 모여 형성된 strophe를 대개 '절'로 번역한다. 여기서 혼란의 가능성이 있는데 strophe를 우리가 성경을 읽을 때 사용하는 '절'(verse)과 같은 것으로 생각할 수 있기 때문이다. strophe는 공통의 내용을 닮고 있는 여러 행의 묶음이기 때문에, 대부분 우리가 사용하는 성경의 '절들'로 구성된다. 스티븐 스미스, 『본문이 이끄는 장르별 설교』, 236.

94　스티븐 스미스, 『본문이 이끄는 장르별 설교』, 232-234.

95　스티븐 스미스, 『본문이 이끄는 장르별 설교』, 235.

96　스티븐 스미스,, 『본문이 이끄는 장르별 설교』, 239-240.

97　스티븐 스미스, 『본문이 이끄는 장르별 설교』, 240-241, 247.

98　이 주제에 대해 심도 있게 논의한 다음의 책을 참고하라. Sidney Greidanus, *Preaching Christ from Psalms* (Grand Rapids: Eerdmans, 2016).

99　Daniel L. Akin, David L. Allen, and Ned L. Mathews, *Text-Driven Preaching: God's Word at the Heart of Every Sermon* (Nashville: B&H Publishing, 2010), 7. 『본문이 이끄는 설교』.

100　시편 연구의 고전으로 평가되는 다음의 책을 참고하라. H. Gunkel, *The Psalms: A form-Critical Introduction* (Philadelphia: Fortress Press, 1967); H. Gunkel and Joachim Begrich, *An Introduction to the Psalms: the Genres of the Religious Lyric of Israel* (Macon, GA: Mercer University Press, 1988).

101　John H. Hayes, *Understanding the Psalms* (Eugene, OG: Wipf and Stock Publishers, 1976), 21-26.

102　비탄시의 다양한 형식과 설교로의 적용은 다음의 논문을 참고하라. 김대혁, "장르적 성격이 살아나는 설교 방법론 제안: 비탄시를 중심으로" 「복음과 실천신학」 30 (2014): 42-88.

103　Sidney Greidanus, *Preaching Christ from Psalms* (Grand Rapids: Eerdmans, 2016), 38. Arthurs, Preaching with Variety, 44-45.

104　James L Mays, *Psalms, Interpretation* (Louisville: Westminster John Knox

Press, 2011), 322-25. 『시편: 목회자와 설교자를 위한 주석』. 신정균 역(서울: 한국장로교출판사, 2002).

105   Greidanus, *Preaching Christ from Psalms*. 40-41.

106   Gordon D. Fee and Douglas Stuart, *How to Read the Bible for All Its Worth* (Grand Rapids: Zondervan Academic, 2014), 171. 『성경을 어떻게 읽을 것인가』, 오광만 역(서울: 한국성서유니온선교회, 2001).

107   Adam B. Dooley and Jerry Vines, "Delivering a Text-Driven Sermon," in *Text-Driven Preaching*, 253-67. 『본문이 이끄는 설교』.

108   임도균, "본문이 살아나는 성경 봉독법" 「복음과 실천신학」 56 (2020): 83-107.

109   Jerry Vines and Adam B. Dooley, *Passion in the Pulpit*: *How to Exegete the Emotion of Scripture* (Chicago: Moody Publishers, 2018), 63-136.

110   Teresa L. Fry Brown, *Delivering the Sermon*: *Voice, Body, and Animation in Proclamation* (Minneapolis: Fortress Press, 2008), 63-65.

111   Tremper Longman III, "Psalms" in *A Complete Literary Guide to the Bible*, ed. Leland Ryken and Tremper Longman III (Grand Rapids: Zondervan, 1993), 251.

112   Arthurs, *Preaching with Variety*, 46.

113   Andreas J. Köstenberger and Richard D. Patterson, *Invitation to Biblical Interpretation*: *Exploring the Hermeneutical Triad of History, Literature, and Theology* (Grand Rapids: Kregel Publications, 2011), 272.

114   Köstenberger and Patterson, *Invitation to Biblical Interpretation*, 272.

115   John Stott, *Between Two Worlds*: *The Art of Preaching in the Twentieth Century* (Grand Rapids: Eerdmans, 1982), 137.

116   Greidanus, *Preaching Christ from Psalms*, 33-37.

117   James L Mays, *Psalms*: *Interpretation* (Louisville: Westminster John Knox

118   Press, 2011), 2. 『시편: 목회자와 설교자를 위한 주석』.

118   적용의 두 종류와 효과적 기법에 대해서는 다음의 책 4장을 참고하라. 권호, 임도균, 김대혁, 『본문이 살아있는 설교 플랫폼』 (서울: 아가페, 2021).

119   Walter Brueggemann, *Finally Comes the Poet: Daring Speech for Proclamation* (Minneapolis: Fortress Press, 1989). 『마침내 시인이 온다』, 김순현 역 (서울: 성서유니온, 2018).

11장

120   Graeme Goldsworthy, *Preaching the Whole Bible as Christian Scripture* (Grand Rapids: Eerdmans, 2000), 196-98. 『성경을 어떻게 설교할 것인가?』, 김재영 역(서울: 한국성서유니온선교회, 2002).

121   토머스 롱(Thomas G. Long)은 성경 장르를 다섯 가지로 분류하고, 제프리 아더스(Jeffrey D. Arthus)는 여섯 가지로 분류한다. 시드니 그레이다누스(Sidney Greidanus)는 일곱 가지 분류방식으로 성경의 장르를 분류한다. 위의 설교학자들에 따른 장르 분류에 대한 설명은 본 연구에서 이후 논의할 예정이다.

122   Brevard S. Childs, *Introduction to the Old Testament as Scripture* (Philadelphia: Fortress, 1979), 513. 『구약정경개론』, 김갑동 역(서울: 대한기독교출판사, 1987).

123   Robert Alter, *The Art of Biblical Poetry* (New York: Basic Books, 2011), 1-2.

124   Elizabeth Achtemeier, *Preaching from the Old Testament* (Louisville, Kentucky: Westminster/John Knox Press, 1989), 141. 『구약, 어떻게 설교할 것인가』, 이우제 역(서울: 이레서원, 2004).

125   Duane A. Garrett, *Preaching the Old Testament* (Grand Rapids, Michigan: Baker Books, 2006), 103-4.

126   윌리엄 P. 브라운, 『시편』, 하경태 역(서울: 대한기독교서회, 2015), 222-

253.

127 Wiilliam P. Brown, *Seeing the Psalms: A Theology of Metaphor* (Louisville: Westminster John Knox, 2002), 2.

128 마크 D. 푸타토, 데이비드 M. 하워드, 『시편을 어떻게 해석할 것인가?』, 류근상 류호준 역(크리스찬출판사, 2008), 38-39.

12장

129 Sherry D. Ferguson, *Public Speaking: Building Competency in Stages* (New York: Oxford University Press, 2008), 158-63.

130 Steven A. Beebee, Susan J. Beebe, *Public Speaking: An Audience-centered Approach* (Boston: Pearson Education, 2005), 286-91.

131 Jerry Vines, Jim Shaddix, *Power in the Pulpit* (Chicago: Moody Publishers, 2017), 362-6. 『설교의 능력』, 유희덕 신희광 역(서울: 서로사랑, 2019).

132 David Zarefsky, *Public Speaking: Strategies for Success* (Boston: Pearson Press, 2008), 315-6.

13장

133 이어지는 글은 다음의 글을 수정 및 보완하였다. 권호, "하나님 중심적 설교인가, 그리스도 일원적 설교인가?", 「신학정론」 40/2 (2022.12): 435-463.

134 Ken Langley, "When Christ Replaces God at the Center of Preaching," *The Journal of the Evangelical Homiletics Society* (2009): 54.

135 트림프(Cornelis Trimp)의 말처럼 '구속사적 설교'와 '하나님 중심적 설교'는 같은 것이다. 이는 구속사적 설교의 가장 큰 특징이 바로 하나님 중심적 해석과 메시지임을 보여준다. C. 트림프, 『구속사와 설교』, 박태현 역(서울: 솔로몬, 2018), 181.

136　Daniel M. Doriani, *Putting the Truth to Work* (Philadelphia: P&R, 2001), 294.『적용, 성경과 삶의 통합을 말하다』, 정옥배 역(서울: 한국성서유니온선교회, 2009).

137　구속사적 설교와 모범설교의 논쟁에 대해서는 다음의 자료를 참고하라. 트림프, 『구속사와 설교』, 140-150.

138　그의 영문 박사학위 논문으로 이 논쟁이 유럽을 건너 북미 설교학에 알려지고 재점화되었다. Sidney Greidanus, *Sola Scriptura: Problems and Principles in Preaching Historical Text* (Eugene, OR: Wipf and Stock Publisher, 2001).

139　Greidanus, *Preaching Christ from the Old Testament*, 178.『구약의 그리스도, 어떻게 설교할 것인가』, 김진섭 류호영 류호준 역(고양: 이레서원, 2019).

140　한편, 그레이다누스와 다르게 명시적으로 성경의 '모든 본문', 특별히 구약 성경의 모든 부분까지 '반드시' 그리스도와 연결해야 한다고 주장하는 입장이 있다. 대표적으로 제이 E. 아담스(Jay E. Adams), 그레엄 골즈워디(Graeme Goldsworthy), 에드먼드 클라우니(Edmund Clowney), 다니엘 도리아니(Daniel Doriani), 브라이언 채플(Bryan Chapell) 등을 꼽을 수 있다. 이들의 주장은 다음 자료에 나타나고 있다. Jay E. Adams, *Preaching With Purpose* (Grand Rapids: Zondervan, 1982), 147, 152; Graeme Goldsworthy, *Preaching the Whole Bible as Christian Scripture* (Grand Rapids: Eerdmans, 2000), 115, 122.『성경을 어떻게 설교할 것인가?』, 김재영 역(서울: 한국성서유니온선교회, 2002); Edmund Clowney, *Preaching Christ in All of Scripture* (Wheaton: Crossway, 2003), 74, 75.『성경 모든 본문에서 그리스도를 설교하라』, 권명지 신치헌 역(군포: 다함, 2023); Daniel M. Doriani, *Putting the Truth to Work* (Philadelphia: P&R, 2001), 294.『적용, 성경과 삶의 통합을 말하다』; Bryan Chapell, *Christ-Centered Preaching: Redeeming the Expository Sermon* (Grand Rapids: Baker, 2005), 80, 275-79.『그리스도 중심의 설교』.

141　그레이다누스의 방법론에 대한 비판과 비판적 수용에 대해서는 다음의 논문을 참고하라. Jason Allen, "The Christ-Centered Homiletics of Edmund Clowney and Sidney Greidanus in Contract with the Human Author-Centered Hermeneutics of Walter Kaiser" (Ph.D. Diss., Southern Baptist Theological Seminary, 2011).

142 아브라함 쿠루빌라, 『설교의 비전』, 곽철호 김석근 역(서울: 성서침례대학원 대학교출판부, 2018), 203-204.

143 쿠루빌라, 『설교의 비전』, 204.

144 쿠루빌라, 『설교의 비전』, 204-205.

145 Richard Lischer, *A Theology of Preaching: The Dynamics of the Gospel* (Wipf and Stock Publishers: Eugene, OR, 2001), 43.

146 Abraham Kuruvilla, "Review of Sidney Greidanus, Preaching Christ from Genesis," Journal of the Evangelical Homiletics Society (2009): 139.

147 Eric S. Sprice, "Comparing Sidney Greidanus and Abraham Kuruvilla on Preaching Christ from the Old Testament," TRINJ 39 (2018): 87.

148 트림프, 『구속사와 설교』, 181.

149 트림프, 『구속사와 설교』, 182.

150 Greidanus, *Preaching Christ from the Old Testament*, 182. 『구약의 그리스도, 어떻게 설교할 것인가』.

151 성경 본문의 '원 의미'는 본문이 주어진 첫 청중(first audience)에게 의도된 역사적이고 본래적인 의미를 말한다. 다음의 자료를 참고하라. John Bright, "An Exercise in Hermeneutics," Interpretation 20 (1996): 186-210.

152 Greidanus, *Preaching Christ from the Old Testament*, 234-77. 『구약의 그리스도, 어떻게 설교할 것인가』.

153 Greidanus, *Preaching Christ from the Old Testament*, 304. 『구약의 그리스도, 어떻게 설교할 것인가』.

154 Greidanus, *Preaching Christ from the Old Testament*, 306-07. 『구약의 그리스도, 어떻게 설교할 것인가』.

155 Greidanus, *Preaching Christ from the Old Testament*, 314. 『구약의 그리스도, 어떻게 설교할 것인가』.

156 Victor P. Hamilton, *The Book of Genesis 18-50*, The New International Commentary on the Old Testament, vol. 1b (Grand Rapids: Eerdmans, 1995), 100-103.

157 Abraham Kuruvilla, *Privilege the Text!: A Theological Hermeneutic for Preaching* (Chicago: Moody Publishers, 2013), 229.『본문의 특권!』, 이승진 역(서울: 기독교문서선교회, 2023).

158 Walter C. Kaiser, Jr., *Recovering the Unity of the Bible: One Continuous Story, Plan, and Purpose* (Grand Rapids: Zondervan, 2009), 212-18.

159 스미스,『본문이 이끄는 장르별 설교』, 84.

160 트림프,『구속사와 설교』, 61-94.

161 권호,『보이는 내러티브 설교법』, 55-60.

162 트림프,『구속사와 설교』, 114-115.

163 Greidanus, *Preaching Christ from the Old Testament*, 292-94.『구약의 그리스도, 어떻게 설교할 것인가』.

164 John A. Broadus, *On the Preparation and Delivery of Sermons*, ed., Vernon L. Stanfield (New York: Harper & Row, 1979), 165.

165 Graeme Goldsworthy, *Preaching the Whole Bible as Christian Scripture: The Application of Biblical Theology to Expository Preaching* (Grand Rapids: Eerdmans, 2000), 150.『성경을 어떻게 설교할 것인가?』.

166 Greidanus, *Sola Scriptura*, 1

167 Greidanus, *Preaching Christ from the Old Testament*, 212.『구약의 그리스도, 어떻게 설교할 것인가』.

최상의 설교는 우리가 최고이기에 가능한 것이 아니라,
최고의 하나님이 계시기에 가능하다!
하나님, 우리가 여기 있나이다.

최상의 설교

1판 1쇄 발행　2023년 11월 1일
1판 3쇄 발행　2025년 3월 27일

지은이　　　권 호, 임도균

펴낸이　　　곽성종
기획편집　　방재경
디자인　　　투에스북디자인

펴낸곳　　　(주)아가페출판사
등록　　　　제21-754호(1995. 4. 12)
주소　　　　(08806) 서울시 관악구 남부순환로 2082-33
전화　　　　584-4835(본사) 522-5148(편집부)
팩스　　　　586-3078(본사) 586-3088(편집부)
홈페이지　　www.agape25.com
판권　　　　ⓒ권 호, 임도균 2023
ISBN　　　 978-89-537-9675-1 (03230)

분당직영서점　전화 031-714-7273 | 팩스 031-714-7177
인터넷서점　　http://www.agapemall.co.kr
　　　　　　　*인터넷에서 '아가페몰'을 검색하세요.

저작권법에 의하여 한국 내에서 보호받는 저작물이므로
무단전재와 복제를 금합니다.

아가페 출판사